本书获得湖南师范大学博士论文出版基金、教育[部青]年项目"基于自建可比语料库的留学生汉语语篇衔接[研究]"（20YJC740004）资助。

韩国学生汉语语篇衔接
习得与教学研究

Research on Acquisition and Teaching of Chinese Discourse Cohesion by Korean Students

曾丽娟　著

世界图书出版公司
西安 北京 上海 广州

图书在版编目（CIP）数据

韩国学生汉语语篇衔接习得与教学研究 / 曾丽娟著 . 一西安：世界图书出版西安有限公司，2020.8
（学术文库）
ISBN 978-7-5192-7797-0

Ⅰ. ①韩⋯ Ⅱ. ①曾⋯ Ⅲ. ①汉语—对外汉语教学—教学研究 Ⅳ. ① H195.3

中国版本图书馆 CIP 数据核字（2020）第 159118 号

书　　名	韩国学生汉语语篇衔接习得与教学研究
	HANGUO XUESHENG HANYU YUPIAN XIANJIE XIDE YU JIAOXUE YANJIU
著　者	曾丽娟
责任编辑	李江彬
装帧设计	罗　雯
出版发行	世界图书出版西安有限公司
地　址	西安市锦业路 1 号都市之门 C 座
邮　编	710065
电　话	029-87214941　029-87233647（市场营销部）
	029-87234767（总编室）
网　址	http://www.wpcxa.com
邮　箱	xast@wpcxa.com
经　销	新华书店
印　刷	天津雅泽印刷有限公司
开　本	787mm×1092mm　1/16
印　张	17.25
字　数	309 千字
版　次	2020 年 8 月第 1 版
印　次	2020 年 8 月第 1 次印刷
国际书号	ISBN 978-7-5192-7797-0
定　价	70.00 元

版权所有，翻版必究

（如有印装错误，请与出版社联系）

前　　言

　　语篇衔接手段是篇章的有形网络。随着汉语水平的提高，留学生在字、词、句方面的问题相对减少，但成段表达经常缺乏连贯性，原因之一在于未掌握汉语语篇衔接手段的使用条件。本书基于语篇衔接相关理论，将汉语语篇衔接手段分为语篇指称、时间关系连接成分、逻辑关系连接成分、标点符号四类；对韩国学生大规模分级语料和汉语母语者语料进行标注，运用调查法、比较法、定性与定量相结合、描写与解释相结合、语料库语言学的研究方法，分阶段对韩国学生汉语语篇衔接手段的习得情况从正误两方面进行考察，分析其偏误原因；运用多种统计方法探讨语篇衔接手段的习得顺序，并结合习得表现、成因及难度等级提出相应的教学建议。

　　全书共分为六个部分，各章的主要内容简介如下：

　　首先是绪论，主要介绍了本书的研究缘起、相关概念、语料来源，对语篇衔接手段研究从本体和汉语习得两方面进行了述评，阐述了本书的研究内容、研究方法与研究意义。

　　第一章对韩国学生语篇指称的习得情况进行了考察。首先，参考已有本体研究成果，将语篇指称分为同形表达式、局部同形表达式、统称词、同义词（包括异形简称）、指代词、零形式（省略），共计17个小类，从先行语、话题、情节、时间、连词、结构六个方面论述了指称形式选择的制约因素。在此基础上对韩国学生的语篇指称情况从正误两方面进行了描述，与母语者进行对比，分析其偏误成因，包括母语负迁移、学习策略、影响语篇指称因素的复杂性及教学的不重视。然后综合运用正确使用相对频率、正确率、正误使用相对频率差、蕴含量表、初现率等多种统计方法探讨韩国学生语篇指称形式的习得难度等级。最后，对本体研究、大纲设置、教材编写、教师教学提出了相应建议。

　　第二章对韩国学生语篇时间关系连接成分的习得情况进行了考察。首先，将语篇中的时间连接成分分为时点词语、时段词语、初时连接成分、后时连接成分、同时连接成分、结尾时间连接成分六类。其次，对韩国学生的时间连接成分从正误两方面进行了描述,与母语者进行对比,偏误分析表明,"后来""然后""以后""最后"四个词混用所占偏误比重较高,偏误成因在于母语负迁移、语内迁移及教材的影响。然后运用正误使用相对频率法将 69 个时间连接成分分为四个习得难度等级。最后建议加强汉韩对比研究,改进教材编写,改善教师教学。

  第三章对韩国学生语篇逻辑关系连接成分的习得情况进行了考察。首先,将语篇中的逻辑关系连接成分分为并列、因果、转折三大类,共 22 个小类。其次,对韩国学生的逻辑关系连接成分从正误两方面进行了描述,与母语者进行对比。偏误分析表明,"而且""还有"混用、"所以""但是"多余所占偏误比重较高。偏误成因在于母语负迁移、语内迁移、认知难度和教材的影响。然后运用正误使用相对频率法将 185 个逻辑关系连接成分分为六个习得难度等级。最后建议将"还有"作为一个词列入教学大纲和考试大纲。逻辑关系连接成分的教学应讲清其在句中的隐现条件、句法分布,进行同类连接成分的辨析。

  第四章对韩国学生标点符号的习得情况进行了考察。首先,对中介语语料中出现的 12 类标点符号进行了举例说明。其次对韩国学生的标点符号使用情况从正误两方面进行了描述,与母语者进行对比,从母语、学生、教学体系等方面分析了偏误成因。然后综合运用四类统计方法将 12 个大类、28 个小类的标点符号分为三个习得难度等级。最后建议将标点符号列入教学大纲和考试大纲;教材应增添标点符号教学的相关内容,并实行分级教学;教师应重视标点符号教学,并采取有效措施针对性地进行教学。

  第五章为结语,首先对韩国学生语篇衔接手段的习得情况进行了总结,然后阐述了本书的主要创新与不足之处,今后的研究可延伸到不同文体和语体、不同母语背景的学习者语篇衔接手段习得对比研究,探究语言共性及差异对习得二语的影响。

目　　录

绪　论	001
第一节　研究缘起、相关术语及语料说明	001
第二节　研究背景综述	005
第三节　研究内容、研究方法及研究意义	020

第一章　韩国学生汉语语篇指称习得研究 ································025

第一节　汉语语篇指称分类及其使用条件 ························025

第二节　韩国学生汉语语篇指称正确使用情况 ··················037

第三节　韩国学生汉语语篇指称偏误分析 ························070

第四节　韩国学生17类汉语语篇指称的习得难度考察 ········090

第五节　韩国学生汉语语篇指称表现成因及教学建议 ········095

第二章　韩国学生汉语语篇时间关系连接成分习得研究 ··········105

第一节　汉语语篇时间关系连接成分分类 ························105

第二节　韩国学生汉语语篇时间关系连接成分正确使用情况 ·····107

第三节　韩国学生汉语语篇时间连接成分偏误分析 ···········117

第四节　韩国学生汉语语篇时间关系连接成分习得难度等级考察 ·········122

第五节 韩国学生"后来""然后""以后""最后"的偏误成因
　　　　及教学对策……………………………………………………124

第三章　韩国学生汉语语篇逻辑关系连接成分习得研究……………137

第一节 汉语语篇逻辑关系连接成分分类…………………………………137

第二节 韩国学生汉语语篇逻辑关系连接成分正确情况考察……………143

第三节 韩国学生汉语语篇逻辑关系连接成分偏误分析…………………166

第四节 韩国学生汉语逻辑关系连接成分习得难度等级考察……………177

第五节 韩国学生"而且"的偏误成因及教学对策………………………180

第六节 韩国学生"所以（说）""但是"的偏误成因及教学
　　　　对策……………………………………………………………185

第四章　韩国学生汉语标点符号习得研究………………………………188

第一节 汉语标点符号分类…………………………………………………188

第二节 韩国学生汉语标点符号正确使用情况……………………………193

第三节 韩国学生汉语标点符号偏误分析…………………………………201

第四节 韩国学生汉语标点符号习得难度等级考察………………………221

第五节 韩国学生汉语标点符号偏误成因及教学对策……………………231

第五章　结语…………………………………………………………………237

第一节 主要结论、创新与不足……………………………………………237

第二节 展望…………………………………………………………………250

参考文献………………………………………………………………………252

后　　记………………………………………………………………………267

绪　　论

第一节　研究缘起、相关术语及语料说明

一、研究缘起

随着汉语水平的提高，汉语学习者单句的语法、词汇错误有所减少，而将正确的句子连接成篇后却缺乏连贯性。鲁健骥（2000：257）指出："外国人用中文说话、写作，常给人以前言不搭后语的感觉，虽然他说的话、写的文章的每一个句子也许都是合乎语法的。"以下是留学生作文中的一段话：

①我听到这个消息很高兴，②可是我最近忙得不得了，③恐怕我没有很多时间陪妈妈，④如果妈妈要来的话，⑤五月以后来吧，⑥由于那个时候，⑦我没有课，⑧只写论文，⑨所以时间比较多，⑩我很想妈妈。

这个语篇由10个小句组成，单独看，每一个小句都是正确的，但整段话很不连贯、自然。仔细分析，存在的问题如下：

语篇指称方面：①②③中，都是对"我"的情况的说明，句首用"我"，后面的"我"均可承前省略。"我"的省略不足使语句显得啰唆。④中的"妈妈"应使用代词"您"表示回指。

连接成分方面：⑥表因果关系的关联词语"因为……，所以……"误用为"由于……，所以……"。

标点符号使用方面：①～③介绍的是我的情况，末尾应该用句号。④～⑤是对妈妈来北京的时间的建议，应用句号完结。⑥～⑨是对建议的解释，应该用句号，⑩是另外一个主题。但除了段落末的句号，全为逗号，模糊了语义界限。

上述语篇中衔接手段的使用不当，使整段话的逻辑关系和语义关系不够紧密，支离破碎。如何把单个的小句连接成段落、篇章，涉及语篇的衔接。出于语言表达的经济性、明确性和灵活性的需要，语言使用者在重提上下文出现的一些对象时，有时重复原形，有时用原形的一部分，有时用代词或者零形式（省略）等，涉及语篇衔接中的指称。小句之间的时间关系和逻辑关系可以用时间

001

连接词、逻辑关联词等显性手段来表示，涉及语篇衔接中的连接成分的运用。此外，在书面语中，标点符号作为语篇不可缺少的有机组成部分，在语篇中的衔接作用也很明显。如分号体现两分句之间的并列或对比的逻辑关系；冒号标示前文提示后文的逻辑关系；破折号则是标明符号前后之间的解释、补充或是语义转变的逻辑关系。汉语的各种语篇衔接手段的选择都有一定的条件。由于未充分掌握语篇衔接手段的各种制约因素，汉语学习者的语篇衔接表达难免出错，从而影响整个语篇的连贯。本书试图通过描述韩国学生语篇指称、连接成分及标点符号的正确使用情况及偏误情况，并与汉语母语者使用情况进行对比，探究韩国学生各类语篇衔接手段的习得顺序及表现原因，提出相应的教学建议，丰富汉语作为第二语言的语篇衔接手段习得研究，同时为汉语语篇衔接手段的教学提供参考。

二、相关术语

（一）语篇

国内外学者对语篇有不同定义。"discourse"这一术语第一次由 Zellig Harris（1952）提出，指"由句子连接成篇的语言体"。参考廖秋忠（1991）的观点，我们将语篇定义为："一次交际过程中使用的完整的语言体。在一般情况下，大于一个句子的长度。"

我们把两个或两个以上的小句组成的一段话统称为语篇。分析韩国学生中介语语篇和汉语母语者语篇时，以小句为基本单位。关于小句，采用徐赳赳（2003）的观点："以一个主谓结构（包括主语为零形式）为划分的主要标准，以停顿和功能为划分篇章小句的次要标准。"语篇有口语和书面语之分，有独白和对话之别。我们考察的是书面语的独白语料，不考虑口语和对话体。

（二）语篇衔接手段

语篇分析中，衔接和连贯是最基本的概念。金晓艳、彭爽（2015）指出："衔接是语篇的有形网络，体现在语篇的表层结构上。"努南（Nunan，1993）认为："衔接是篇章内部相关表述单位之间形式上相互连接的标记或手段。凭借这样一些形式上的手段，说话人可以跨越句子的界限，使不同的句子建立某种密切的联系，甚至组建整个篇章。"Halliday & Hasan（1976）则认为衔接是一个语义概念，是篇章内部各构成部分之间语义上的联系。

关于衔接手段的分类，黄国文（1988）分为语法手段（结构衔接）、词汇衔接和逻辑联系语（逻辑衔接）三类。胡壮麟（1996）分为指称、结构衔接、逻辑连接和词汇衔接。Halliday & Hasan（1976）分为 5 类：指称、替代、省略、连接和词汇衔接，后又将省略和替代合并为一类，其影响力最大。由于指称、替代、省略均为重提语篇中上下文出现的对象，我们将其合并为指称。词汇衔接的标记并不显著，教学的操作性不强，暂不考察。标点符号是书面语的重要辅助，将其列入语篇衔接手段。综上，我们考察的韩国学生中介语的语篇衔接手段包括指称、连接成分和标点符号。

（三）语篇指称

本书采用许余龙（2013）的观点，将"reference"翻译为"指称"。廖秋忠（1986）指出："当某一个或某一类人、事、物、状态、行为，或者某一时间和地点在篇章中的某个地方再现时，作者/说者可以用相同或不同的语言表达式来表示它们的所指是相同的。"这些相同或不同的语言表达式称为指称。

其中，第一次出现的成分为"指称对象"，也叫"先行语"。语篇中用以指称前文实体对象的形式称之为"指称语"。指称分类体系包括：

指称 { 情境的外指；语篇的内指 } 内指 { 指向上文的 回指；指向下文的 下指 }

本书所考察的语篇指称为语篇的内指，包括回指和下指两类。参考廖秋忠（1992）的观点，我们将指称分为同形表达式、局部同形表达式和异形表达式，异形表达式又分为若干小类。

指称在本书中表现为以下三种情况：谓语动词的支配成分，包括主语、宾语（间接宾语、直接宾语或介词宾语）；主谓谓语句、名词谓语句、形容词谓语句等非动词谓语句中的主语；谓语动词支配成分（主语、宾语）的定语。

前两类情况借鉴陈平（1987）研究零形回指的限定范围。另外，作为时间状语的时间指示代词不属于指称，属于时间连接成分。

（四）连接成分

语言学家普遍认为"连接"是一种重要的语篇衔接手段。Halliday & Hasan（1976）将语篇连接分为"增补"（additive）、"转折"（adversative）、"原因"（causal）、"时间"（temporal）四种语义联系。廖秋忠（1986）认为："从功能上看，连接成分是用来明确表达语言片段之间在语义上的种种转承关系。"

从位置上来说，篇章中绝大多数连接成分位于句首，在主语之前，只有少数位于句中，在谓语之前。"

连接成分可分为时间关系连接成分及逻辑关系连接成分。时间关系连接成分可分序列时间连接成分与先后时间连接成分，实际上都是时间顺序连接成分。采用邢福义（2001）的三分法，逻辑关系连接成分可分为并列、因果、转折三大类。

（五）标点符号

《中华人民共和国国家标准标点符号用法》（GB/T15834—2011）（下文简称为《标点符号用法》）把标点符号分为标号和点号两大类，共17种。对中介语语料的考察发现，韩国学生汉语记叙文中仅出现12种标点符号，即：逗号、句号、顿号、问号、叹号、冒号、引号、书名号、分号、括号、省略号、破折号，本书以这12类标点符号作为考察对象。

三、语料说明

（一）语料来源

本书的语料分为韩国学生中介语语料和汉语母语者语料。中介语语料来自北京语言大学汉语学院汉语言专业学生一年级下、二年级下、三年级下的期末考试作文，分别代表初级、中级、高级三个汉语水平。汉语母语者语料选自当代小说家的6篇小说和自传。语料来源具体情况如下表：

表 0-1 语料来源情况统计表

	韩国学生中介语语料			汉语母语者语料
	初级	中级	高级	
题目	寻找出逃的儿子	留在记忆中的人	《光盘行动》读后感	透明的胡萝卜（莫言）
	周末生活小记		《过于努力的结果》读后感	哦，香雪！（铁凝）
	难忘的一天	我的一篇游记	《埃尔莎的办法》读后感	组织部来了个年轻人（王蒙）
	初到北语		《你准备好了吗》读后感	不要和陌生人说话（池莉）
	离开家乡的一天	我在中国认识的一个人	《一条忍者不死的鱼》读后感	我的自传（余华）
				朋友（余华）
			《怎样活出光彩的人生》读后感	十八岁出门远行（余华）

续表

| | 韩国学生中介语语料 ||| 汉语母语者语料 |
	初级	中级	高级	
篇数	179 篇作文	108 篇作文	87 篇作文	6 篇小说
字数	116074 字	86145 字	82577 字	103387 字
总字数	284796 字			
	388183 字			

（二）相关说明

我们考察的是语篇衔接手段的使用情况，字、词、句的偏误不予考虑。关于小句的界定，以一个主谓结构为主要划分依据，以标点符号为次要划分标准。高级阶段的中介语语料有一部分内容为作文题目内容的重复，并非中介语，将其剔除后再进行标注。语料的三类衔接手段的正确形式及偏误形式分别采用不同的代码进行标注，具体标注形式及内容见附录。判断正误时，主要参照已有本体研究成果，同时采用两位标注者的语感，对于有争议处商量后达成一致意见。两位标注人均系统地学习过语言学本体知识及汉语国际教育相关理论，现为对外汉语专职教师，有十年以上一线教学经验。

第二节　研究背景综述

一、语篇衔接手段本体研究

（一）语篇指称研究

1. 国外相关研究

20 世纪 70 年代开始，指称逐渐成为句法学、语义学、语用学、认知心理学及计算语言学等学科的研究热点之一。

语言学界对指称的研究可分为句法指称研究和语篇指称研究。句法指称研究主要基于 Chomsky 的约束理论，限于句内指称，强调形式，因此无法解释语篇中的指称。参考宋宏（2012）对语篇指称研究理论的综述，国外对语篇的指称研究经历了结构模式、语用模式及认知模式三个阶段。

（1）语篇结构模式

Halliday & Hasan（1976）揭示了指称在语篇中的衔接功能，对指称进行了分类。但仅考察语篇表层结构的衔接问题，未涉及语篇指称与语境、语篇建构者、语篇接受者、外部世界之间的关系。

Grozs & Slider（1986）等的"中心理论模式"认为语篇话语参与者的注意力主要集中在最凸显的中心实体（center entity）上，因此其容易在后续话语中使用各种指称形式来指称。该理论认为，句法结构的位置及出现的先后次序是影响中心实体凸显度的两个重要因素，并依据不同实体在语法角色中的凸显度排列出如下等级顺序：

主语＞直接宾语＞间接宾语＞补语＞修饰语

该等级序列可有助于准确高效地依据回指形式找回其先行词，因此广泛应用于自然语言的计算机处理算法中。但该理论基于对语序较为固定的语言（如英语）的等级排列，无法解释汉语这类语序较为自由的语言的一些现象。同时主要停留在表层结构上，未探究指称的心理机制。

Govón（1983）等的"话题连续模式"基于语篇的线性结构，研究了话题连续性对语篇指称形式的影响，并提出衡量话题连续性的标准主要有三个：距离、指称干扰和话题信息。距离是指提到同一个指称对象的两个小句或句子之间的数量；指称干扰指候选的相互竞争的先行语的数量；话题信息指维持或改变中心话题的信息。线性距离越短，指称干扰越少，话题信息越连续，指称形式就越倾向于简化，如代词或者零形式。

Fox（1987）的"语篇层级模式"（Hierarchy Model）则从语篇的宏观结构出发，发现语篇的层级结构、信息流与语篇指称形式的使用密切相关。她认为语篇层级距离及语篇类型制约指称模式，但关注的仍然是语篇的表层结构。

（2）语用模式

Levinson（1987）的"新格莱斯语用模式"认为语篇中的指称分布很大程度上由数量、信息和方式原则的互动所决定。语言编码的信息量越大越倾向于异指，反之，则倾向于同指。

Huang Yan（2000）的"修正的新格莱斯语用指称理论"在语用三原则上增加了世界知识、听话人的领悟能力以及语言成分的凸显度等因素，结合会话含义、信息凸显等原则对"新格莱斯语用模式"进行了修正。该理论基于语言类型学的多角度分析，其解释力进一步增强。

（3）认知模式

Ariel（1994）的"可及性分布模式"（Accessibility Model）认为，不同的指称形式代表其指称对象的心理表征在受话者的大脑中的可及性程度（accessibility）。依据指称形式在受话者大脑中可提取的难易程度，Ariel将指称形式按高、中、低分为三个可及性标示等级，标示如下：

高可及性 ———————————————— 低可及性

零形式＞反身代词＞人称代词＞指示词语＞有定描述代词＞复杂有定修饰语

该理论成为指称研究理论上升到了心理层面的突破性标志，不足之处是忽略了发话者在选择指称形式时的主观性。

Gundel（1993）等的"已知信息层级模式"（Givenness Hierarchy Model）根据焦点（focus）、激活（activiation）、可及性等因素，把已知信息分为以下六个认知等级：

处于焦点的＞被激活的＞熟悉的＞独特可辨别的＞指称的＞类型可辨识的

按照该等级序列，英语限定词和代词的认知等级序列如下：

it ＞ that/this/this ＋ N ＞ that ＋ N ＞ the ＋ N ＞ indefinite this ＋ N ＞ a ＋ N

Van hoek（1995）的"概念参照指称模式"（Conceptual Reference Point Model）引入"概念参照点"（reference point）这一认知概念，从认知语义学的角度对句子层面的英语人称代词的回指功能进行了分析探讨。该模式的创新点在于其突破了以往指称研究限于"实体替代论"的局限，解释了语言参与者的思维方式、语言形式与信息传递之间的内在关系，指明了间接回指的新路径。但该理论仅限于句内指称，未涉及语篇指称。

Matsui（2000）运用"关联搭桥模式"（Relevance And Bridging Model）来研究日语中的搭桥回指（bridging anaphora）现象。"搭桥"是指语篇前文未清晰表述某一实体，后文中需要指称该实体时需要通过认知推理在二者之间搭建一座"桥梁"，以便帮助对下文指称形式进行理解。该模式特别强调指称与语境之间的关系，强调语用推理的作用，并把编码的语用原则与解码的认知状态结合起来，提供了研究间接回指的新的理论框架。

2. 国内相关研究

对于汉语语篇中的指称，方梅（1995、2002）、陈平（1987、1988）、黄南松（1996、1997、2001）、廖秋忠（1984、1985、1986、1987）、田然（2006）、王灿龙（2000、2006）、蒋平（2004、2011）、朱堪宇（2002）、许余龙（2003、2005、2013）、徐赳赳（1990、1993、1999、2003）、王秀丽（2012）、李榕（2012、2013、2014）、陈小红（2013）、方清明（2016）等学者都进行过研究，研究内容主要集中在以下方面：

（1）指称的分类及其特点

廖秋忠（1986）第一次对汉语的指称进行了细致全面的描述。陈平（1987）把事物的指称分为名词性指称、代词性指称、零形指称。

第一，名词性指称。廖秋忠（1992）研究了篇章中名词性成分的框棂关系、篇章管界问题。徐赳赳（1990、2003、2005）划分了名词指称的几种形式，对叙述文中的名词指称、联想指称进行了分类和研究。针对先行语通常是小句、句群、段落等较大的单位，方梅（2002）研究了"指示词＋名词"的篇章语义属性。王秀丽（2012）分析了概述指称在篇章中的使用条件和范围、特点。许余龙等（2013）从可及性方面探讨了名词性短语的指称。方清明（2016）考察了抽象名词词串"这＋量词＋N抽"的语篇照应功能。

第二，代词性指称。徐赳赳（1990）讨论了第三人称代词"他"在篇章中的分布、功能，及篇章结构对"他"的使用的种种制约因素。王灿龙（2000）解释了人称代词超句照应的若干规律，并从语义层次、指称对象的数量、时间词语和关联词语、话题提升、时制转换、时相结构六个方面分析了制约代词篇章分布的因素。李榕（2012、2013、2014a、2014b）探讨了语法角色、指称形式、指称中心、语篇主题、话题地位、动词的语义特征、衔接关系和语体特征等九项因素对代词指称的影响，并具体分析了汉语篇章层级、隐含因果动词及小句地位对第三人称指称的影响。陈小红（2013）探讨了复句中后分句句首指示代词的指称功能。

第三，零形指称。黄南松（1996）描述了现代汉语叙事体语篇中的省略类型及其分布比例。田然（2003、2004）对叙事语篇NP的省略类型进行了探讨。蒋平（2004、2011）从句法位置和位置关系等方面考察了汉语的零形指称现象，并对指向宾语的零形指称的类型进行了考察。

由于廖秋忠（1986）对指称的分类相对全面细致，基本包括了其他所有分类的形式，同时覆盖了中介语语篇中所出现的指称，本书在描述和分析中介语和母语语篇指称时参考了其分类。

（2）影响指称形式选择的因素

廖秋忠（1984）探讨了指称类型的选择和指称加不加修饰成分的条件。徐赳赳（1990）、高宁慧（1996）、王灿龙（2000）分析了篇章中代词指称的制约因素。关于省略，Li & Thompson（1979）和Chen（1984）从篇章的角度列出了主语与宾语省略的条件，提出了用可连续性（conjoinability）、可预测性（predictability）和可忽略性（negligibility）来解释省略。廖秋忠（1984）探讨了现代汉语语篇中动词的支配成分的省略。陈平（1987）、朱堪宇（2002）分析了话语结构特征对省略的制约。许余龙（2005）以可及性理论为基础，通过考察18篇民间故事中指称形式的分布特点及规律，提出了基于可及性和主题性原则的指称确认理论模式。王义娜（2006）在 Van hoek（1995）研究的基础上，提出了话语主观性和实体可及性共同制约指称形式选择的理论假设，并对汉语语篇进行了分析，验证了其理论。除此以外，蒋平（2003）认为还包括位置（包括间隔指称语的位置、先行语和回指语的占位）、层次性和非生命性。

综上所述，汉语语篇指称的选择主要受以下因素制约。

第一，句法结构。廖秋忠（1986）、徐赳赳（1990）、高宁慧（1996）、朱堪宇（2002）讨论了平行结构对指称形式的影响。陈平（1987）探讨了先行词所在的句子与指称对象所在的句子的联系对指称形式选择的影响，列出了倾向于使用零形指称的情况。

第二，指称对象的数量。廖秋忠（1986）、徐赳赳（1990）、高宁慧（1996）、王灿龙（2000）探讨了指称对象的数量对指称形式的影响。

第三，时间词语和关联词语。徐赳赳（1990）、高宁慧（1996）、王灿龙（2000）论述了时间词语对指称形式选择的影响。徐赳赳（1990）将时间词语分为名词性的时间词（短语）和有动词的小句，分别论述了其对指称形式选择的影响。徐赳赳（1990）、高宁慧（1996）、王灿龙（2000）认为连词后面的小句主语趋向于用代词或省略形式。朱堪宇（2002）认为同话题推进的语篇中，当使用关联词语将某个谓语小句同前一小句连接时，该谓语小句的话题一般用省略形式。

第四，语义层级。高宁慧（1996）将汉语的篇章分为小句、话题链和段落三级单位，论述了不同层级单位内指称形式的选择。廖秋忠（1986）认为，话题链是决定动词的支配成分省略的一个重要条件。李榕（2013）通过分析真实语料总结出了汉语篇章层级与指称形式之间的对应规律。陈平（1987）指出，所指对象在话语中的强连续性，是回指时使用零形式的必要条件。连续性有微观和宏观之分，微观连续性体现在先行词的其后性和回指对象的承前性上。宏观连续性取决于先行词和回指形式所在的小句在话语组织中的关系。

第五，时制转换及时相结构。根据陈平（1988）的观点，汉语句子的时相结构按[＋静态][＋持续][＋完成]三对区别特征可分为状态、活动、结束、复变、单变五种情状类型。王灿龙（2000）通过考察发现，人称代词的使用与不同情况类型共现也有关系。先行词所在的小句为状态情况时，则结束情状、复变情状的后续句一般用代词指称。

第六，动词的语义特征。孙燕、舒华等（2001），焦建亭、张必隐（2005）等学者的研究结果表明：隐含因果动词的语义特征影响人们判断回指对象。李榕（2013）通过离线心理学实验发现，在汉语语篇中隐含因果动词的影响必须和相关语境（如因果连词"因为"）相互作用才能对回指产生影响。

国内语言学者从结构、语用及认知角度分析了语篇指称形式的各种制约条件，为分析判别中介语语料语篇指称形式使用正误提供了参考标准。

（二）连接成分

廖秋忠（1986）将现代汉语篇章中的连接成分分为时间关系连接成分、逻辑关系连接成分两大类。参考其标准，汉语连接成分可以从位置和功能两个方面进行界定：从功能上看，连接成分是用来明确表达小句之间在语义上的转承关系；从位置上看，语篇中绝大多数连接成分位于小句句首，在主语之前，只有少数位于小句中间，在谓语之前。同时，排除了隐性语义衔接、连接成分之外的短语或小句衔接以及隐藏的交际双方共享的讲话场合或背景知识。

1. 时间关系连接成分

黎锦熙（1924）将"时间句"分为同时、前时、后时、永久时四种，吕叔湘（1942）也提到了"同时""先后"等时间关系。某些时间副词也可作为时间关系连接成分。张谊生（1996）把时间关系副词分为先时顺序、后时顺序、起始顺序、终止顺序四种功能类型。陆俭明、马真（1999）将时间副词分为定时时间副词和不定时时间副词，时间连接成分包含的副词属于不定时时间副词。

廖秋忠（1986）、杨同用等（2005）对时间关系连接成分进行了整体系统的分类，沈庶英（2000）则进行了局部分类。廖秋忠（1986）将时间关系连接成分分为序列时间连接成分与先后时间连接成分两大类。其中序列时间连接成分包括起始时间连接成分、中间时间连接成分和结尾时间连接成分；先后时间连接成分包括以前时间连接成分、以后时间连接成分和共时连接成分。沈庶英（2000）把表示时间数量不确定的时间词称为"约量时间词"，并根据意义将其分为言长时、言短时和言长短时三类，考察了它们的句法特点和语用功能。殷志平（2002）进一步考察了约量时间词的语义特征、句法特征及句式特点。杨同用、谢淑芬（2005）将现代汉语中表示时间顺序的位列词语分为起始词语、承接词语和终止词语三大类，并考察了定位时间范畴的指序功能以及篇章语义成分对汉语序位排列的影响。张发明（1984）等针对某个或某一类时间连接成分进行了个案研究。金晓艳对时间关系连接成分进行了专题研究，其研究主要分为以下四个方面。

（1）时间连接成分的界定及分类

金晓艳等（2010）选取了"时间连接成分"这个术语，将其界定为"表达篇章结构中两个或两个以上顺序性事件相对发生的时间",强调其三个特点:篇章性、顺序性和时间性。强调"顺序性",从而排除了那些不能体现"顺序性事件"的具体的时间表述,如:1947年、星期六晚上、早晨、昨天等。其次,将时间连接成分界定为一个时间关系的表达范畴,而不局限于某一类词。其中包括时间名词、方位词、时间副词、连词、形容词及一些时间词组。在分类上,采用一次分类一个标准的原则,从事件发生的先后顺序、主语定位的原则以及时间连接成分本身是否含有时间信息等几个角度对时间连接成分进行了重新分类。根据事件发生的先后顺序,分为起始时间连接成分、接续时间连接成分和结尾时间连接成分三大类。

(2)对时间连接成分的隐现的考察

金晓艳(2005,2013,2014)考察分析了汉语篇章中后时连接成分、前时连接成分、初时连接成分的隐现条件。

(3)对时间连接成分的位置考察

金晓艳(2009,2010,2011)分别从狭义和广义的篇章角度考察了汉语时间连接成分的位置。

(4)对后时连接成分连用情况的考察

金晓艳(2015)首先从时量的角度将后时连接成分分为相对时量和绝对时量,相对时量后时连接成分只有"长短时 A 类";绝对时量后时连接成分包含三类:长短时 B 类、立时类和瞬时类。

时间连接成分的分类为分析母语者及中介语语料语篇时间连接成分提供参考,时间成分的隐现、位置及连用情况的考察为判别语料中时间连接成分使用正误提供参考。

2. 逻辑关系连接成分

连接成分(廖秋忠,1986),又称"联系虚字"(金兆梓,1922)、"关系词"(黎锦熙,1924)、"关联词语"(朱德熙,1982)、"关系词语"(邢福义,1985)、"关联成分"(马清华,2003)、"关联标记"(储泽祥、陶伏平,2008)、"连词"(王中祥,2016)等。已有研究主要包括:

(1)逻辑关系连接成分的界定及分类

逻辑关系连接成分涉及范围较广,在词、词组、句子、句群、段落、篇章等层面均有所体现。学者们首先对连词与功能类似的词类进行了区分,如汤廷池(1979)采用插入法和话题法区分介词和连词。邢福义(1996)认为,句与句之间的关系用连词表示，句内关系用介词表示。段德森（1991）认为副词和连词关系非常紧密，有的词原为副词，后来逐渐演变为连词。周刚（2002）认为出现在关联语境的为连词，出现在非关联语境的为副词。

本书所讨论的是语篇层面上的逻辑关系连接成分，包括：连词，如"所以""而且"；副词，如"果然"；介词，如"因为"；助词，如"的话"；超词成分，如"果不其然"。

关于逻辑关系连接成分的分类，黎锦熙（1924）根据语义关系将连词分为平列连词、承接连词、选择连词等十类。邢福义（2001）将复句分为因果、并列、转折三大类，然后对三大类别中最典型的连词的语义和句法功能进行了详细归纳描写。吕叔湘（1979）则根据连词在句子中的形式划分为可合用可单用的、可合用也可单用后一个的、通常合用三类。史有为（1985）根据与连接成分的相对位置，将连词分为前段连词、后段连词及前后段连词三类。陆俭明（1985）按意义将连词分为两类：表联合关系与表主从关系；按所处位置再将其分为前置连词与后置连词。胡裕树（1995）以连接成分的性质和意义为划分标准，将连词分为四类：连接词和词组表示联合关系的、连接分句表示联合关系的、连接词和词组表示偏正关系的、连接分句表示偏正关系的。廖秋忠（1986）首次系统而详尽地对汉语语篇中的逻辑关系连接成分进行了描述，将其分为顺接、逆接和转折三大类，并细分为若干小类。

本书主要采用邢福义（2001）的观点，将汉语的逻辑关系连接成分分为因果、转折、并列三大类，结合廖秋忠（1986）的观点分为若干小类。

（2）逻辑关系连接成分的语义、句法与语用研究

一是某一个或某一类逻辑连接成分的个案研究。如彭小川、林奕高（2006）对充当篇章连接成分的"相反"的词性、用法进行了辨疑。邵洪亮、胡剑锋（2015）对"固然"的语义、句法及篇章功能进行了具体分析。付琨（2009）考察了后置连词的篇章功能，发现后置连词比前置连词的篇章功能更为丰富。

二是同一类逻辑连接成分之间的辨析和比较。如赵新（2003）对表结果的连词"因此、于是、从而"的异同进行了辨析。王永娜（2007）对"为了"和"以便"在语义和语用上的差异进行了分析。

三是逻辑关系连接成分的认知机制研究。如沈家煊（2003）将复句的概念系统分为行域、知域、言域三个认知域，复句所处的概念域不同，连词辖域的大小有差异。另外，主观性也是连词差异的重要原因。李晋霞、刘云（2004）认为"由于"和"既然"分别用于客观域和主观域，从而导致二者在语序、主

观标记、原因和结果的否定性等各个方面的差异。

（三）标点符号

丁菁（2011）将国内对标点符号的研究分为三个时期。

第一，早期标点符号研究阶段：中央人民政府出版总署 1951 年公布了第一版《标点符号用法》，包括 14 种标点符号：句号、逗号、顿号、分号、冒号、问号、感叹号、引号、括号、破折号、省略号、着重号、专名号、书名号。

第二，20 世纪 80—90 年代标点符号用法规范阶段：1990 年 3 月，国家语委和中华人民共和国新闻出版署联合发布修订的《标点符号用法》，共列出标点符号 16 种，并于 1995 年将《标点符号用法》制定为国家标准正式发布。用法进一步完善，增加了新的标点形式诸如小圆点号"."等，调整了例句与说明性文字。

与此同时，学者们开始注重标点符号的规范性问题，对于国家标准用法提出了很多质疑和改进建议，开始进入严格意义上的现代汉语标点符号研究，并逐渐向三个方面发展：第一，规范性研究。如凌远征等（1990）、苏培实（1990）等著作主要解释规范了标点符号的用法，提出并解答了一些容易混淆的疑难问题。另一方面，很多学者已经注意到标点符号混用和使用不规范的情况。如胡中文（1997）、刘慧英（1998）、顾金元（2003）、曾常红（2004）、岳方遂（2006）均对《标点符号用法》提出了一些质疑。同时，林穗芳（2000）、郭攀（2005）、刘妍（2009）、吴黄青娥（2009）等学者对标点符号进行详尽的分类和讨论。第二，对标点符号的发展史进行的总结梳理。如林穗芳（1997）、郭攀（2006、2009）对标点符号整体的发展演变做了较为翔实的论述。第三，从语言学视野对标点符号进行的多角度研究解读。陈望道（1932）、郭攀（2004）、郭俊书（2007）、王亚妮（2009）、牛淑敏（2013）等学者探讨了标点符号在修辞上的作用。

第三，完善和修订时期：2011 年，新版的《标点符号用法》颁布，在 1995 年的版本上进行了进一步的修改与完善，使之更加适应现代汉语的发展。

本体研究成果为本书对母语和中介语语篇中标点符号的分析提供依据。

与语篇相关的标点符号研究中，Quirk（1985）等认为衔接的四种手段包括：语用上的和语义上的意涵、词汇上的联系、韵律与标点符号、语法手段，指出标点符号可以作为衔接的一种手段，这是首次对标点符号的功能提到如此高度。国外学者 Chen（1994）通过运用语料库分析的方法，得出 75% 的汉语句子是由分号或逗号隔开的两部分组成，并指出标点符号、成分范畴、连接因素和话题链这几种手段使汉语分句组成有意义的实体。"标点的使用使语篇能够最大限度的关联起来，提供最大信息给读者。"（Say and Akman，1997）Guinda（2002）

对60名大三和大四学生进行了测试,发现标点符号对语篇性和可读性影响较大。研究表明,标点符号具有语篇性功能,进而影响语篇的"可读性"。

国内学者高原、刘润清(2002)指出,Halliday & Hasan(1976)的衔接模型忽视了书写系统,比如标点在语篇中的衔接作用。并通过大量实例证明标点同样具有指称、省略、词汇衔接和连接功能,其使用同样受语篇上下文、客观语境等因素的影响,认为Halliday & Hasan的衔接模型需要加入标点的衔接功能才能进一步完善。梁丽、王舟(2001)从翻译角度出发来谈论如何处理好标点符号。马艳华(2009)将标点符号列为中介语语篇的一个重要组成部分。

综上所述,标点符号是语篇的一种衔接手段,其主要作用主要体现在:书写上,汉语作为孤立的一种语言形态,缺乏分词书写,标点符号无疑对语篇上下文的理解起着不可忽视的作用。语法上,在具体的语境中,标点符号可以有替代、省略、复指、平衡、排比、强调、提示等衔接功能。

二、面向汉语国际教育的语篇衔接手段习得研究

(一)语篇指称及连接成分习得研究

国内对外汉语教学界早在20世纪80年代就对中介语语篇引起了重视(杨石泉1984),其中,对留学生的语篇进行偏误分析的研究较多,研究中都注意到了留学生在语篇表达时出现的衔接方式偏误,包括语篇指称和连接成分偏误。

1. 偏误描述

主要分为两类:一类是对多种衔接手段习得的整体研究,一类是对某一衔接手段的细致刻画。其研究范式基本是依托汉语语篇衔接本体理论框架,分析留学生语篇衔接偏误,探究偏误成因,对语篇教学提出相应的建议。

(1)语篇衔接手段整体研究

其中包括对语篇指称和连接成分的偏误分析。如张永昱(2002)、鲁健骥(2000)、杨翼(1995)、何立荣(1996)、彭利贞(1996)、马燕华(2001)、辛平(2001)、王莉(2003)、陈晨(2005)、黄玉花(2005)、田然(1997、2005)、刘俊玲(2005)、赵成新(2005、2006)、孔艳(2009)等。其中,陈晨(2005)、黄玉花(2005)对汉语学习者在篇章连贯方面的偏误分布进行了量化统计,发现省略及照应偏误所占比重最大。由此可见,留学生汉语语篇衔接手段中,语篇指称是最突出的问题。

省略研究。田然(2006)对现代汉语叙事语篇NP省略的类型和模式从句法的角度进行了分类,考察了留学生中介语语料不同省略模式的难度等级。

（2）某类衔接方式研究

照应和指称研究。高宁慧（1996）、曹秀玲（2000）、肖奚强（2001）、杨春（2004）、徐开妍、肖奚强（2008）、井茁（2011）、李贤卓（2015）、邢志群（2016）等专门考察了留学生回指表达方面的偏误。

连接成分研究。主要分为两类，一类对时间和逻辑连接成分两者的研究，如孔艳（2009）、李海燕（2016）等。一类是对时间连接成分或逻辑连接成分的研究，如徐海玉（2009）、周清艳（2007）、袁丽（2009）、张燕燕（2015）等。

2. 偏误成因分析

研究认为语篇回指偏误的来源如下：

其一，母语负迁移。语篇指称、连接成分偏误成因的研究都会从母语迁移的角度进行探讨，如陈晨（2005）、赵成新（2006）考察了母语英语对学习者习得汉语语篇衔接的影响。

其二，目的语的干扰。赵成新（2005）经过实证统计发现，大约三分之一语篇衔接偏误是由目的语因素造成的。

其三，教学的影响。陈晨（2005）、孔艳（2009）指出，已有的语篇衔接手段成果比较有限，在教学的整体设计、教学大纲、教材编写和课堂教学中少有体现，成为留学生汉语篇章偏误的重要原因。

其四，学习者认知因素及交际策略的影响。陈晨（2005）认为留学生认知上追求单个句子的完整性导致句式衔接、省略、指称、替代等方面的偏误。

但研究大多依照偏误成因的几个方面进行笼统阐释，缺乏深入细致的探究，如对母语与目的语语篇衔接手段的详细对比，对教学大纲、教材、教学语篇指称与连接成分内容的客观系统的考察，对回指学习策略的具体研究。

3. 习得过程研究

王红斌、李悲神（1999）考察了日本和韩国学生汉语篇章零形式习得过程。田然（2005）发现留学生习得 NP 省略难度级差顺序与中国小学生一致，并提出按习得的难易层次进行针对性教学。

习得过程研究较为薄弱，连接成分及标点符号习得顺序研究尚未见到。主要原因可能有：初级阶段成篇的语料较少，难以进行动态研究；语篇本体研究相对薄弱，习得研究可借鉴的成果不多；语篇习得过程复杂，研究难度大。

4. 教学研究

语篇教学整体层面上，如彭小川（1999）从纵横两方面构建了语篇教学的整体教学框架，纵向方面，应在初级阶段通过连句成段让学生掌握汉语语篇衔接的手段。横向方面，通过不同课型训练学生的成段表达能力。田然（2014）探索"对外汉语语篇语法"研究框架，黄秀坤（2015）进行了基于汉语作为第二语言教学的留学生语篇建构能力研究。

有学者则针对具体课型提出了语段语篇教学建议，如针对口语成段表达训练的有王世生（1997）、张晓慧（1997），针对综合课语篇教学的如朱其智（2001）、陈宏（2004），针对语段写作训练的如陈福宝（1999），针对语法课语段教学的有彭小川（1999），针对语段听力教学的有齐燕荣（1996）等。

关于语篇教学的具体训练方法，吴晓露（1994）、刘月华（1998）、陈福宝（1998）、彭小川（1999）提出通过修改"病文"、填上连接成分、删去多余的名词和代词、连句成段等方式进行篇章教学。王魁京、张秀婷（2001）则从句群范本的感性认知、句群知识的理论学习及句群表达的技能训练三方面提出如何培养句群表达能力。王世生（1997）、朱其智（2001）建议通过提示连接词语让留学生进行成段表达。邵菁（2013）的《"认知功能教学法"人称回指教学实验》是目前仅有的一篇教学实证性研究。该实验对实验组采用"认知功能教学法"进行了5次汉语人称回指规则教学，通过后测和延时测证实与对照组相比，实验组在人称回指测试中有显著差异，证实了人称回指规则的可教性。

语篇教学研究大多依据个人教学经验，或通过语篇偏误分析得出教学重点和难点，但具体教学效果如何，实证研究仅有1篇。同时，研究多是大而化之地谈如何培养语篇能力、成段表达能力，未专门对语篇指称及连接成分教学提出有针对性的建议。

5. 培养语篇能力的教材编写研究

杨翼（2000）论述了培养成段表达能力的对外汉语教材的结构设计，陈晨（2005）则对初级口语教材的整体编写、语料选取以及习题设置进行了探讨，梁贞爱（2002）、李倩（2007）对培养成段表达能力的题型提出了参考性意见。这类研究相对较少，语篇习得研究如何在微观上体现到教材编写，尚需探讨。

6. 语篇测试研究

张宝林（2005）提出了11种语篇衔接的测试方法，王晨（2007）尝试以句子接应手段的偏误率和信息量作为两个指标对语段表达能力及教学效果进行测评。曾丽娟（2011）运用指标评价体系对语篇回指的测试性评价进行了构拟。语篇教学效果如何，需要进行教学评价和测试。测试对教学又有一定的反馈作用。如何设计一套高信度、高效度、完善的语篇指称评价体系，这方面的研究还亟待加强。

（二）标点符号习得研究

本书以标点符号偏误为关键词，搜集了2002—2019年共18年间cnki上出现的面向对外汉语教学的各类标点符号研究论文共计68篇，统计发现：对外汉语标点符号教学研究论文总量少，且硕士论文比重高达43.59%，核心期刊论文仅占15.79%，说明标点符号教学尚未引起对外汉语教学界重视。研究内容有：

1. 汉外标点符号的对比分析

林御霖（2013）、彭静雯（2014）、王采秋（2014）、张诗云（2014）、穆子丹（2015）分别对汉语的标点符号与老挝语、韩语、日语、英语、阿拉伯语的标点符号的书写形式及使用功能进行了对比。汉外标点符号的对比为留学生标点符号偏误成因之——母语迁移提供了理论依据。

2. 标点符号的偏误描述

一类是对出现的标点符号的三种类型偏误进行整体描写；另一类是对某种标点符号、某类偏误进行细致描写。第一类文章中的代表性研究如：胡建刚（2002）、马明艳（2009）、金燕燕（2010）、夏语曼（2011）、张慧丽（2014）、黄莉（2013）、应玮（2011）、游素华（2012）、彭静雯（2014）、张诗云（2014）等，偏误类型有形体书写偏误、位置书写偏误和功能使用偏误；第二类文章分为两小类，一类是对某类偏误的细致描写，如胡建刚、周健（2003）对标点符号的书写偏误进行了分析。一类是对某种标点符号偏误的描写，如胡建刚（2005）、刘柳和李枝玟（2015）研究了句号、逗号使用偏误。

总体来看，标点符号偏误描写是对外汉语标点符号研究的一个热点，文章数量多、内容广、分析细，但研究内容、研究方法存在重复、单一的倾向。

其中杨万兵、文雁（2013）关注的是东南亚地区中级汉语水平留学生标点符号的"产出过程"，设计了断句和添加标点符号的实验。运用SPSS统计软件，对出现的12类标点符号偏误分错标、漏标、多标进行了细致描述，从五个方面分析了其原因，提出了三点教学建议。研究角度、研究手段独树一帜。

3. 标点符号偏误成因分析

（1）语言方面的因素

涉及标点符号偏误成因的所有文章都提到了母语迁移的影响。如胡建刚（2003）、彭静雯（2014）等。

（2）教学方面的因素

一是标点符号标准不明，大纲缺乏相应内容。夏语曼（2011）、王采秋（2014）

注意到，对外汉语标点符号教学主要参照标准是《中华人民共和国国家标准标点符号用法》（GB/T15834—2011，以下简称《用法》），但《用法》对某些标点符号的具体使用条件阐释不够具体和明确。对外汉语标点符号教学大纲处于缺失状态，使得总体设计、教材编写、教师教学及课程考试缺乏依据。

二是教师对标点符号教学不重视。应玮（2011）对十二位教师的采访发现，教师在课堂上对标点符号讲解过少、课后练习少，黄莉（2013）、张晶晶（2012）提到的教师讲解不严密，对学生在练习和作业中的标点符号偏误视而不见及错误示范均影响了标点习得。

三是教材未涉及标点符号教学的内容。胡建刚（2002）、应玮（2011）、张晶晶（2012）、孙乐飞（2010）、彭静雯（2014）均提到大多数教材没有涉及专门的标点教学内容，缺乏正确的标点符号示范，练习普遍较少，复现率极低。王弘宇（2016）认为教材还存在标点符号的错误示范。

（3）学生方面的因素

一是学生不重视。吴玥（2014）、李云（2015）对调查表明，绝大多数留学生认为汉语标点符号一般重要，学生不太重视标点符号，忽视标点符号学习。

二是学生语法能力的影响。孙乐飞（2010）、王采秋（2014）、杨万兵、文雁（2015）认为，外国留学生的汉语语法能力有限，语感欠缺，对某些句子的语义结构不够了解，无法正确判断其承接和结束及句子语气，造成标点混用。

三是学生的回避策略。彭静雯（2014）、应玮（2014）指出，学生的逗号和句号使用频率高于汉语母语者，其他标点符号的使用频率则低于汉语母语者，说明学生运用汉语标点时采取了回避策略，刻意回避那些掌握难度比较大的标点。

四是环境方面的因素。吴玥（2014）、穆子丹（2015）认为，网络标点符号的省略性、重复性、混杂性及暗含他意对标点符号的规范产生较强负面影响。

4. 标点符号教学建议

第一，语言方面。穆子丹（2015）建议，按国别分类建立标点符号使用偏误语料库。针对不同母语背景的学习者在汉语标点符号使用中所存在的偏误，可以按照国别进行分类，建立"常用标点符号偏误"语料库，并且按照不同母语背景和不同汉语水平设置子库。

第二，教学方面。杨万兵、文雁（2015）提出，要将标点符号纳入对外汉语教学体系，制定标点符号教学大纲，总体设计、教材编写、课堂教学、测试评估均要有所体现。蒋春来（2015）认为将标点符号的规范使用纳入各类测试当中，如期末考试、写作比赛、入学考试等，以引起留学生和教师对标点符号的重视。谷慧敏（2014）对教师如何进行标点符号教学提出了相应的建议。

（三）语篇衔接手段习得研究的不足及建议

1. 语篇衔接手段习得研究的不足

（1）研究的平衡性有待提高

一是研究内容存在不平衡性。已有研究多集中在对汉语中介语语篇衔接手段偏误的分类和描写上，习得难度等其他方面的研究相当匮乏。

二是不同母语背景的研究存在不平衡性。已有研究集中在韩国、日本、英语国家等几种母语背景上，其他语种的研究较为少见。

三是不同阶段的研究存在不平衡性。尽管有学者建议从初级阶段就应该开始进行语篇教学，但已有研究主要集中在中高级阶段。对不同阶段的纵向研究所占比重较小，因此很难窥见语篇衔接习得的动态过程。

四是语料来源存在不平衡性。语料多为研究者个人收集的留学生的日常习作，较少来源于中介语语料库与调查测试。同时，以书面语叙述体语料为主。语料为留学生作文的研究比重较大，基于大规模语料库的研究所占比重较小，还有大量研究未对语料来源进行说明，影响其分析的针对性和科学性。数量上，以10万字以上的大规模语料作为对象的研究比重较小。

（2）研究范式及研究手段有待丰富

除了田然（2006）考察了NP省略语篇回指习得顺序，已有研究大多基于语篇理论框架，对留学生作文进行偏误分析，缺乏偏误成因的细致考察及有针对性的教学建议，同时缺乏对其习得过程的动态描述。研究手段上，多利用传统的手工统计对偏误分布进行数据处理，对SPSS等专业统计工具运用不足。

（3）研究的成果转化效率有待提高

研究注重个案，却忽视比较，针对某一母语背景的研究日益增多，也日趋细化，但对不同母语背景的中介语语篇的对比研究尚未起步。

语篇习得研究的重要目标之一是对教学提供建议，但已有的研究成果转化不太理想，究其原因，其一是未对中介语语篇衔接手段的偏误成因进行深入细致的分析，未针对性地为教学提出建议；其二是缺乏对语篇衔接手段习得顺序的考察，从而未能在语篇衔接手段教学内容的编排上提供有指导性的意见。

2. 有关建议

针对上述不足，今后的研究可以在以下几个方面进一步加强：

首先，研究内容上。目前语篇衔接手段偏误分析的成果已相当丰富，可加强习得顺序的研究。基于大规模语料库,从初、中、高三个汉语水平等级,分不同语种对留学生中介语语言项目习得顺序进行动态、全面的考察。

其次,研究方法上。习得顺序的研究多将准确率为标准来衡量习得结果,将准确率与习得顺序相连,认为某个语言项目的准确率越高,学习者越先习得,将准确率排序即可得到习得顺序(钱旭菁,1997;施家炜,1998)。有学者已对准确率标准提出了质疑(Ellis,1985;张燕吟,2003;高顺全,2011),并提出了初现率标准,但汉语作为二语习得的研究中还较为少见。今后的习得研究应将准确率标准与初现率标准相结合,并运用蕴含量表确认,确保研究的可信性和科学性。

再次,研究系统上。基于语言类型学标记差异理论,通过对不同母语与汉语习得共性及个性的对比,探究习得顺序的成因,并提出国别化的教学建议,以促进习得研究成果向教学的转化。

第三节　研究内容、研究方法及研究意义

一、研究内容

(一)确定语篇衔接手段习得研究范围

参照廖秋忠(1984、1986)的分类,同时梳理、借鉴、吸收和修正语篇衔接手段汉语本体研究成果,结合中介语语料中语篇衔接手段的使用情况,我们将汉语的指称分为同形表达式、局部同形表达式、同义词、统称词、代词、零形式(省略)六个大类;将语篇连接成分分为时间关系连接成分和逻辑关系连接成分两大类;标点符号参考《中华人民共和国标点符号用法》和相关本体研究,分为标号和点号两大类。在已有研究基础上,确定每类语篇衔接手段的具体使用制约因素,并选取适合汉语教学的内容,使其具备教学的可操作性。

(二)进行语料标注及语篇衔接手段习得考察

1.语料标注

综合语篇衔接手段形式的各类影响因素,确定正误标准。两位有10年以上汉语教学经验的教师对30万字左右的中介语语料从正误两方面进行穷尽式标注。语料源自韩国学生期末考试作文,初、中、高级各10万字左右,同时对10万字左右的汉语母语语料的语篇衔接手段使用情况进行标注。

2.语篇衔接手段表现分析

已有研究集中于偏误分析,但偏误分析只研究中介语的偏误,注意力集中

在病错句上，并未研究其正确部分，因此只能了解学习者未掌握的部分，而不能了解学习者是如何成功地习得目的语的，无法看到中介语全貌。因此，本书对韩国学生的语篇衔接手段进行了表现分析。表现分析即对韩国学生语篇衔接手段的全部表现进行分析，既研究其偏误部分，也研究其正确部分，从而发现其习得规律和特点。具体来看，主要考察哪些类型使用频率较高，是学习的重点；哪些类型偏误率较高，是学习的难点；哪些类型正确率较高，易于掌握。考察三个水平段语篇衔接手段正误使用情况的动态变化，探讨其纵向习得过程。

3. 语篇衔接手段习得难度等级探讨

综合四种统计方法探讨习得难度等级，具体计算公式和方法如下：

①正确使用相对频率：各类语篇衔接手段的正确使用相对频率＝各类语篇衔接手段的正确使用频次／所有语篇衔接手段的应出现频次之和

②正确率：某类语篇衔接手段在某水平段的正确使用率＝该类语篇衔接手段在该水平段的正确使用频次／该类语篇衔接手段在该水平段应使用频次＋该类语篇衔接手段在该水平段的多余频次

③初现率："初现率标准"以某一个语言项目在中介语中第一次"有系统"的和非"公式化"的出现和使用作为标准来确定其习得过程的开始。参照 Kawaguchi（1996）、Kopcke（1987）、Clahsen（1988）和 Huter（1998）的观点，本书以语篇衔接手段出现三个语法环境作为初现率标准。

④蕴含量表法：首先计算初级、中级、高级三个水平段语篇衔接手段的正确率，然后将正确率低于某标准的转化为 0，高于 8 某标准的转化为 1，建立蕴含量表，计算蕴含量表的各项指标系数：

A. 伽特曼再生系数：Crep＝1－偏误数值／（类型数目 × 学时等级数目）

B. 最小边缘再生系数：MMrep＝最大边缘值／（类型数目 × 学时等级数目

C. 再生修正百分比指标：%Improvement＝Crep － MMrep

D. 可分级系数：Cscal＝%Improvement／（1 － MMrep）

其中再生系数和可分级系数应大于 0.9 和 0.6。综合四类统计方法得出语篇衔接手段习得难度等级，验证标记差异假设。

（三）分析语篇衔接手段习得表现原因

语言因素。基于类型学理论，从母语角度对习得难度等级进行解释。

大纲因素。考察汉语教学大纲、考试大纲对语篇衔接手段的要求。

教材因素。统计有代表性的汉语综合教材及写作教材中的语篇衔接手段内容,从编排顺序、教学内容及练习的质与量分析教材对习得的影响。

师生因素。从语篇衔接手段教学意识、语篇衔接手段知识及教学策略等方面进行问卷调查和分析,探讨其对语篇衔接手段习得的影响。

(四)对语篇衔接手段分级教学提出建议

结合语篇衔接手段习得难度等级及习得表现成因,从对外汉语教学的总体设计(教学大纲)、教材编写、课堂教学、语言测试(各类考试大纲及成绩测试等)四大环节对语篇衔接手段分级教学提出相应的建议。

本书的整体框架如下图:

| 语篇衔接手段分类 | ⇒ | 中介语语篇衔接手段使用情况标注
语篇衔接手段正误使用情况考察
· 正确使用情况
· 偏误情况
语篇衔接手段习得难度等级探讨
· 正确使用相对频率
· 正确使用率
· 初现率
· 蕴含量表 | ⇒ | 语篇衔接手段习得原因分析
· 语言
· 大纲
· 教材
· 师生 | ⇒ | 语篇衔接手段教学建议
· 总体设计
· 教材编写
· 课堂教学
· 语言测试 |

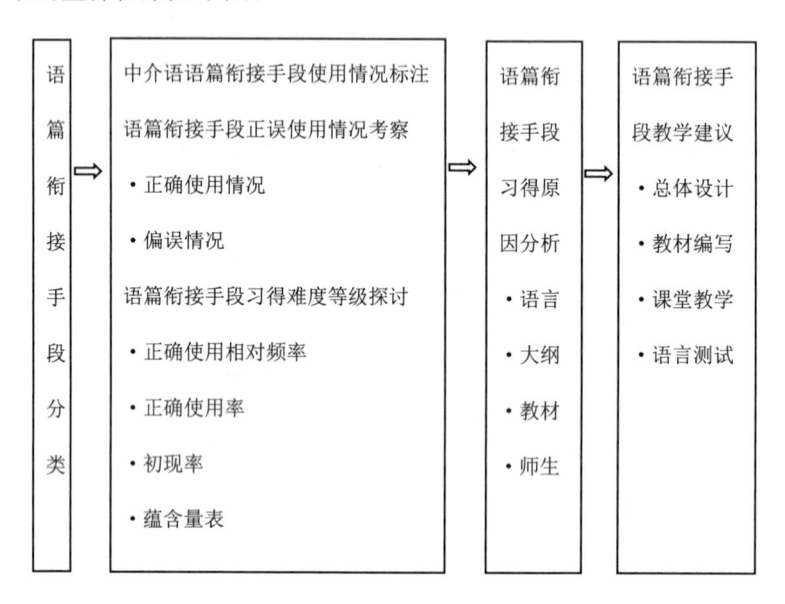

图 0-1 整体框架

二、研究方法

本书主要采取以下四种研究方法:

(三)调查研究法

在探讨韩国学习者语篇衔接手段习得表现的原因时,首先对教学大纲、考试大纲、教材语篇衔接手段内容的设计编排进行调查。其次从语篇衔接手段教学意识、语篇衔接手段知识及教学策略对教师进行问卷调查和分析。

（二）定量分析和定性分析相结合的方法

构拟语篇衔接手段习得难度等级、对中介语进行标注时，借鉴语言类型学理论和汉语语篇衔接手段本体研究成果，以定性研究为主。分阶段对中介语语料中的语篇衔接手段正误使用情况进行统计分析，运用四种统计方法探讨语篇衔接手段习得难度等级，探讨习得表现成因时对教材、教师和学生的调查、统计、分析，主要运用SPSS统计软件进行定量分析。

（三）比较研究法

对韩国学习者中介语语篇衔接手段习得情况进行考察时，需要对不同水平学习者语篇衔接手段使用情况进行对比，以考察其纵向习得过程；对中介语中不同语篇衔接手段类型使用情况进行对比，以考察学习者汉语语篇衔接手段使用倾向；对学习者汉语语篇衔接手段习得难度等级与大纲和教材中语篇衔接手段排序进行对比，从而有针对性地对教学大纲及教材编写提供建议。本书采用SPSS统计软件，进行方差分析，考察不同的变量之间差异是否显著，主要运用比较研究法。

（四）描写与解释相结合的方法

本书尽可能全面系统地描写韩国学习者不同水平中介语语篇衔接手段的习得情况，主要包括对韩国学习者汉语语篇衔接手段偏误的分类，正误使用情况，基于数据统计结果探讨习得难度。同时，参照语言类型学理论，通过统计和调查，从语言因素、大纲因素、教材因素、师生因素等角度解释习得表现。

三、研究意义

已有的研究大多按照前人对衔接的分类，从指称、替代、关联词语等几个方面对中介语进行偏误分析，但针对特定母语背景、特定语体、不同汉语水平的、多种衔接方式的纵向研究尚不多见。因此，本书选择了对韩国学生汉语记叙文语篇衔接手段的习得情况进行纵向考察，并力图从语言因素、教学因素、环境因素等多方面探究其习得成因，以期对汉语语篇衔接手段教学提供启示。本书的研究意义主要体现在理论意义和实践意义两方面。

（一）理论意义

1. 加强类型学视野下的汉语与韩语语篇衔接手段的对比分析

从类型学角度对汉语和韩语的语篇指称、连接成分及标点符号的异同进行对比，为韩国学生语篇衔接的习得情况的解释从母语的角度提供依据。

2. 通过与汉语母语者汉语语篇指称、连接成分、标点符号使用情况的对比，探讨韩国学生语篇衔接手段使用情况

前人的研究多集中在对中介语语料中语篇衔接手段偏误的分析，缺乏与汉语母语者语篇的对比，从而难以全面地了解中介语语篇衔接手段使用的一些特点。与母语者相比，中介语语篇中各种衔接方式是使用不足，还是使用过量？并无相关成果全面系统地分析。通过与汉语母语者语料的对比发现中介语语篇衔接手段的分布倾向及使用特点，包括回避现象等。

3. 丰富汉语作为第二语言的语篇习得研究的成果

基于大规模对汉语母语者和韩国学生汉语记叙文语篇语篇衔接手段使用及分布情况的考察和对比，发现中介语语篇衔接手段的使用特点，建立难度等级，丰富基于大规模语料的语篇衔接习得研究。

（二）实践意义

1. 梳理汉语语篇指称、连接成分、标点符号本体研究的相关成果，为汉语国际教育语篇衔接手段教学提供参考

学者们从不同角度对语篇指称、连接成分、标点符号进行了分类，并对各种三者的使用条件进行了研究，积累了一定的研究成果。但如何将这些成果运用到对外汉语教学中，目前的教学大纲和教材编写却少有探讨。对外汉语界缺乏直接运用到教学中的汉语语篇衔接手段本体研究成果，教无所依。本书首先对已有的汉语语篇指称、连接成分、标点符号研究成果进行了梳理，并从对外汉语教学的角度对其进行甄别和筛选，使之适应教学的需要。

2. 结合对中介语语料库语篇衔接手段的考察及其成因的分析、习得顺序，从教学大纲、教材编写、教师教学三个方面提出相应教学建议

综观已有汉语语篇语篇衔接手段习得研究，多集中在对偏误的分类和描述上，缺乏对偏误成因全面细致的考察，从而难以提出有针对性的教学建议。此外，语篇衔接手段习得顺序研究的匮乏，使得教学大纲和教学编写对语篇衔接手段教学内容的编排缺乏习得方面的参考。因此，亟须语篇衔接手段难度等级考察，得出习得顺序，为教学大纲的制定、教材的编写和教师教学提供借鉴。本书基于表现成因分析提出相应的语篇衔接手段教学建议，语篇衔接手段习得顺序研究可为分级教学提供参考。

第一章　韩国学生汉语语篇指称习得研究

第一节　汉语语篇指称分类及其使用条件

一、语篇指称分类

参照廖秋忠（1984）的观点，汉语的指称可分为同形表达式（TX）、局部同形表达式（JBTX）和异形表达式，异形表达式分为统称词（TCC），同义词（TYC）、指代词（ZD）、零形式或省略式（E）。其中指代词包括人称代词和指示代词，人称代词分为第一/二人称代词（RD1/2）、第三人称代词（RD3）、其他人称代词（QTD），指示代词包括一般名词指示代词（ZDM）、时间指示代词（ZDS）、地点指示代词（ZDD）。

对中介语和母语语料的考察发现，先行词和指称形式在句中均可充当主语（S）、宾语（O）、定语（A）和兼语（J）。依据先行词和指称词在句中所处的位置，理论上每一类指称应有主语—主语（S1.S2）、主语—宾语（S.O）、主语—定语（S.A）、主语—兼语（S.J）、宾语—主语（O.S）、宾语—宾语（O1.O2）、宾语—定语（O.A）、宾语—兼语（O.J）、定语—主语（A.S）、定语—宾语（A.O）、定语—定语（A1.A2）、定语—兼语（A.J）、兼语—主语（J.S）、兼语—宾语（J.O）、兼语—定语（J.A）、兼语—兼语（J1.J2）16种组合。

标注时，先行词和指称形式分别用下划线"＿＿"和"＿＿"标示，指称形式后先标注先行词和指称形式的句法位置代码，再加上指称形式代码。

（一）同形表达式

同形表达式，是指完全重复上文某一表达式来表示所指的对象相同。同形表达式的先行语一般是名词、名词短语等，所以当先行语是人称代词回指形式也是人称代词时，我们将其看成代词回指而不是同形表达式回指。如：

（1）平日里她也只是在一早一晚接待几个固定的老顾客，这几个老顾客基本都是要做高技巧发型和全套服务的。全套服务（O.STX）就是从洗剪烫到焗

油到做发型做面膜加上按摩,付费十分昂贵。(池莉《不要和陌生人说话》)

(二)局部同形表达式

局部同形表达式,是指将先行语中的部分或全部修饰成分省略来表示所指的对象。局部同形有三种形式,第一是选取先行语的一部分词语。如:

(2)<u>一个穿白色工作服、戴白色厨师帽的小姐</u>正要给她用纸杯去接饮料,徐红梅连忙叫起来:"哎哎,我不要了。"因为徐红梅一眼发现有个顾客给了<u>小姐</u>(S.OJBTX)两元钱,小姐并没有找零。(池莉《不要和陌生人说话》)

第二是在先行语的基础上加上一部分词语。如:

(3)<u>柜长</u>脸上堆起了笑容,向徐红梅再三地道歉。徐红梅几次积淤的火气还没有得到顺畅的发泄,对象就不见了,徐红梅又没有理由对<u>正在道歉的柜长</u>(S.OJBTX)发火,她心里堵得难受,气呼呼不知怎么办才好。(池莉《不要和陌生人说话》)

第三是选取先行语的一部分词语,并加上其他词语。如:

(4)她摸到了<u>躺椅上的一只小单放机</u>,摁了开关。<u>这只单放机</u>(O.SJBTX)是在汉正街买的水货,价钱很便宜,杂音很多,但歌声还是可以听得到的。(池莉《不要和陌生人说话》)

(三)异形表达式

1. 统称词

统称词是相对于先行语而言,用中心词来表达整个先行语的所指,也可以看成是用统称词来表示先行语的所指,即王秀丽(2012)提出的"概述回指"。

用"这/那(个/些)"来指称动词短语、小句、句子或者段落等先行语,我们将其看作是统称词指称,而非代词指称。先行语是上文提到的某一种情况,形式上看是一个或几个小句,或是两个或两个以上的对象,其句法位置难以界定,我们仅标示其指称形式的句法位置。如:

(5)<u>她的颈椎疼,腰椎间盘突出,小腿的静脉曲张得像春天的蚯蚓</u>,<u>这</u>(STCC)都是二十多年来在工厂做工落下的毛病。(池莉《不要和陌生人说话》)

(6)她说:"你替我想一想吧,<u>如果现在我就这么轻易地混同于一般的老百姓了</u>,<u>那</u>(STCC)不是自己打自己的嘴巴?"(池莉《不要和陌生人说话》)

(7)今夏的武汉,年轻姑娘们流行<u>把脚指甲涂红,穿一双高高的坡跟彩色塑料凉鞋</u>。徐红梅也及时地赶上了<u>这个时髦</u>(OTCC),只是她在夜市买的号称价廉物美的指甲油涂上去的同时就开始剥落。(池莉《不要和陌生人说话》)

（8）众人拾柴火焰高，脱离群众，你能够火到哪里去？徐灵知不知道这一点（OTCC）呢？（池莉《不要和陌生人说话》）

2. 同义词

同义词是指在没有语境的条件下，在同一语义结构层次的两个或几个被认为具有相同语义内涵的词语。

（9）[黄石]公园划定很多露营地，编号入座。宿营地（O.STYC）虽在崇山密林之中，但是野餐桌凳、炉子、卫生设备、自来水一应俱全。（转引自廖秋忠 1984）

按照徐赳赳（2000）的观点，先行词是人的话，同义词有以下类型：

（1）表职务

（10）办公室的小刘走过，叫他：" 林震，你上哪儿去了？快去找周润祥同志，他刚才找了你三次。"

区委书记（O.STYC）找林震了吗？那么不是从明天，而是从现在，他要尽一切力量去争取领导的指引，这正是目前最重要的……（王蒙《组织部来了个年轻人》）

（2）表职业

（11）提完例子，韩常新再问他党的积极分子完成本季度生产任务的情况，他特别感兴趣的是一些数字和具体事例，至于这些先进的工人（S1.S2TYC）克服困难、钻研创造的过程，他听都不要听。（王蒙《组织部来了个年轻人》）

（3）表家庭及亲戚成员

（12）一般徐红梅的儿子是不会吭声的，男孩子（S1.S2TYC）只管扎着头往家里去。有时候也极不耐烦地小声吼上一句："嚷什么嚷啊！"（王蒙《组织部来了个年轻人》）

（13）孩子睡在浅蓝色的小床里，幸福地含着指头，赵慧文吻了儿子（S.OTYC），拉林震（S.OTX）到自己房间里来。（王蒙《组织部来了个年轻人》）

（4）表人际关系

（14）火车眨眼间就无影无踪了。姑娘们围住香雪，当她们知道她追火车的原因后，觉得好笑起来。

尽管不爱说话是她的天性，但和台儿沟的姐妹们（S.OTYC）总是有话可说的。（铁凝《哦，香雪！》）

（5）表绰号

（15）那个白白净净的年轻乘务员真下车来了。他身材高大，头发乌黑，说一口漂亮的北京话。也许因为这点，姑娘们私下里都叫他"北京话"。"北京话"（S1.S2TYC）双手抱住胳膊肘，和她们站得不远不近地说："喂，我说小姑娘们，别扒窗户，危险！"（铁凝《哦，香雪！》）

（四）指代词

本书只讨论基本的人称代词和指示代词，其他比较特殊的人称代词、疑问代词、代词活用不在讨论范围内。

1. 人称代词

第一/二人称代词，包括"我、我们、咱们、你、您、你们"。如：

（16）"我想谈谈来区委工作的情况，我（S1.S2RD1）有一些问题不知道怎么解决。"（王蒙《组织部来了个年轻人》）

（17）徐红梅说："你盼我走吗？我还不走了！我要给我儿子做饭。不是为了我儿子，你死在这屋子里我都不会进来看一眼。"

闻国家说："我也是，咱们（S1.S2RD1）彼此彼此。"（池莉《不要和陌生人说话》）

（18）办公室的小刘走过，叫他："林震，你上哪儿去了？快去找周润祥同志，他刚才找了你三次。"（王蒙《组织部来了个年轻人》）

第三人称代词，包括"他/她/它（们）"。如：

（19）在林震心跳着敲门的时候,他正仰着脸衔着烟考虑组织部的工作规划。他（S1.S2RD3）热情而得体地接待林震。（王蒙《组织部来了个年轻人》）

其他人称代词：自己、彼此、别人、大家等。

（20）再后来，发廊门口聚了几个男人抽烟，闻国家路过，人家一招呼，闻国家也就随和地停了车，与大家（J.OQTD）站在一堆或者坐在一堆抽一支半支香烟。（池莉《不要和陌生人说话》）

2. 指示代词

一般名词指示代词，包括"这（个）/那（个）"。如：

（21）柜长闻声出来了。这是一个时髦的年轻妇女。（池莉《不要和陌生人说话》）

时间指示代词，如"这（个）/那时（候）"。如：

（22）闻国家虽然这么说，但人们还是时不时在他背后冷不丁地叫一声："你老婆来了！"

每逢这种时候（OZDS），闻国家就有一点发恼，徐灵一见闻国家变脸就连忙出来打圆场，把话题巧妙地转移掉。（池莉《不要和陌生人说话》

地点指示代词,包括"这/那里/儿/边"等。如:

(23)晚上九点钟,林震走进了刘世吾办公室的门。赵慧文正在这里(O1.O2ZDD),她穿着紫黑色的毛衣。(王蒙《组织部来了个年轻人》)

(五)省略

省略,是指篇章中该出现的指称词语缺省的现象,本书对省略和零形式的概念不做区分。零形式的界定采用陈平(1987a)的观点,如果从意思上讲句子里有一个与上文中出现的某个事物指称相同的对象,但从语法格局上看该所指对象没有实在的词语表现形式,便判定此处使用了零形式。我们考察对象为先行语为主语、宾语(包括直接宾语、间接宾语、介词宾语)、定语及兼语的省略。根据先行语与指称形式位置的不同,分为承前省略和蒙后省略。

1. 承前省略,即先行语在前,零形式指称在后

主要类型有:

(1)先行语为主语

上一个小句的主语作后续句的主语,后续句的主语用零形式指称。如:

(24)车夫看了看门口挂着的大牌子,(S1.S2E)客气地对乘客说:"您到这儿来,我不收钱。"(王蒙《组织部来了个年轻人》)

(2)先行语为宾语

上一个小句的宾语作后续句的宾语,后续句的宾语用零形式指称。如:

(25)他的额头沁出了汗珠,他想掏出手绢擦擦,在衣袋里摸索了半天没有找到(O1.O2E)。(王蒙《组织部来了个年轻人》)

(3)先行语为定语

上一个小句的定语作后续句的主语,后续句的主语用零形式指称。如:

(26)他的眼光聪敏地闪动着,(A.SE)继续说:"当然也可能有困难,可能。"(王蒙《组织部来了个年轻人》)

(4)先行语为兼语

上一个小句的兼语作后续句的主语,后续句的主语用零形式指称。如:

(27)这更加使得林震睁大了眼睛,(J.SE)觉得这跟他在小学时所听的党课的内容不是一个味儿。(王蒙《组织部来了个年轻人》)

2. 蒙后省略,即零形式指称在前,先行语在后

主要有:

(1) 先行语为主语

上一个小句的主语用零形式指称，作后续句的主语。如：

(28)（S1E.S2）不管在路上吵得怎样厉害，分手时大家还是十分友好的。（铁凝《哦，香雪！》）

(2) 先行语为宾语

上一个小句的主语用零形式指称，作后续句的宾语。如：

(29)（SE.O）坐在石堆前，旁边一个姑娘调皮地问她："菊子，这一大会儿才回来，是跟着大青年钻黄麻地了吗？"（莫言《透明的胡萝卜》）

(3) 先行语为定语

上一个小句的主语用零形式指称，作后续句的定语。如：

(30)（SE.A）喝了几口酒，刘世吾的脸微微发红。（王蒙《组织部来了个年轻人》）

语篇指称的具体分类如下图：

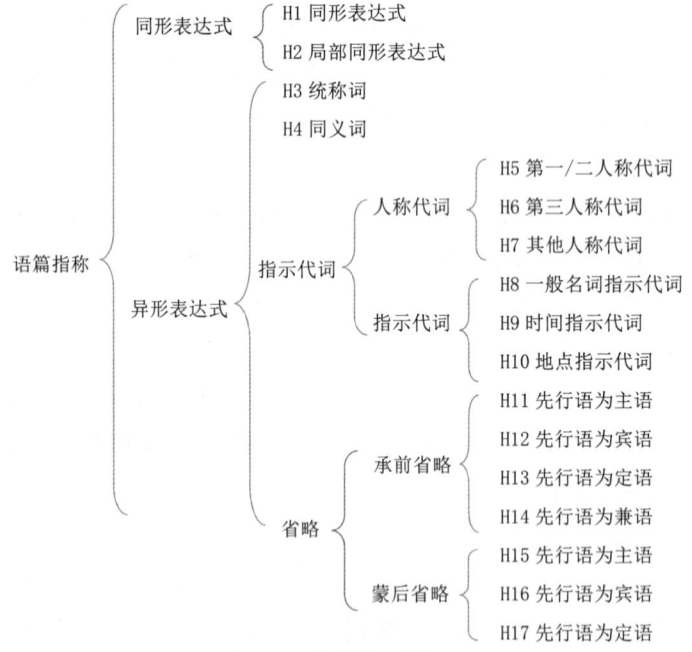

```
                        ┌ 同形表达式 ┌ H1 同形表达式
                        │           └ H2 局部同形表达式
                        │          ┌ H3 统称词
                        │          │ H4 同义词
                        │          │              ┌ H5 第一/二人称代词
                        │          │   人称代词  ─┤ H6 第三人称代词
                        │          │              └ H7 其他人称代词
语篇指称 ─┤              │  指示代词 │              ┌ H8 一般名词指示代词
                        │ 异形表达式│   指示代词  ─┤ H9 时间指示代词
                        │          │              └ H10 地点指示代词
                        │          │              ┌ H11 先行语为主语
                        │          │   承前省略  ─┤ H12 先行语为宾语
                        │          │              │ H13 先行语为定语
                        │          │              └ H14 先行语为兼语
                        │           省略         ┌ H15 先行语为主语
                        │                蒙后省略─┤ H16 先行语为宾语
                        └                        └ H17 先行语为定语
```

图 1-1 语篇指称分类

二、语篇指称使用条件

参考陈平（1987）、黄南松（1996、1997、2001）、廖秋忠（1984、1986、

1992）、方梅（2002）、田然（2006）、王灿龙（2000、2006、2013）、蒋平（2004、2011）、朱堪宇（2002）、许余龙（2003、2005、2013）、徐赳赳（1990、1993、1999、2003、2010）、王秀丽（2012）、李榕（2012、2013、2014）、陈小红（2013）、方清明（2016）等的观点，参照其操作性较强的规则，归纳出语篇指称使用制约因素。

（一）先行语制约

1. 先行语指称对象的数量

其一，指称对象为单一人物。语篇中，在一个或几个段落里，甚至整个语篇中，仅出现一个人物，就倾向于多用代词。情况之一为较短的叙述文开头引进名词后，接下去都用代词"他"回指，语篇结尾用名词加深读者印象，或是全部用代词。更多的情况是语篇引进名词后，用几个代词指称，然后又重新出现名词。再用几个代词指称，循环往复至篇章结束。（徐赳赳，2003：130-131）

（31）林震是1953年秋天由师范学校毕业的，当时是候补党员，被分配到这个区的中心小学当教员。做了教师的他（S1.S2TYC），仍然保持中学生的生活习惯：清晨练哑铃，夜晚记日记，每个大节日——五一、七一……以前到处征求人们对他（S.OJBTX）的意见。……

他 O.SRD3 也没有辜负这种羡慕，1954年寒假，由于教学上的成绩，他，受到了教育局的奖励。（王蒙《组织部来了个年轻人》）

上述两个段落中，开头引进名词"林震"后，下文都用代词"他"回指。

其二，指称对象为两个以上。如果有两个以上的人物或对象出现在同一个段落里，而且变换频繁，则趋向于用同形表达式来回指，同时用异形（指示代词除外）表示指同的可能性不大。（徐赳赳，2003:129；廖秋忠1992:56）如：

（32）因为一辆自行车链条发生了事故，闻国家和徐灵说起话来。或者说因为一辆自行车链条发生了事故，徐灵（S1.S2TX）和闻国家（S1.S2TX）说起话来。所以说，买了质量不好的东西也不见得就绝对是坏事。慢慢地闻国家（S1.S2TX）和徐灵（S1.S2TX）就处成了正常的邻居关系。徐灵（S1.S2TX）坐在发廊门口，看见闻国家（S.OTX）骑自行车过来，就朝他春风满面地点一个头，闻国家（O.STX）也朝徐灵（S.OTX）点一个头；后来就打招呼：回来了？回来了。上班了？上班了。（池莉《不要和陌生人说话》）

2. 先行语的形式制约

先行语较长，一般不用同形表达式表示指同，用局部同形、统称词和指代词的可能性大；先行语较短的表达式，特别是专有名词和泛指的光杆名词更可能趋向于用同形表达式、指代词和省略表示指同，用其他形式的可能性小。（廖秋忠，1992:53）如：

（33）她想起小时候有一回和凤娇在河边洗衣裳，碰见一个换芝麻糖的老头。凤娇劝香雪拿一件汗衫换几块糖吃，还教她对娘说，那件衣裳不小心叫河水给冲走了。香雪很想吃芝麻糖，可她到底没换。她还记得，那老头真心实意等了她半天呢。为什么她会想起这件小事（OTCC）？（铁凝《哦，香雪！》）

（34）中央的一位同志说过，组织工作是给党管家的，如果家管不好，党（O.STX）就没有力量。（王蒙《组织部来了个年轻人》）

第一例中"这件小事"的先行语为前文一段话所叙述的一个事件，出于语言表达经济的需要，用统称词进行回指。

第二例中，专有名词"党"语言形式简洁，用同形表达式回指。

先行语是描写性的名词短语结构。常用局部同形或指代词来表示指同。（廖秋忠，1992:53）如：

（35）一个被雨淋透的小孩子跑进来避雨。小孩（S.AJBTX）的头发在往下滴水。（王蒙《组织部来了个年轻人》）

（36）也许是那个快乐的男乘务员发现台儿沟有一群十七八岁的漂亮姑娘，每逢列车疾驰而过，她们（O.SRD3）就成帮搭伙地站在村口，翘起下巴，贪婪、专注地仰望着火车。（铁凝《哦，香雪！》）

上述两例的先行语均带有较长的描写性定语，第一例用局部同形表达式来指同，第二例用代词指同。

先行语为并列对象，下文对其进行指称时，倾向于用单一的统称词或是代词，少用并列同形或是局部同形来指称，不能用单一的同形或单一的局部同形来指称。（廖秋忠，1992:56）如：

（37）姑娘和小石匠跑过来，一人架着一只胳膊把他拉起来。……两个人（S1.S2TCC）架着黑孩往工地上走，黑孩一步一回头。（莫言《透明的胡萝卜》）

上例中用单一的统称词"两个人"指称上文的"姑娘和小石匠"。

廖秋忠（1992:57）认为，先行语为带有数量词"一"或不定量的部分数量词"有些""一些""许多"等的名词短语，它（们）的指称形式不可能是先行语，除非是对这些词语本身的解释。高宁慧（1996:63）指出，当某个或几个对象由带有数量词的短语引进篇章时，下文如果要保留上文提到的数量词的话，趋向于用"这/那+数量词组"的形式来照应。如：

（38）他的犬齿是两个锥牙儿，这两个锥牙（O.SJBTX）在姑娘腕上钻出了两个流血的小洞。（莫言《透明的胡萝卜》）

上例中指称形式并非对带有数量词"一"或不定量的部分数量词"有些""一些""许多"等的名词短语的先行语的解释，当保留先行语的数量词时，都加上了"这"。

（二）话题制约

小句之间话题接续，往往使用零形回指。（陈平，1987；朱勘宇，2002）如：

（39）她带林震到男宿舍，（S1.S2E）把行李放好、解开，（S1.S2E）把湿了的毡子晾上，再铺被褥。（王蒙《组织部来了个年轻人》）

上例中的几个小句均属于同一个话题链，且中间未插入其他话题，因此后续小句全部使用零形回指。

朱勘宇（2002）指出，在同话题推进的语篇中，当前后相连的谓语小句句法平行时，后一小句的话题便采用零形式。如：

（40）有时她也抓空儿向他们打听外面的事，（S1.S2E）打听北京的大学要不要台儿沟人，（S1.S2E）打听什么叫"配乐诗朗诵"。（铁凝《哦，香雪！》）

上例中前后相连的小句中谓语动词为"打听"，句法结构平行，因此后续小句使用零形式回指。

朱勘宇（2002）认为，在同话题推进的语篇中，当某个谓语小句使用关联词语同前一小句连接时，该谓语小句的话题用零形式。如：

（41）但是我不明白为什么我们不但不去主动了解群众的意见，（S1.S2E）反而制止基层这样做！（王蒙《组织部来了个年轻人》）

上例中的几个小句属于同一个话题，且几个谓语小句之间有关联词进行连接，因此，后续小句的话题使用零形式。

陈平（1987）指出，前一个小句中无定形式的宾语作为新话题，成为后续句的主语，后续小句的主语使用零形式。

（42）黑孩的眼睛本来是专注地看着石头的，但是他听到了河上传来了一种奇异的声音，（O.SE）很像鱼群在唼喋。（莫言《透明的胡萝卜》）

前一个小句的无定形式的宾语"一种奇异的声音"作后续小句的主语，后续小句的主语使用零形式。

这类形式还包括存现动词后的名词性成分作为新话题，成为后续句的主语，后续句的主语使用零形式。

（43）徐灵坐在发廊的门口。这次她做的是一头乌油油的麻花辫，两腮垂

挂着长长的发丝,(O.SE)一缕缕像松了劲的弹簧,软软地晃动。(莫言《透明的胡萝卜》)

上例中表静态的存现句的宾语"长长的发丝"均作后续小句的主语,因此使用零形式回指。

陈平(1987)指出,前一个小句中用作主语的定语成分作为新话题,成为后续句的主语,后续句的主语使用零形式。前一个小句中主语及其定语之间一般用"的"连接,"的"字省略后,定语可变为大主语即话题,在后续小句中话题作为主语接续。因此,后续小句中的主语省略。前一个小句中主语的定语提升为后一个小句的主语,要求主语的中心语不是表示人的名词。

(44)他的衣袋里装着好几千字的发言提纲,(O.SE)准备在常委会上从麻袋厂事件扯出组织部工作中的问题。(王蒙《组织部来了个年轻人》)

上例中定中结构"他的口袋"中的结构助词"的"均可省略,"他"称为话题,在后续句中继续充当话题,话题接续,因此可以使用零形式回指。

(三)情节制约

徐赳赳(2003:130—131)提出情节制约指称原则。

如果一个人物引进篇章后,接着叙述这个人物的几个情节,那么在每个情节的开头都趋向于用代词和名词。如:

(45)韩常新最近被任命为组织部副部长。新婚和被提拔,使他(S.JRD3E)愈益精神焕发和朝气勃勃。他每天刮一次脸,在参观了服装展览会以后又做了一套凡尔丁料子的衣服。不过,最近他亲自出马下去检查工作少了,主要是在办公室听汇报、改文件和找人谈话。(王蒙《组织部来了个年轻人》)

上例中,"韩常新"引进篇章后,接着叙述了"他"的两个情节,因此,每个情节的开头均使用"他"回指。

如果一个故事内分几个情节,一个情节叙述某人,然后另一个情节主要叙述另一个人,接着又重新回到那个情节,重新叙述前面那个人物,那么,第三个情节的人物就趋向于用代词和名词。如:

(46)晚上,有的干部去参加基层支部的组织生活,有的休息了,赵慧文仍然赶着复写"税务分局培养、提拔干部的经验",累了一天,手腕酸痛,不时在写的中间撂下笔,摇摇手,往手上吹口气。林震自告奋勇来帮忙,她(S1.S2RD3)拒绝了,说:"你抄,我不放心。"于是林震(S1.S2TX)帮她把抄过的美浓纸叠整齐,站在她身旁,起一点精神支援作用。(王蒙《组织部来了个年轻人》)

上述故事叙述"赵慧文"的情节时,两次插入了"林震"的情节,重新叙述"赵慧文"时均使用代词"她"指同。

如果叙述文中有对话,某人讲话完毕,又重新提这个说话者,趋向用代词和名词。如:

(47)刘世吾的不太整洁的脸上现出隐约的笑容,他的眼光聪敏地闪动着,继续说:"当然也可能有困难,可能。这是个了不起的工作。中央的一位同志说过,组织工作是给党管家的,如果家管不好,党就没有力量。"然后他(S1.S2RD3)不等问就加以解释:"管什么家呢?发展党和巩固党……"(王蒙《组织部来了个年轻人》)

"刘世吾"讲话完毕,重提时使用代词"他"回指。

(四)时间制约

徐赳赳(2003:133-134)提出时间制约指称原则:

表时间的名词性短语后,如有语音停顿,即书写上有逗号隔开,时间短语后的小句的主语倾向于用代词或名词。如:

(48)在我童年和少年时期,几乎每个晚上,我(S1.S2RD1)都会在睡梦里听到楼下有人喊叫:"华医生,华医生……有急诊。"(余华《我的自传》)

表时间的名词性短语后,如果没有语音停顿,则短语后的小句的主语倾向于用零形式。如:

(49)她只是一心一意地想:赶快走回去,明天(S1.S2E)理直气壮地去上学,理直气壮地打开书包,把"它"摆在桌上。(铁凝《哦,香雪!》)

表时间的动词小句后,如果从句与主句的主语是同一个人,尽管表时间的从句位于主语之前,汉语的使用者倾向于优先在主句中使用代词或名词,从句中使用零形式。如:

(50)(S1E.S2)到区委会的第四天,林震去通华麻袋厂了解第一季度发展党员工作的情况。(王蒙《组织部来了个年轻人》)

表时间的动词小句和主句的主语都是"林震",虽然从句在前,但倾向于在主句中使用名词,从句中省略。

(五)连词制约

同一个主语,但话题有变,连词(但是、可是、于是、不过、因为等)后的小句主语倾向于用代词。

(51)周润祥是一个非常令人尊敬的领导同志,但是他(S1.S2RD3)工作太多,忙着肃反、私营企业的改造……(王蒙《组织部来了个年轻人》)

（六）结构制约

一是指称距离。即指称表达式与所指对象之间的距离。指称距离包括语义上的和绝对长度上的距离。高宁慧（1996:68）认为，先行语和指称形式语义越紧密，指称距离越近，越可能用零形式，越不可能用名词性成分。这可以用"可及性理论"来解释。Ariel（1994:3-42）认为，不同形式的指称语实际上标示了其指称对象，即所指实体的心理表征在受话者的大脑记忆结构中的可及性程度（accessibility）。比如使用代词或零形式表明该指称对象在受话者心理上提取较容易，可及度较高；而使用有定描述语则表明指称对象的可及度很低。据此，Ariel 把指称形式大致分为高、中、低三个可及性等级，用于标示发话者所指称的实体在受话者大脑中提取的难易程度。指称对象的可及性标示连续体可以用下图表示：

高可及性◄──────────────────────────────►低可及性

零代词＞反身代词＞人称代词＞指示词语＞专有名词＞有定描述语＞复杂有定修饰语

先行语和指称形式所在的小句距离越短，受话者越容易提取指称对象，越容易选取可及性程度较高的指称形式，如零形式或代词。反之，距离越远，越不容易通过指称形式找回先行语，需要选择信息含量较为丰富的指称形式，如可及性较低的带修饰语的名词性成分。如：

（52）香雪一面摆弄着铅笔盒，（S1.S2E）一面想着主意。台儿沟再穷，她也从没白拿过别人的东西。就在火车停顿前发出的几秒钟的震颤里，香雪还是猛然把篮子塞到女学生的座位下面，迅速离开了。（铁凝《哦，香雪！》）

上一段话中，"香雪"为先行语，第二个小句紧跟先行语所在的第一个小句，因此使用可及性程度最高的零形式。第四个小句的指称形式"她"与第二个小句之间隔了一个小句，指称距离拉远了，因此使用可及性程度低一点的第三人称代词。第五个小句和第三个小句中间隔了一个较长的小句，因此使用可及性程度更低一点的专有名词。由此可见，随着先行语和指称形式之间间隔距离的拉大，指称形式的可及性程度逐步降低，呈现"零形式→人称代词→专有名词"的趋势。

二是修辞需要。徐赳赳（2003:136）指出，在篇章中，有时为了求得某种修辞效果，在结构整齐的篇章里，常常在篇章的某个特定位置上，用同一种指称形式。如：

（53）过去的长堤街哪里有这么多不三不四的脚呢？过去的长堤街（S1.

S2TX），夏夜乘凉的人们可以在自家门口一直睡到第二天吃午饭。过去的长堤街（S1.S2TX），基本都是正宗的城市人，大家都是街坊邻居，大家逛商场只逛江汉路六渡桥，友好商场一般都是不去的。（池莉《不要和陌生人说话》）

为了追求整齐划一的效果，该语篇使用了排比的修辞手法，话题统一使用"过去的长堤街"。

廖秋忠（1992:54-55）指出，在一个段落里，如果先行语与指称或两个指称形式所在的句子之间结构相当紧密，后一个指称形式倾向于直接用代词；当整个段落没有更低一个结构层次时，指称形式有逐步简化、抽象化的趋势，即指称形式沿着同形再到异形（同义词除外）这样一种进程，在一个小段或段落里形成一个循环。如：

（54）林震觉得，他(S1.S2RD3)一走进区委会的门，他的新的生活刚一开始，(S1.S2E)就碰到了一个很亲切的人。（王蒙《组织部来了个年轻人》）

上例中，前两个小句中先行语与指称形式之间结构紧密，后一个指称形式直接用代词回指。第四个小句用零形式指称。指称形式逐步简化。

廖秋忠（1992:54-55）认为，除非被附属结构隔开，头一个统称词通常紧跟在先行语出现的句子或段落后。如：

（55）他们的缺点散布在咱们工作的成绩里边，就像灰尘散布在美好的空气中，你嗅得出来，但抓不住，这（OTCC）正是难办的地方。（王蒙《组织部来了个年轻人》）

上例中的统称词"这"出现的小句紧跟着先行语出现的句子或段落。

陈平（1987）指出，起间隔作用的句子如果是前面的小句中某个动词的支配成分，与先行词和回指对象各自所在的小句不属同一个层次，而是属于次一级的层级，后面的小句要用零形式。如：

（56）田云 知道，小刚 这一去，（S1.S2E）ₐ 三年五载是回不来的，（S1.S2E）ᵦ 不禁心中一阵发酸。（转引自陈平1987）

上例中，"小刚这一去，三年五载是回不来的"起间隔作用，但这个句子是前一个小句的宾语，属于次一级的层次，不影响主句话题的连续性，后续句话题接续，主语仍使用零形式指称。

第二节 韩国学生汉语语篇指称正确使用情况

我们考察的是语料中语篇指称，汉字、词汇、单句语法方面的偏误不在考察范围之内。为了突出重点，语篇以外的偏误若影响到句意的理解，则予以修改。

若偏误不影响理解则不予修改,以保留中介语的原貌。正误的判定标准主要依据前文提到各种语篇指称的制约条件,尽可能参考留学生原文的语境推测其要表达的意思,以判断某处的指称正误。

一、同形表达式

根据先行语的句法位置,同形表达式可分为以下类型:

(一)先行语为主语

上文主谓结构的主语作下文主谓结构的主语,用同形表达式回指,标注为 S1.S2TX。如[①]:

(1)听说<u>中国</u>很大,但是文化方面发展得不太好,所以我觉得好像<u>中国</u> S1.S2TX 不好,中国人也不好。

(2)<u>师傅</u>回答:"没问题,但是离这儿有点远,要150元。"我们觉得太贵,还了50元。可是<u>师傅</u>(S1.S2TX)拒绝了我们的要求,回去了。

(3)可是,许多人都认为<u>打包</u>是小气的行为,认为不打包就非常大气。这就大错特错了。其实,<u>打包</u>(S1.S2TX)是一项节约环保的好事。

上文主谓结构的主语作下文主谓结构的宾语,用同形表达式回指,标注为 S.OTX。如:

(4)<u>石林</u>是云南很有名的名胜古迹。人们一看就惊叹了。你们有时间的话,去<u>石林</u>(S.OTX)吧!

上文主谓结构的主语作下文主谓结构的兼语,用同形表达式回指,标注为 S.JTX。如:

(5)<u>日本</u>占领韩国的时候,我们很想要独立,这时候,韩国的很多独立运动家们被杀死,因为他们用的办法只是让<u>日本</u>(S.JTX)生气,不让日本了解韩国人的伟大。

上文主谓结构的主语作下文主谓结构的定语,用同形表达式回指,标注为 S.ATX。如:

(6)但回来的当天<u>两个哥哥</u>不能和他联系了。那时<u>两个哥哥</u>(S.ATX)的汉语水平不太好,所以需要他。

(二)先行语为宾语

上一个小句的宾语作后续句的宾语,用同形表达式回指,标注为 O1.O2TX。如:

---

① 除了特殊说明,韩国学生例句均选自笔者自建的"外国留学生汉语中介语语料库"。

（7）从此，我开始努力学习汉语，每天背单词，学习语法，跟老师用汉语说话，甚至平时思考的时候，也尽量用汉语（O1.O2TX）思考。

上一个小句的宾语作下文主谓结构的主语，用同形表达式回指，标注为（O.STX）。如：

（8）还有记忆深刻的一个地方，就是崂山。我听说，崂山（O.STX）是中国的名山之一，并且风景美丽。

上一个小句的（介词）宾语作后续句的定语，用同形表达式回指，标注为O.ATX。如：

（9）我住在外边，而且一次也没住过宿舍。我没有想到宿舍（O.ATX）的房间那么干净，但是房间噪音太大了。

上一个小句的宾语作后续句的兼语，用同形表达式回指，标注为O.JTX。如：

（10）老师经常迟到，教学生马马虎虎，因为不想讲课，每次给学生布置过多的作业，或者让学生（O.JTX）准备ppt等等，老师问题太多。

（三）先行语为兼语

上一个小句的兼语作下文小句的兼语，用同形表达式回指，标注为J1.J2TX。如：

（11）我们说服别人的时候，要让对方明白实际情况，要让对方（J1.J2TX）知道我的主张是合理的、有道理的。

徐赳赳（2003：136）认为，在结构整齐的篇章里，常常在语篇的某个特定位置上，都用代词，或都不用代词，即前后指称形式一致。在这个例句中，前后相连的两个谓语小句句法结构相同，因此在下文小句中用同形表达式指称。

上一个小句的兼语作下文主谓结构的主语，用同形表达式回指，标注为J.STX。如：

（12）杂志上也写了"让孩子鼓起勇气"这样的话，孩子J.STX就变成了一个积极的人。

上一个小句的兼语作后续句的宾语，用同形表达式回指，标注为J.OTX。如：

（13）拉特尔先看自己准备得怎么样，然后考虑是不是抓住机会。这样的态度让他成功。我应该向拉特尔（J.OTX）学习。

上一个小句的兼语作后续句的定语，用同形表达式回指，标注为J.ATX。如：

（14）我很想要赢他们队，所以我们队努力踢足球了，后来我们队（J.ATX）的最重要的人受伤了，参加不了下次比赛了。

(四)先行语为定语

上一个小句的定语作后续句的定语,用同形表达式回指,标注为A1.A2TX。如:

(15)这时我们才看到了<u>华山</u>的"真容"。在太阳灿烂的阳光下,<u>华山</u>(A1.A2TX)的风景一目了然。

上一个小句中的定语作下文主谓结构的主语,用同形表达式回指,标注为A.STX。如:

(16)其实<u>这个故事</u>中生存环境不太好,但是"黑玛"不放弃,坚持找到适合自己的生存办法。<u>这个故事</u>(A.STX)给我们的教训可能是遇到不好的情况或者环境,你绝对不要放弃寻找解决问题的办法。

上一个小句中的定语作后续句的宾语,用同形表达式回指,标注为A.OTX。如:

(17)然后我听<u>老师</u>的话的时候,发现了一件奇怪的事情:同学们的课本都跟我的不一样。下课以后我问<u>老师</u>(A.OTX):"我的书为什么跟别的同学不一样?"

(五)小结

表 1-1 各水平等级上同形表达式正确用例统计表(次/万字)

指称形式	初级	比重	中级	比重	高级	比重	汉语母语	比重
S1.S2TX	25.5	3.82%	17.99	2.20%	32.41	5.08%	112.1	13.60%
S.ATX	2.58	0.39%	2.55	0.31%	5.75	0.90%	16.35	1.98%
S.OTX	10.6	1.59%	8.36	1.02%	14.64	2.30%	24.57	2.98%
S.JTX	0.17	0.03%	0.23	0.03%	0.7	0.11%	2.13	0.26%
O1.O2TX	68.06	10.18%	42.37	5.18%	39.73	6.23%	31.73	3.85%
O.STX	13.27	1.99%	9.52	1.16%	13.77	2.16%	23.02	2.79%
O.JTX	0.09	0.01%	0.23	0.03%	0.52	0.08%	0.39	0.05%
O.ATX	8.44	1.26%	5.34	0.65%	3.83	0.60%	6.77	0.82%
J.OTX	0	0.00%	0	0.00%	0.7	0.11%	0.19	0.02%
J1.J2TX	0	0.00%	0	0.00%	0.87	0.14%	0.29	0.04%
J.STX	0	0.00%	0.23	0.03%	0.7	0.11%	1.64	0.20%
J.ATX	0	0.00%	0	0.00%	0.7	0.11%	0.29	0.04%
A.JTX	0	0.00%	0	0.00%	0	0.00%	0.58	0.07%
A1.A2TX	2.58	0.39%	3.13	0.38%	2.44	0.38%	5.32	0.65%
A.STX	1.12	0.17%	1.28	0.16%	4.18	0.66%	12.67	1.54%
A.OTX	3.88	0.58%	3.6	0.44%	3.83	0.60%	6.67	0.81%
合计	136.29	20.39%	94.83	11.59%	124.77	19.57%	244.71	29.70%

1. 韩国学生同形表达式使用特点

类型上，初级阶段同形表达式的组合形式较为有限，先行语为兼语的四类同形表达式 J1.J2TX、J.STX、J.OTX、J.ATX 均未出现。中级阶段，先行语为兼语的同形表达式仅 J.STX 出现了正确用例。到了高级阶段，包括先行语为兼语的同形表达式的 15 种组合形式都出现了正确用例。说明随着汉语水平的提高，韩国学生中介语中的正确同形表达式类型逐步增加。

频率上，同形表达式的 15 种组合形式都出现了正确用例，但各形式在使用频率上存在很大差异。韩国学生主要使用的同形表达式为 O1.O2TX、S1.S2TX、O.STX、S.OTX、O.ATX，这四类组合形式的正确用例占所有同形表达式的比重分别为 42.19%、21.33%、10.27%、9.44%、4.95%，共计 88.18%。

2. 两类语料的使用情况对比

类型上，汉语母语者使用了 16 种组合形式，韩国学生正确使用了 15 种，未使用的组合为 A.JTX。

频率上，中介语中使用频率最高的四类同形表达式在汉语母语中的使用频率居前四位，但内部排序有所不同，中介语中的比重依次为 O1.O2TX ＞ S1.S2TX ＞ O.STX ＞ S.OTX，而汉语母语中的比重为 S1.S2TX ＞ O1.O2TX ＞ S.OTX ＞ O.STX。韩国学生倾向于宾语承前使用同形表达式回指，主要是韩国语的宾语一般不能省略。而汉语母语者则倾向于主语承前使用同形表达式回指，主要是因为母语者语料均为小说，两个及以上的人物经常交替出现。为避免歧义，更多的使用同形表达式回指。

数量上，汉语母语大大高于中介语，为中介语的 2 倍多，说明韩国学生的同形表达式使用较少。主要是因为中介语语料多为介绍个人情况的记叙文，人称代词使用频次高于同形表达式。

同形表达式用例中，其先行语多为专有名词或光杆名词。从意义上看，使用同形表达式指称信息量较大，意义明确。从形式上看，专有名词或光杆名词一般没有修饰成分，形式简洁，满足了语言表达的明确性和经济性两个原则。

二、局部同形表达式

（一）先行语为主语

上文主谓结构的主语作下文主谓结构的主语，用局部同形表达式回指，标注为 S1.S2JBTX。如：

（18）我的爸爸是一位倔强的人，头发已经变白，脸上还起了很多皱纹，但是他做事情时，不是一看就像老人，而且每次都很认真，我小的时候爸爸（S1. S2JBTX）常常陪我爬山。

上文主谓结构的主语作后续句的宾语，用局部同形表达式回指，标注为 S.OJBTX。如：

（19）他讲的课不仅很有特色，而且他讲课的时候非常认真。我们班的同学都喜欢他的课（S.OJBTX）。

上文主谓结构的主语作后续句的定语，用局部同形表达式回指，标注为 S.AJBTX。如：

（20）书架左边的玻璃门被打开了，玻璃门（S.AJBTX）的角擦到了我的头。

上一个小句宾语作后续句的兼语用局部同形表达式回指，标注为 S.JJBTX。如：

（21）我的父母听到这个消息马上就来医院看我。我不想让父母（S.JJBTX）担心，所以一直说："我没事儿！别担心。"

（二）先行语为宾语

上一个小句的宾语作后续句的宾语，用局部同形表达式回指，标注为 O1.O2JBTX。如：

（22）那时候我刚开始在北京语言大学汉语速成学院学习汉语。在速成学院（O1.O2JBTX）上课的第一天，我来到教室时，发现有几个同学已经坐在教室里了。

上一个小句的宾语作下文主谓结构的主语，用局部同形表达式回指，标注为 O.SJBTX。如：

（23）第三天，我们去爬山，这山（O.SJBTX）很有名，全世界的人都知道，这山很美。

上一个小句的宾语作后续句的定语，用局部同形表达式回指，标注为 O.AJBTX。如：

（24）我们一进急诊室，就看到一位老医生。这个医生（O.AJBTX）的头发都白了，他戴着眼镜，看起来很厉害。

上一个小句的宾语作后续句的兼语，用局部同形表达式回指，标注为 O.JJBTX。如：

（25）我小时候非常喜欢踢足球，所以我整合一些喜欢足球的人，组成了一个足球队。我们每个星期天早上到球场一起踢足球。有一天，我举行了一场友谊足球比赛，请足球队（O.JJBTX）和他们一起参加了。

（三）先行语为兼语

上一个小句兼语作后续句的宾语，用局部同形表达式回指，标注为J.SJBTX。如：

（26）他要说的是午餐不好吃，所以想请母亲到学校去提一点意见。谁知道固执的母亲（J.SJBTX）不但不理睬儿子的建议，反而说他过分关心吃的东西，不把注意力放在学习上。

上一个小句兼语作后续句的宾语用局部同形表达式回指，标注为J.OJBTX。如：

（27）突然，有人代替我说了，……我对帮助我的人（J.OJBTX）说："谢谢你。"

（四）小结

表 1-2 各水平等级上局部同形表达式正确用例统计表（次/万字）

指称形式	初级	比重	中级	比重	高级	比重	母语	比重
S1.S2JBTX	6.46	0.97%	9.29	1.14%	11.15	1.75%	20.22	2.45%
S.OJBTX	4.05	0.61%	6.04	0.74%	5.05	0.79%	10.45	1.27%
S.AJBTX	0.6	0.09%	0.93	0.11%	2.27	0.36%	2.42	0.29%
S.JJBTX	0	0.00%	0.12	0.01%	0	0.00%	0.29	0.04%
O1.O2JBTX	12.41	1.86%	7.2	0.88%	10.11	1.59%	22.54	2.74%
O.AJBTX	1.64	0.25%	2.67	0.33%	1.22	0.19%	4.74	0.58%
O.SJBTX	6.72	1.01%	5.46	0.67%	5.05	0.79%	18.09	2.20%
O.JJBTX	0.09	0.01%	0	0.00%	0.35	0.05%	0.29	0.04%
J.SJBTX	0	0.00%	0.23	0.03%	0.52	0.08%	0.58	0.07%
J.OJBTX	0.09	0.01%	0	0.00%	0.17	0.03%	0.77	0.09%
A.SJBTX	0.26	0.04%	0.93	0.11%	1.39	0.22%	1.93	0.23%
A1.A2JBTX	0.09	0.01%	0.81	0.10%	0.52	0.08%	0.97	0.12%
A.OJBTX	0.69	0.10%	1.04	0.13%	0.87	0.14%	1.64	0.20%
合计	33.1	4.95%	34.72	4.24%	38.67	6.07%	84.93	10.32%

1. 韩国学生局部同形表达式使用特点

类型上，初级阶段局部同形表达式的组合形式较有限，S.JJBTX、J.SJBTX、S.JJBTX 未出现正确用例。中级阶段，O.JJBTX、J.OJBTX 未出现正确用例。到了高级阶段，局部同形表达式的 13 种组合形式都出现了正确用例。说明随着汉语水平的提高，韩国学生使用的局部同形表达式类型逐步增加。

频率上，局部同形表达式的 13 种组合形式都出现了正确用例，但各组合形式在使用频率上存在很大差异。韩国学生主要使用的局部同形表达式为O1.O2JBTX、S1.S2JBTX、O.SJBTX、S.OJBTX、O.AJBTX，这五类组合形式的正确用例占所有同形表达式的比重分别为27.91%、25.26%、16.18%、14.22%、5.19%，共计88.76%。

数量上，韩国学生使用的局部同形表达式数量随汉语水平的提高而增加。

2. 两类语料的使用情况对比

类型上，汉语母语者语料中出现的S.JJBTX在中介语中未出现正确用例。

频率上，中介语中使用频率最高的四类局部同形表达式在汉语母语中的使用频率居前四位，中介语中的比重与汉语母语者完全一致，依次为O1.O2JBTX＞S1.S2JBTX＞O.SJBTX＞S.OJBTX。

数量上，汉语母语者语料大大高于中介语，为中介语的2倍多，说明韩国学生局部同形表达式使用不足。

对中介语及汉语母语者语料考察发现，局部同形表达式的先行语一般长于指称形式。先行语多为带修饰语的一个名词词组，下文去掉修饰语，直接用中心词指称。这是由于前面提到的较为复杂的信息在下文重提时，已成为旧信息，信息量减少，因此倾向于选择较为简单的形式指称。

有的局部同形表达式为先行语加上一定的修饰成分或指代词"这／那"等，出于在形式上凸显该指称对象或是添加新的信息成分。

三、异形表达式

（一）统称词

1. 先行语为一段话或一个句子

上文的一段话或一个句子在下文中用统称词回指，作主语，标注为STCC。如：

（28）我高中二年级时很不喜欢汉语，但是老师来我的学校教汉语后，我的想法（STCC）改变了。

上文的一段话或一个句子在下文中用统称词回指，作宾语，标注为OTCC。如：

（29）一晃就过去了一个学期，我为了上更好的大学，决定下个学期去北京学习。有一次和他见面时，我把这些情况（OTCC）告诉了他。

上文的一段话或一个句子在下文中用统称词回指，作定语，标注为ATCC。如：

（30）我给父母打个电话，我说："我爱爸爸、妈妈"，爸妈也说："我爱你。"这是我们第一次这样说。

这件事情（ATCC）以后，我们家开始改变。

2. 先行语为主语

上文主谓结构的主语作下文主谓结构的主语，用统称词回指，标注为 S1.S2TCC。如：

（31）我想知道周末的时能做什么。中国朋友告诉我，他的方法是游览北京，我觉得这个方法（S1.S2TCC）很好，所以我打算这个周末去李花园。

上文主谓结构的主语作后续句的宾语，用统称词回指，标注为 S.OTCC。如：

（32）她回答说："因为一件事或者任务还没完成，心里好不踏实，所以一定要完成。"我十分高兴，因为工作时找不着这样的人（S.OTCC）。

上文主谓结构的主语作后续句的定语，用统称词回指，标注为 S.ATCC。如：

（33）她研究的内容一部分是 HSK，另一部分是怎样针对学生的难点简单的说明、解释。结果，在这位老师（S.ATCC）热心的帮助下，好多学生，获得了 HSK 证书。

3. 先行语为宾语

上一个小句主谓结构的宾语作后续句的宾语，用统称词回指，标注为 O1.O2TCC。如：

（34）我看书或者上网时看过天安门和故宫。我直接看见这个建筑（O1.O2TCC），觉得很有意思，好像我站在书里面一样。

上一个小句宾语作下文主谓结构的主语，用统称词回指，标注为 O.STCC。如：

（35）我平时不常看电视，可是周末有几个爱看的节目，其中最喜欢看的是《动物农场》。这个节目（O.STCC）会介绍我们周围又可爱又特别的动物，所以我们每个周末看。

上一个小句的宾语作后续句某个定中结构的定语，用统称词回指，标注为 O.ATCC。如：

（36）我刚读了《怎样拥有人生的光彩》。这篇文章（O.ATCC）的内容是这样的。

4. 先行语为定语

上一个小句某个句子成分的定语作后续句某个句子成分的定语，用统称词回指，标注为 A1.A2TCC。如：

（37）有一天，我在家里自己学习汉语，不太理解"商品房"的意思，因此(L10)我用微信向老师请教这个问题。那个时候已经是晚上一点多了，但老师在百忙之中抽出时间给我解释这个单词（A1.A2TCC）的意思，并且讲得很详细……

上一个小句某个句子成分的定语作后续句的宾语，用统称词回指，标注为

A.OTCC。如：

（38）我听到这句话非常吃惊，是因为看<u>他</u>的伤，只是手的轻伤。……而且公安、王嫘和<u>那个中国人</u>（A.OTCC）商量了。

除了直接宾语，介词宾语等也可以用统称词回指。如：

（39）其实<u>高考</u>的成绩不太好，但是通过<u>这次考试</u>（A.OTCC），我知道我是个很幸福的人。

5. 小结

表 1-3 各水平等级上统称词正确用例统计表（次/万字）

指称形式	初级	比重	中级	比重	高级	比重	母语	比重
STCC	3.1	0.46%	4.18	0.51%	10.45	1.64%	10.54	1.28%
OTCC	7.41	1.11%	7.78	0.95%	23.52	3.69%	8.12	0.99%
ATCC	0	0.00%	0.12	0.01%	1.05	0.16%	0.1	0.01%
S1.S2TCC	0.69	0.10%	1.04	0.13%	2.79	0.44%	1.45	0.18%
S.OTCC	0.6	0.09%	1.51	0.18%	1.57	0.25%	0.58	0.07%
S.ATCC	0	0.00%	0	0.00%	0.52	0.08%	0.1	0.01%
O1.O2TCC	3.96	0.59%	5.22	0.64%	6.1	0.96%	1.45	0.18%
O.STCC	1.46	0.22%	1.51	0.18%	4.01	0.63%	0.58	0.07%
O.ATCC	0.34	0.05%	0.12	0.01%	0.7	0.11%	0.1	0.01%
A1.A2TCC	0	0.00%	0.12	0.01%	1.17	0.18%	0	0.00%
A.STCC	0.09	0.01%	0	0.00%	0.17	0.03%	0.1	0.01%
A.OTCC	1	0.15%	1	0.12%	2	0.31%	0	0.00%
合计	18.65	2.78%	22.6	2.74%	54.05	8.48%	23.12	2.81%

（1）韩国学生统称词使用特点

类型上，初级阶段统称词的组合形式较为有限，ATCC、S.ATCC、A1.A2TCC 未出现正确用例。中级阶段，S.ATCC、A.STCC 未出现正确用例。到了高级阶段，统称词的 12 种组合形式都出现了正确用例。说明随着汉语水平的提高，韩国学生中介语中的正确同形表达式组合形式逐步增加。

频率上，统称词的 12 种组合形式都出现了正确用例，但各组合形式在使用频率上存在很大差异。韩国学生主要使用的统称词为 OTCC、STCC、O1.O2TCC、O.STCC、S1.S2TCC，这五类组合形式的正确用例占所有同形表达式的比重分别为 40.62%、18.60%、16.03%、7.32%、4.74%，共计 87.31%。

数量上，随着汉语水平的提高，韩国学生统称词的使用数量逐步增加。

（2）两类语料的使用情况对比

类型上，汉语母语者使用的统称词类型在中介语中全部出现正确用例。

频率上，中介语中使用频率最高的四类局部同形表达式在汉语母语中的使用频率居前五位，但内部排序有所不同，中介语中的比重依次为 OTCC > STCC > O1.O2TCC > O.STCC > S1.S2TCC，而汉语母语中的比重为 STCC > OTCC > S1.S2TCC = O1.O2TCC > O.STCC = S.OTCC。

数量上，与中介语相比，母语的统称词数量高于初级阶段和中级阶段，却低于高级阶段。原因在于文体的制约。高级阶段为议论文，统称词使用较多。汉语母语语料多为叙述体，统称词使用相对较少。进一步说明文体的选择对指称形式使用频率及类型有一定影响。

（二）同义词

1. 先行语为主语

上文主谓结构的主语作下文主谓结构的主语，用同义词回指，标注为 S1.S2TYC。如：

（40）<u>我的家乡</u>呢，只是韩国的一个小城市。在机场里什么都有：地铁站、汽车站、出租车等等。说实话<u>我的城市</u>（S1.S2TYC）没有机场，……

上文主谓结构的主语作后续句的宾语，用同义词回指，标注为 S.OTYC。如：

（41）<u>埃尔莎</u>听到爸爸的话后双眼放光，不自觉地叫了起来。父亲微笑着点了点头，然后拉着<u>儿子</u>（S.OTYC）往回走。

上文主谓结构的主语作后续句某个句子成分的定语，用同义词回指，标注为 S.ATYC。如：

（42）<u>父母</u>对我有点不放心，……我坐在<u>爸爸妈妈</u>（S.ATYC）的车后，跟他们一起去飞机场。

2. 先行语为宾语

上一个小句主谓结构的宾语作后续句的宾语，用同义词回指，标注为 O1.O2TYC。如：

（43）他给<u>妈妈</u>之前跟她说，这是让某厨师专门做给<u>母亲</u>（O1.O2TYC）的。

上一个小句宾语作下文主谓结构的主语，用同义词回指，标注为 O.STYC。如：

（44）埃尔莎听了，就跑到父亲那儿向<u>爸爸</u>诉苦，但<u>父亲</u>（O.STYC）一句话没说，带他来到了附近教堂的钟楼顶上。

上一个小句的宾语作后续句的兼语，用同义词回指，标注为 O.JTYC。如：

（45）我们说服别人的时候，要让对方（O.JTYC）明白实际情况，要让对方知道我的主张是合理的、有道理的。

3. 小结

表 1-4 各水平等级上同义词正确用例统计表（次/万字）

指称形式	初级	比重	中级	比重	高级	比重	母语	比重
S1.S2TYC	1.38	0.21%	1.39	0.17%	1.05	0.16%	3	0.36%
S.OTYC	0.78	0.12%	0.23	0.03%	0.52	0.08%	1.45	0.18%
S.ATYC	0.09	0.01%	0.12	0.01%	0.35	0.05%	0.58	0.07%
S.JTYC	0	0.00%	0	0.00%	0	0.00%	0.1	0.01%
O1.O2TYC	1.46	0.22%	0.58	0.07%	1.05	0.16%	0.58	0.07%
O.STYC	0.6	0.09%	0.7	0.09%	1.22	0.19%	0.97	0.12%
O.JTYC	0	0.00%	0	0.00%	1.17	0.18%	0	0.00%
A.STYC	0	0.00%	0	0.00%	0	0.00%	0.39	0.05%
合计	4.31	0.65%	3.02	0.37%	5.36	0.82%	7.07	0.86%

（1）韩国学生同义词使用特点

类型上，S.JTYC、O.JTYC、A.STYC 在初级阶段和中级阶段未出现正确用例。到了高级阶段，O.JTYC 出现了正确用例。说明随着汉语水平的提高，韩国学生中介语中的同义词类型增加。

频率上，同义词的 6 种组合形式都出现了正确用例，但各组合形式在使用频率上存在很大差异。韩国学生主要使用的同义词为 S1.S2TYC、O1.O2TYC、O.STYC、S.OTYC、O.JTYC，这五类组合形式的正确用例占所有同义词的比重分别为 30.10%、24.35%、19.86%、12.06%、9.22%，共计 95.59%。

数量上，随着汉语水平的提高，韩国学生同义词使用数量先低后高。

（2）两类语料的使用情况对比

类型上，与汉语母语者相比，S.JTYC、A.STYC 两种同义词组合形式未在中介语中出现，高级阶段的中介语语料中出现了汉语母语语料中未出现的 O.JTYC，说明汉语母语语料中同义词的类型多于中介语语料。

频率上，中介语中使用频率最高的四类同义词指称在汉语母语中的使用频率居前四位，但内部排序有所不同，中介语中的比重依次为 S1.S2TYC > O1.O2TYC > O.STYC > S.OTYC，而汉语母语中的比重为 S1.S2TYC > S.OTYC > O.STYC > O1.O2TYC。

数量上，母语语料中的同义词数量高于中介语。徐赳赳（2002）指出表人的同义词主要有表职务、职称、职业，表家庭及亲戚成员和表人际关系，汉语母语语料中这些形式均有出现，但在中介语语料中，表亲戚成员的出现较多，如"父亲"与"爸爸""母亲"与"妈妈""儿子"与"埃尔莎"等。

除了表人名词外，表事物的同义词在中介语中较少出现。虽然同义词的使用可以使汉语表达富于变化，生动多样，但同义词的辨析同样是留学生学习汉语的难点。囿于其汉语水平，韩国学生较少在语料中使用同义词回指，一是其同义词储备不够丰富，二是其对同义词之间的语义区别把握不准，为了不出错，可能回避使用。

（三）代词

1. 人称代词

（1）第一/二人称代词指称

其一，先行语为并列两个或两个以上的成分。

上文中出现的两个或两个以上的指称对象作下文主谓结构的主语，用第一人称代词或第二人称代词回指，分别标注为 SRD1、SRD2。如：

（46）这个星期，我交了一个中国朋友。我们（SRD1）周末的时候一边玩一边学习，现在非常亲密。

其二，先行语为主语。

a. 上文主谓结构的主语作下文主谓结构的主语，用第一人称代词或第二人称代词回指，分别标注为 S1.S2RD1、S1.S2RD2。如：

（47）我也有这样的经历。我（S1.S2RD1）初中的时候就想去国外留学，但是那时候我的母亲不赞成我的意见。

（48）你们别打我的妹妹，如果我发现，哪天把你们（S1.S2RD2）都要打死！

b. 上文主谓结构的主语作后续句的宾语，用第一人称代词或第二人称代词回指，分别标注为 S.ORD1、S.ORD2。如：

（49）我们交了朋友的手术费，突然朋友的奶奶对我们（S.ORD1）说："真的谢谢！"

（50）你帮爸爸来中国学汉语吧。中国发展越来越好，对你（S.ORD2）没有坏处。

c. 上文主谓结构的主语作后续句的兼语，用第一人称代词或第二人称代词回指，分别标注为 S.JRD1、S.JRD2。如：

（51）我的父母一直希望我成为真才实学的人，所以让我（S.JRD1）去英语学院学习。

（52）我听说你欺负我们班的同学，请你（S.JRD2）别这样吧。

d. 上文主谓结构的主语作后续句某个句子成分的定语，用第一人称代词或第二人称代词回指，分别标注为 S.ARD1、S.ARD2。如：

（53）那年我在速成学院学习。虽然我（S.ARD1）的汉语完全是初级水平，可是天天很高兴，而且交到了很多外国朋友。

（54）你要不要参加美术比赛，全国的？我看你（S.ARD2）的能力不错，……

其三，先行语为宾语。

a. 上一个小句主谓结构的宾语作后续句的宾语，用第一人称代词或第二人称代词回指，标注为 O1.O2RD1。如：

（55）对我不关心的女人先给我电话，从这一天她也关心我（O1.O2RD1）。

（56）亲爱的妹妹，我真的对不起你，爱你（O1.O2RD2）！

b. 上一个小句的宾语作下文主谓结构的主语，用第一人称代词或第二人称代词回指，标注为 O.SRD1、O.SRD2。如：

（57）过了20分钟，还没到五道口，司机骗我们了。我们（O.SRD1）又生气了……

（58）你这么想当演员，但没有人欢迎你，不过你（O.SRD2）还想当演员的话，换一个方法吧。

c. 上一个小句宾语作后续句的兼语，用第一人称代词或第二人称代词回指，分别标注为 O.JRD1、O.JRD2。如：

（59）他们说话的内容很好，发音也很好，和我完全不一样。（B1）后来老师让我（O.JRD1）自我介绍。

（60）谢谢老师！最近太冷，请您（O.JRD2）多穿衣服吧！

d. 上一个小句的宾语作后续句某个句子成分的定语，用第一人称代词或第二人称代词回指，分别标注为 O.ARD1、O.ARD2。如：

（61）除了美术，她教我怎么处理人际关系，怎样对待人，变得温暖等等。她给了我（O.ARD1）幸运的转变机会。

其四，先行语为定语。

a. 上一个小句定中结构中的定语作下文主谓结构的主语，用第一人称代词或第二人称代词回指，分别标注为 A.SRD1、A.SRD2。如：

（62）我的眼泪一下子就涌了出来。我（A.SRD1）决定了每天给人家打一次电话。

（63）你的数学成绩很好吧，所以你（A.SRD2）帮助我吧，行吗？

b. 上一个小句定中结构中的定语作后续句某个句子成分的定语，用第一人称代词或第二人称代词回指，分别标注为 A1.A2RD1、A1.A2RD2。如：

（64）我的心情很好，但我（A1.A2RD1）有几件担心的事。

未见到 A1.A2RD2 的用例。

c. 上一个小句定中结构中的定语作后续句的宾语，用第一人称代词或第二人称代词回指，分别标注为 A.ORD1、A.ORD2。如：

（65）每当我的试卷发下来，妈妈总是要帮我（A.ORD1）检查好几遍，看老师有没有判错。

（66）我忘了你的电话号码。不知道怎么向你（A.ORD2）道歉。

其五，先行语为兼语。

a. 上一个小句主谓结构的兼语作后续句的兼语，用第一人称代词或第二人称代词回指，分别标注为 J1.J2RD1、J1.J2RD2。如：

（67）不管别人怎么说，都要爱自己，接着实现自己的梦想，让我不断努力，让我（J1.J2RD1）不断挑战。

（68）我也想陪你去看看爸爸，但是今天有急事，去不了了。等你（J1.J2RD2）回来的时候再说吧。

b. 上一个小句主谓结构的兼语作下文主谓结构的主语，用第一人称代词或第二人称代词回指，分别标注为 J.SRD1、J.SRD2。如：

（69）我的父母一直希望我成为一个真才实学的人，所以让我去英学院学习。但是我（J.SRD1）不想学英语，不想去上课。

（70）如果有人邀请你做一些事，你（J.SRD2）觉得不能够满足对方，再好的机会也最好拒绝。

c. 上一个小句兼语作后续句的宾语，用第一人称代词或第二人称代词回指，分别标注为 J.ORD1、J.ORD2。如：

（71）这篇文章让我再思考人生的方向，而且给了我（J.ORD1）很大的鼓励。

（72）去中国让你那么高兴吗？我昨天为你（J.ORD2）买了很多种药。

d. 上一个小句主谓结构的兼语作后续句某个句子成分的定语，用第一人称代词或第二人称代词回指，分别标注为 J.ARD1、J.ARD2。如：

（73）那段时间他每天带我去医院换药。虽然我（J.ARD1）的腿已经好了，但我（A.SRD1）还是感谢我的同屋（S.OTX）。

其六，小结。

表1-5 各水平等级上第一／二人称代词正确用例统计表（次／万字）

指称形式	初级	比重	中级	比重	高级	比重	母语	比重
SRD1/2	5.86	0.88%	6.62	0.80%	0.35	0.05%	0.87	0.10%
S1.S2RD1/2	171.96	25.78%	171.45	20.96%	118.14	18.53%	44.49	5.40%
S.ORD1/2	29.55	4.43%	38.3	4.68%	17.43	2.73%	5.99	0.72%
S.ARD1/2	7.67	1.15%	13	1.59%	7.14	1.12%	3.39	0.41%
S.JRD1/2	2.33	0.35%	5.46	0.67%	2.44	0.39%	2.51	0.31%
O.SRD1/2	16.28	2.44%	21.48	2.63%	6.97	1.09%	4.64	0.56%
O1.O2RD1/2	7.07	1.06%	11.49	1.41%	2.44	0.39%	0.67	0.08%
O.JRD1/2	0.69	0.10%	1.86	0.22%	0.7	0.11%	0.97	0.12%
O.ARD1/2	0.52	0.08%	2.32	0.28%	0.17	0.03%	0.77	0.09%
A.SRD1/2	5.25	0.79%	6.5	0.79%	3.31	0.52%	2.61	0.32%
A1.A2RD1	0.95	0.14%	3.25	0.40%	0.87	0.14%	0.58	0.07%
A.ORD1/2	0.43	0.06%	1.74	0.21%	0.87	0.14%	0.78	0.09%
A.JRD1/2	0.09	0.01%	0.23	0.03%	0.17	0.03%	0.49	0.06%
J.SRD1/2	2.07	0.31%	2.9	0.35%	1.91	0.30%	2.51	0.31%
J.ORD1/2	0.26	0.04%	1.4	0.17%	0.17	0.03%	0.29	0.03%
J.ARD1/2	0.17	0.03%	0.58	0.07%	1.17	0.18%	0.1	0.01%
J1.J2RD1/2	0.26	0.04%	0.35	0.04%	0.17	0.03%	0.68	0.08%
合计	251.41	37.69%	288.93	35.30%	164.42	25.81%	72.34	8.76%

韩国学生第一、二人称代词使用特点如下：

类型上，第一、二人称代词的17种形式在所有阶段都出现了正确用例。

频率上，第一、二人称代词的17种组合形式在使用频率上存在很大差异。S1.S2RD1/2、S.ORD1/2、O.SRD1/2、S.ARD1/2四类组合形式的正确用例占同形表达式的比重分别为65.49%、12.10%、6.35%、3.95%，共87.35%。

数量上，从初级阶段到中级阶段，韩国学生使用的第一、二人称代词数量增加，但高级阶段有所减少。主要跟文体有关，初、中级阶段的作文多为叙述体，叙述的是跟"我"有关的人和事，第一、二人称代词使用频繁。而高级阶段的作文为议论体，第一、二人称使用相对较少。

两类语料的使用情况对比如下：

类型上，汉语母语中的17种第一、二人称代词组合，中介语中均有正确用例。

频率上，中介语使用频率最高的第一、二人称代词组合在汉语母语中的使用频率居前四位，但内部排序有所不同，中介语中的比重依次为 S1.S2RD1/2 > S.ORD1/2 > O.SRD1/2 > S.ARD1/2，而汉语母语中的比重为 S1.S2RD1/2 > S.ORD1/2 > O.SRD1/2 > S.ARD1/2，二者完全一致。

数量上，韩国学生的第一、二人称代词使用数量大约为汉语母语者的3倍。主要原因是中介语语料多为记叙文，介绍的是与个人经历，因此大量使用第一、二人称。而母语语料除了余华的自传，多为小说，第一、二人称使用相对较少。

（2）第三人称代词

其一，先行语为两个或两个以上的成分。

a. 上文中两个或两个以上的成分作下文主谓结构的主语，用第三人称代词回指，标注为 SRD3。如：

（74）当时他有一个女朋友，跟他一样大，性格也很好，长得很好看，而且做饭也做得很不错。他们（SRD3）常常请我的客。

b. 上文中两个或两个以上的成分作后续句的宾语，用第三人称代词回指，标注为 ORD3。如：

（75）我跟一位中国女性聊天了。……

后来，我偶尔见了一位老人。……

虽然我跟他们（ORD3）见面的时间只有十四个小时，但是给我的影响非常大。

其二，先行语为主语。

a. 上文主谓结构的主语作下文主谓结构的主语，用第三人称代词回指，标注为 S1.S2RD3。如：

（76）听说她（S1.S2RD3）现在去当阿姨了，但职位不重要，她（S1.S2RD3）还是我的老师。

b. 上文主谓结构的主语作后续句的宾语，用第三人称代词回指，标注为 S.ORD3。如：

（77）虽然我也有错的地方，但我觉得她也错了，所以很生气，跟她（S.ORD3）开始吵架。

c. 上文主谓结构的主语作后续句的兼语，用第三人称代词回指，标注为 S.JRD3。如：

（78）拉特尔先看自己准备得怎么样，然后考虑是不是抓住机会。这样的态度让他（S.JRD3）成功。

d. 上一个小句兼语作下文主谓结构的主语，用第三人称代词回指，标注为 J.SRD3。如：

（78）父亲让他想别的办法，让母亲了解自己的情况。他（J.SRD3）一听就明白了爸爸的意思。

其三，先行语为宾语。

a. 上一个小句的宾语作后续句的宾语，用第三人称代词回指，标注为O1.O2RD3。如：

（79）上初中时，我喜欢帮助那些有障碍的孩子。所以我每个周末去跟他们₁（O1.O2RD3）一起玩儿，帮助他们₂（O1.O2RD3）。

b. 上一个小句的宾语作下文主谓结构的主语，用第三人称代词回指，标注为O.SRD3。如：

（80）我们告诉了老师们。他们（O.SRD3）告诉我们："我们也没有这个额能力，但你们和你们家的人共同努力吧。"

c. 上一个小句宾语作后续句某个句子成分的定语，用第三人称代词回指，标注为O.ARD3。如：

（81）跟别的国家人交朋友的时候，要了解他们（O.ARD3）国家的文化。

d. 上一个小句的宾语作后续句的兼语，用第三人称代词回指，标注为O.JRD3。如：

（82）我羡慕埃尔莎，良好的父母教育让他（O.JRD3）成为一个名师。

其四，先行语为定语。

a. 上一个小句定中结构中的定语作下文主谓结构的主语，用第三人称代词回指，标注为A.SRD3。如：

（83）她的性格跟我不一样，是很外向的人。她（A.SRD3）也是北语的学生。

b. 上一个小句定中结构中的定语作后续句某个定中结构中的定语，用第三人称代词回指，标注为A1.A2RD3。如：

（84）放下电话，我马上看了他的信。信不长，但是我能看出来他的爱。

c. 上一个小句定中结构中的定语作后续句的宾语，用第三人称代词回指，标注为A.ORD3。如：

（85）她的态度总是很诚恳，所以我和我们班的同学相信她（A.ORD3）。

d. 上一个小句定中结构中的定语作后续句的兼语，用第三人称代词回指，标注为A.JRD3。如：

（86）她的表白不言而喻，但是我让她（A.JRD3）说一下，因为我想看她害羞的样子。

其五，先行语为兼语

a. 上一个小句的兼语作后续句的宾语，用第三人称代词回指，标注为

J.ORD3。如：

（87）我还喜欢她，但为了让她嫉妒，我常常不跟她（J.ORD3）联系，这种办法有了效果。

b. 上一个小句的兼语作后续句某个定中结构的定语，用第三人称代词回指，标注为 J.ARD3。如：

（88）老师让同学们互相介绍。听了他们（J.ARD3）的话，我又紧张了。

c. 上一个小句的兼语作后续句的兼语，用第三人称代词回指，标注为J1.J2RD3。如：

（89）妈妈不理儿子，而是让他自己去想办法，让他（J1.J2RD3）自己学会一些东西。

其六，小结。

表1-6 各水平等级上第三人称代词正确用例统计表（次/万字）

指称形式	初级	比重	中级	比重	高级	比重	母语	比重
SRD3	0.17	0.03%	0.46	0.06%	0	0.00%	0.77	0.09%
ORD3	0.09	0.01%	0.12	0.01%	0	0.00%	0.19	0.02%
ARD3	0	0.00%	0	0.00%	0	0.00%	0.1	0.01%
S1.S2RD3	21.62	3.24%	71.86	8.78%	36.42	5.71%	86.47	10.49%
S.ORD3	9.74	1.46%	30.99	3.79%	9.93	1.56%	14.8	1.80%
S.ARD3	2.41	0.36%	14.28	1.75%	4.53	0.71%	15.09	1.83%
S.JRD3	0.09	0.01%	0.35	0.04%	1.39	0.22%	3.1	0.38%
O.SRD3	12.23	1.83%	29.83	3.65%	8.36	1.31%	6.96	0.84%
O1.O2RD3	5.26	0.79%	14.51	1.77%	4.36	0.68%	3.39	0.41%
O.ARD3	1.12	0.17%	5.22	0.64%	0.7	0.11%	2.32	0.28%
O.JRD3	0.09	0.01%	0.7	0.09%	0.87	0.14%	0.77	0.09%
A.SRD3	1.29	0.19%	8.94	1.09%	3.14	0.49%	9.96	1.21%
A1.A2RD3	0.26	0.04%	4.99	0.61%	1.57	0.25%	4.74	0.58%
A.ORD3	0.52	0.08%	3.02	0.37%	0.7	0.11%	2.03	0.25%
A.JRD3	0	0.00%	0.23	0.03%	0	0.00%	0.39	0.05%
J.SRD3	0.34	0.05%	0.93	0.11%	0.7	0.11%	2.13	0.26%
J.ORD3	0.09	0.01%	0.35	0.04%	0.52	0.08%	0.48	0.06%
J.ARD3	0.17	0.03%	0.12	0.01%	0	0.00%	0.39	0.05%
J1.J2RD3	0	0.00%	0.12	0.01%	0.17	0.03%	0.29	0.04%
合计	55.49	8.31%	187.02	22.85%	73.36	11.51%	154.37	18.74%

韩国学生第三人称代词的使用特点如下：

类型上，第三人称代词的 18 种组合形式中，初级阶段有 3 类未出现正确用例，中级阶段仅有 1 类，高级阶段则有 5 类形式未出现正确用例。

频率上，除了 ARD3，第三人称代词的 18 种组合形式都出现了正确用例，但各组合形式在使用频率上存在很大差异。韩国学生主要使用的第三人称代词为 S1.S2RD3、S.ORD3、O.SRD3、O1.O2RD3、S.ARD3，这五类组合形式的正确用例占所有第三人称代词的比重分别为 41.12%、16.04%、15.96%、7.64%、6.72%，共计 88.48%。

数量上，从初级阶段到中级阶段，韩国学生中介语中的第三人称代词增加。但高级阶段有所减少。初级阶段的学生为了追求句子的完整性，可能用名词性成分替代第三人称代词，中级阶段第三人称代词使用数量有所增加。高级阶段的作文为议论文，人称代词使用较少。

两类语料的使用情况对比如下：

类型上，A.JRD3、J1.J2RD3 在初级阶段未出现正确用例。J.ARD3、A.JRD3 在高级阶段未出现正确用例，汉语母语语料中第三人称代词的使用类型高于中介语语料。

频率上，中介语中使用频率居于前五位的第三人称代词在汉语母语中的使用频率也较高，但内部排序有所不同，中介语中的比重依次为 S1.S2RD3＞S.ORD3＞O.SRD3＞O1.O2RD3＞S.ARD3，而汉语母语中的比重为 S1.S2RD3＞S.ARD3＞S.ORD3＞A.SRD3＞O.SRD3，中介语中 O1.O2RD3 使用频率较高，而汉语母语中 A.SRD3 使用频率较高。

数量上，汉语母语者使用的第三人称代词约为中介语的 1.5 倍。原因之一在于语料内容的差异。中介语语料多为介绍自己的经历或是印象深刻的一个人，第一人称"我"使用频繁。而母语者语料除了一篇自传均为小说，以他者的视角进行叙述，多用第三人称代词进行指称。

（3）其他人称代词

其一，先行语为两个或两个以上的指称对象。

上文中两个或两个以上的指称对象作下文主谓结构的主语，用其他人称代词回指，标注为 S1.S2QTD。如：

（90）我妈妈把家里的毛巾拿出来给我的头止血。……我爸爸很着急，因为我出了很多血，但这个医生却满不在乎。大家（SQTD）都着急的时候，他慢悠悠地准备动手术。

其二，先行语为主语。

a. 上文主谓结构的主语作下文主谓结构的主语，用其他人称代词回指，标注为 S1.S2QTD。如：

（91）我们都是第一次见面，所以大家（S1.S2QTD）都觉得尴尬。

b.上文主谓结构的主语作后续句的宾语，用其他人称代词回指，标注为 S.OQTD。如：

（92）我去烤肉店每次吃得超饱，自己也知道已经饱了，不能吃了，但是控制不了自己（S.OQTD），一直吃。

其三，先行语为宾语。

a.上一个小句的宾语作后续句的宾语，用其他人称代词回指，标注为 O1.O2QTD。如：

（93）他也喜欢跟女性朋友聊天儿。有时候，故意跟大家开玩笑，给大家（O1.O2QTD）发短信："我现在一个人在家，很害怕。快来我家玩儿吧！"

b.上一个小句的宾语作后续句某个定中结构的宾语，用其他人称代词回指，标注为 O.AQTD。如：

（94）学习当然重要，但是更重要的是跟别人交流，接受别人（O.AQTD）的想法，也提出自己的观点。

c.上一个小句宾语作后续句的兼语，用其他人称代词回指，标注为 O.JQTD。如：

（95）这位老师的思想和爱好跟学生们几乎一样，能够跟学生们交流、互相沟通，谁的生日或者什么节日，这位老师都事先准备，为了让大家（O.JQTD）开心而请客。

其四，先行语为兼语。

a.上一个小句兼语作下文主谓结构的主语，用其他人称代词回指，标注为 J.SQTD。如：

（96）父亲让他明白自己的错误，自己（J.SQTD）思考，最后父亲提醒了埃尔莎。

b.上一个小句兼语作后续句的宾语，用其他人称代词回指，标注为 J.OQTD。如：

（97）如果有人邀请你做一些事，你觉得如果不能够满足对方（J.OQTD）或自己，再好的机会也最好拒绝。

其五，先行语为定语。

上一个小句某个定中结构的定语作后续句某个定中结构的定语，用其他人称代词回指，标注为 A1.A2QTD。如：

（98）看别人的目标，这样的话不是活着别人（A1.A2QTD）的人生吗？

其六，小结。

表 1-7 各水平等级上其他人称代词正确用例统计表（次/万字）

指称形式	初级	比重	中级	比重	高级	比重	母语	比重
SQTD	0	0.00%	0.12	0.01%	0	0.00%	0.1	0.01%
S1.S2QTD	0.52	0.08%	1.28	0.16%	2.27	0.36%	1.84	0.22%
S.OQTD	0	0.00%	0.23	0.03%	0.87	0.14%	0.29	0.04%
S.AQTD	0	0.00%	0	0.00%	0	0.00%	0.1	0.01%
O1.O2QTD	0	0.00%	0.23	0.03%	1.22	0.19%	0.1	0.01%
O.SQTD	0	0.00%	0	0.00%	0	0.00%	0.48	0.06%
O.AQTD	0	0.00%	0	0.00%	0.35	0.05%	0.1	0.01%
O.JQTD	0	0.00%	1	0.12%	0	0.00%	0	0.00%
J.SQTD	0	0.00%	0.12	0.01%	0.17	0.03%	0.1	0.01%
J.OQTD	0	0.00%	0	0.00%	0.17	0.03%	0	0.00%
A1.A2QTD	0	0.00%	0	0.00%	0.17	0.03%	0.1	0.01%
A.JQTD	0	0.00%	0	0.00%	0	0.00%	0.1	0.01%
合计	0.52	0.08%	2.98	0.36%	5.22	0.83%	3.31	0.39%

韩国学生其他人称代词使用特点如下：

类型上，初级阶段使用的其他人称代词组合形式非常有限，SQTD、S.OQTD、O1.O2QTD、O.AQTD、O.JQTD、J.SQTD、J.OQTD、A1.A2QTD 在初级阶段未出现正确用例。中级阶段使用的其他人称代词组合形式增加，但 O.AQTD、J.OQTD、A1.A2QTD 未出现正确用例。SQTD、O.JQTD 在高级阶段未出现正确用例。随着汉语水平的提高，其他人称代词的使用类型有所增加。

频率上，其他人称代词的 9 种组合形式均出现了正确用例，但各组合形式在使用频率上存在很大差异。韩国学生主要使用的其他人称代词组合形式为 S1.S2QTD、O1.O2QTD、S.OQTD、O.JQTD，这四类组合形式的正确用例占同形表达式的比重分别为 46.67%、16.63%、12.61%、11.47%，共计 87.38%。

数量上，随着汉语水平的提高，其他人称代词的使用数量有所增加。

两类语料的使用情况对比如下：

类型上，A.JRD3、J1.J2RD3 在初级阶段未出现正确用例。J.ARD3、A.JRD3 在高级阶段未出现正确用例，汉语母语者使用的其他人称代词组合形式多于韩国学生。

频率上，韩国学生使用频率最高的前三类其他人称代词组合形式，汉语母语者使用频率也较高，但内部排序有所不同。韩国学生使用比重依次为

S1.S2QTD > O1.O2QTD > S.OQTD，而汉语母语者使用的比重为 S1.S2QTD > O.SQTD > S.OQTD。

数量上，汉语母语者使用的其他人称代词数量与韩国学生大致持平。

2. 指示代词

（1）一般名词指示代词

其一，先行语为一段话或一个句子。

a. 先行语为上文中的一段话、一个句子或几个并列成分，指称形式作下文主谓结构的主语，用一般名词指示代词指称，标注为 SZDM。如：

（99）没想到这位老师说<u>我弟弟在做陶瓷器的方面很有能力</u>。<u>这</u>（SZDM）是我妈妈都不知道的能力。

b. 先行语为上文中的一段话、一个句子或几个并列成分，指称形式作后续句的宾语，用一般名词指示代词指称，标注为 OZDM。如：

（100）<u>她喜欢看书，喜欢了解韩国大事，对韩国政治感兴趣</u>，我对<u>这些</u>（OZDM）也很感兴趣。

其二，先行语为主语。

a. 上文主谓结构的主语作下文主谓结构的主语，用一般名词指示代词回指，标注为 S1.S2ZDM。如：

（101）<u>我在烟台旅游的几天</u>是非常愉快的，留在了我的记忆中。<u>那</u>（S1.S2ZDM）是我去第一次中国旅行，对我来说是非常新鲜的经验。

b. 上文主谓结构的主语作后续句的宾语，用一般名词指示代词回指，标注为 S.OZDM。如：

（102）<u>我做我爱的事情</u>，<u>这</u>（S.OZDM）让我努力，让我成为今天的自己。

其三，先行语为宾语。

a. 上一个小句主谓结构的宾语作后续句的宾语，用一般名词指示代词回指，标注为 O1.O2ZDM。如：

（103）她很喜欢<u>韩国的明星</u>，我们关于<u>那些</u>（O1.O2ZDM）一直聊天了．

b. 上一个小句宾语作下文主谓结构的主语，用一般名词指示代词回指，标注为 O.SZDM。如：

（104）他们也要去旅游，所以我们一起找旅游的地方中，第一瞬间的时候找到了<u>我们都满意的地方</u>，<u>这</u>（O.SZDM）是青岛。

其四，小结。

表 1-8 各水平等级上一般名词指示代词正确用例统计表（次/万字）

指称形式	初级	比重	中级	比重	高级	比重	母语	比重
SZDM	2.93	0.44%	5.11	0.62%	7.67	1.20%	1.45	0.18%
OZDM	0.09	0.01%	0.23	0.03%	0.7	0.11%	0.77	0.09%
S1.S2ZDM	0.26	0.04%	0.23	0.03%	0.17	0.03%	0.77	0.09%
S.OZDM	0	0.00%	0	0.00%	0	0.00%	0.1	0.01%
O.SZDM	0.86	0.13%	0.58	0.07%	0.87	0.14%	0.68	0.08%
O1.O2ZDM	0.36	0.05%	0.23	0.03%	0.17	0.03%	0	0.00%
J.SZDM	0	0.00%	0	0.00%	0	0.00%	0.29	0.04%
A.SZDM	0	0.00%	0	0.00%	0	0.00%	0.19	0.02%
合计	4.5	0.67%	6.38	0.78%	9.58	1.51%	4.25	0.51%

韩国学生一般名词指示代词的使用特点如下：

类型上，韩国学生三个阶段使用的一般名词指示代词组合数量一致。

频率上，一般名词指示代词的 5 种组合形式都出现了正确用例，但各组合形式在使用频率上存在很大差异。韩国学生主要使用的一般指示代词 SZDM、O.SZDM、OZDD，这三类组合形式的正确用例占所有同形表达式的比重分别为 76.78%、11.29%、4.99%，共计 93.07%。

数量上，随着汉语水平的提高，一般名词指示代词的使用数量逐步增加。

两类语料的使用情况对比如下：

类型上，母语中出现的三类形式 S.OZDM、J.SZDM、A.SZDM 在中介语中均未出现。

频率上，中介语中使用频率居于前五的一般名词指示代词在母语中的使用频率也较高，但内部排序有所不同。中介语中的比重依次为 SZDM > O.SZDM > OZDM，而母语中的比重为 SZDM > OZDM= S1.S2ZDM > O.SZDM。

数量上，母语中的一般名词指示代词少于中介语。

（2）地点指示代词

其一，先行语为主语。

a. 上文主谓结构的主语作下文主谓结构的主语，用地点指示代词回指，标注为 S1.S2ZDD。如：

（105）我们进故宫里了，<u>这儿</u>也很大，王明说<u>这儿</u>（S1.S2ZDD）以前是皇帝住的地方。

b. 上文主谓结构的主语作后续句的宾语，用地点指示代词回指，标注为

S.OZDD。如：

（106）北语有很多留学生，虽然我曾经跟外国人一起上课，可是从没见过那么多外国人。更让我吃惊的事情是有那么多韩国人在这儿（S.OZDD）啊！

其二，先行语为宾语。

a. 上一个小句主谓结构的宾语作后续句的宾语，用地点指示代词回指，标注为O1.O2ZDD。如：

（107）我下定决心去中国找她，顺便在那儿（O1.O2ZDD）留学。

b. 上一个小句宾语作下文主谓结构的主语，用地点指示代词回指，标注为O.SZDD。如：

（108）第二天，我们去了新天地，那边（O.SZDD）有很多外国人，还有风景也像欧洲一样！

c. 上一个小句宾语作后续句某个定中结构的主语，用地点指示代词回指，标注为O.AZDD。如：

（109）朋友说，南锣鼓巷的旁边有一条河，这儿（O.AZDD）的夜景很漂亮。

其三，先行语为定语。

上一个小句定中结构中的定语作后续句的宾语，用地点指示代词回指，标注为A.OZDD。如：

（110）而且女朋友说那个饭馆的菜很地道的味道，所以我们常常去那儿（A.OZDD）吃饭。

其四，小结。

表1-9 各水平等级上地点指示代词正确用例统计表（次/万字）

指称形式	初级	比重	中级	比重	高级	比重	母语	比重
OZDD	0	0.00%	0	0.00%	0	0.00%	0.87	0.11%
S1.S2ZDD	0.09	0.01%	0.12	0.01%	0	0.00%	0	0.00%
S.OZDD	0.34	0.05%	0.12	0.01%	0	0.00%	0.39	0.05%
O1.O2ZDD	2.5	0.37%	1.74	0.21%	0.17	0.03%	0.58	0.07%
O.SZDD	0.86	0.13%	1.39	0.17%	0	0.00%	0.29	0.04%
O.AZDD	0.43	0.06%	0	0.00%	0	0.00%	0.1	0.01%
A1.A2ZDD	0	0.00%	0	0.00%	0	0.00%	0.29	0.04%
A.OZDD	0.26	0.04%	0.12	0.01%	0	0.00%	0.29	0.04%
合计	4.48	0.65%	3.49	0.41%	0.17	0.03%	2.81	0.36%

韩国学生地点指示代词的使用特点如下：

类型上，随着汉语水平的提高，韩国学生地点指示代词的使用类型逐步减少。初级阶段共出现 6 类正确组合形式，中级阶段出现 5 类，高级阶段仅出现 1 类。主要原因是文体差异，初、中级阶段的语料为记叙文，出现较多表示地点的指称对象。而高级阶段的语料为议论文，地点指称对象较少。

频率上，地点指示代词的 6 种组合形式都出现了正确用例，但各组合形式在使用频率上存在很大差异。韩国学生使用的地点指示代词为 O1.O2ZDD、O.SZDD、S.OZDD，这三类组合形式的正确用例占所有地点指示代词的比重分别为 54.18%、27.64%、5.65%，共计 87.47%。

数量上，随着汉语水平的提高，地点指示代词的正确用例数量逐步减少。

两类语料的使用情况对比如下：

类型上，8 类地点指示代词的组合形式中，除了 S1.S2ZDD，母语中使用了 7 类形式，使用形式比中介语更为丰富。

频率上，中介语中使用较多、比重居前三位的是 O1.O2ZDD ＞ O.SZDD ＞ S.OZDD，母语中使用频率最高的是 OZDD ＞ O1.O2ZDD ＞ O.SZDD ＞ S.OZDD。

数量上，母语中的地点指示代词少于中介语初级阶段和中级阶段，但大大多于高级阶段。原因之一在于高级阶段的语料为议论文，涉及具体事件发生的地点较少。而汉语母语者语料多为小说，事件发生的地点较多。

（3）时间指示代词

其一，先行语作状语。

a. 上一个小句的状语作下文主谓结构的主语，用时间指示代词回指，标注为 SZDS。如：

（111）离开家乡的那天，父母送我到机场。……我觉得那一天（SZDS）是在我的人生中哭得最多的一天。

上一个小句的状语作后续句的宾语，用时间指示代词回指，标注为 OZDS。如：

（112）二〇〇七年二月二十八日，我来中国了。已经过了好几年了，但是我还清楚地记得那一天（OZDS）。

其二，先行语为主语。

a. 上文主谓结构的主语作下文主谓结构的主语，用时间指示代词回指，标注为 S1.S2ZDS。如：

（113）去年 11 月，有一天下了很多雪。那一天对我来说是难忘的一天。那天（S1.S2ZDS）是我的一个好朋友的生日。所以我的几个朋友、我和一个大哥准备了晚会。

b. 上文主谓结构的主语作后续句的宾语，用时间指示代词回指，标注为 S.OZDS。如：

（114）因为<u>那一天</u>是我第一次离开家乡的日子。我没有哪一天比<u>那天</u>（S.OZDS）哭得更多。

其三，先行语为宾语。

上一个小句宾语作下文主谓结构的主语，用时间指示代词回指，标注为 O.SZDS。如：

（115）过了<u>这三天</u>后，我才知道妈妈的爱，才知道我还是个孩子，所以我决心快点长成大人，回报妈妈的爱。<u>这三天</u>（O.SZDS）（对我来说是最难忘的。

其四，小结。

表 1-10 各水平等级上时间指示代词正确用例统计表（次/万字）

指称形式	初级	比重	中级	比重	高级	比重	母语	比重
SZDS	1.46	0.22%	0	0.00%	0	0.00%	0.29	0.04%
OZDS	1.03	0.15%	0.46	0.06%	0.52	0.08%	0.48	0.06%
S1.S2ZDS	0.43	0.06%	0	0.00%	0	0.00%	0	0.00%
S.OZDS	0.17	0.03%	0	0.00%	0	0.00%	0	0.00%
O.SZDS	0.17	0.03%	0	0.00%	0	0.00%	0	0.00%
合计	3.26	0.49%	0.46	0.06%	0.52	0.08%	0.77	0.10%

韩国学生地点指示代词的使用特点如下：

类型上，随着汉语水平的提高，时间指示代词的使用类型逐步减少，初级阶段共出现 5 类正确组合形式，中级阶段和高级阶段仅出现 1 类。

频率上，时间指示代词的 5 种组合形式都出现了正确用例，但各组合形式在使用频率上存在很大差异。韩国学生主要使用的地点指示代词为 OZDS、SZDS、S1.S2ZDS，这三类组合形式的正确用例占所有地点指示代词的比重分别为 47.41%、34.43%、10.14%，共计 91.98%。

数量上，随着汉语水平的提高，时间指示代词的正确用例数量相对减少。

两类语料的使用情况对比如下：

类型上，初级阶段使用类型多于汉语母语者，中高级阶段则少于母语者。

频率上，母语中出现的两类时间指示代词 OZDS、SZDS 在中介语中的使用频率居前两位。

数量上，母语中的时间名词指示代词低于中介语初、中级阶段，但高于高级阶段。原因之一是文体差异所致，中介语高级阶段的议论文较少涉及事件发

—063—

生的时间，而母语小说中时间指称使用较多。

（四）零形指称

1. 承前省略

（1）先行语为主语

上文主谓结构的主语作下文主谓结构的主语，用零形式回指，标注为S1.S2E。如：

（116）父亲很严格，（S1.S2E）从小教育我们不要和同学比吃比穿。

上文主谓结构的主语作后续句的宾语，用零形式回指，标注为S.OE。如：

（117）这里也很大，所以我们经常一起去（S.OE）。

（2）先行语为宾语

上一个小句主谓结构的宾语作后续句的宾语，用零形式回指，标注为O1.O2E。如：

（118）所以我一到北京，就去找丁萌萌。找到她很不容易，这样过了几个月，我还没找到（O1.O2E）。

上一个小句宾语作下文主谓结构的主语，用零形式回指，标注为O.SE。如：

（119）妈妈做了很多好吃的菜，（O.SE）真好吃。

（3）先行语为定语

上一个小句定中结构中的定语作下文主谓结构的主语，用零形式回指，标注为A.SE。如：

（120）那时候我的心里很难过，（A.SE）回宿舍以后每天哭。

陈平（1987）指出，用作主语的定语成分，作下文主谓结构的主语时，先行语所在的小句可将主语中的定语标注"的"去掉，句子即改造成为标准的主谓谓语句。如上例可改为：

那时候我心里很难过，回宿舍以后每天哭。

这样一来，首句包含一大一小两个主语，大主语做了后续句的主题，因此使用零形指称。

（4）先行语为兼语

上一个小句兼语作后续句的兼语，用零形式回指，标注为J.SE。如：

（121）他爷爷带我去很好的饭馆吃晚饭，（J.SE）晚上回来后跟他们一起包饺子，然后吃饭。

2. 蒙后省略

（1）先行语为主语

上文主谓结构的主语作下文主谓结构的主语，上文的主语用零形式下指，标注为 S1E.S2。如：

（122）如果（S1E.S2）累的话，我在宿舍过周末。

（2）先行语为宾语

上文主谓结构的主语作后续句的宾语，上文的主语用零形式下指，标注为 SE.O。如：

（123）（SE.O）坐大巴去机场时，弟弟给我打了个电话说："保重贵体。"

（3）先行语为定语

上文主谓结构的主语作后续句的定语，上文的主语用零形式下指，标注为 SE.A。如：

（124）（SE.A）看到她恋恋不舍的样子，我的眼泪也一下子涌了出来。

（4）小结

表1-11 各水平等级上零形指称正确用例统计表（次/万字）

指称形式	初级	比重	中级	比重	高级	比重	母语	比重
S1.S2E	108.03	16.19%	144.06	17.61%	146.72	23.02%	198.86	24.13%
S.OE	0.6	0.09%	0.46	0.06%	0	0.00%	0.87	0.11%
O1.O2E	9.3	1.39%	4.3	0.53%	2.79	0.44%	8.61	1.04%
O.SE	5.43	0.81%	6.27	0.77%	3.31	0.52%	6.29	0.76%
A.SE	1.98	0.30%	9.63	1.18%	2.96	0.46%	4.93	0.60%
J.SE	0.09	0.01%	0.7	0.09%	0.35	0.05%	1.26	0.15%
S1E.S2	28.77	4.31%	7.55	0.92%	4.53	0.71%	4.93	0.60%
SE.O	0.52	0.08%	0.35	0.04%	0.35	0.05%	0.29	0.04%
SE.A	1.64	0.25%	0.58	0.07%	0.35	0.05%	0.29	0.04%
合计	48.33	7.24%	29.84	3.66%	14.64	2.28%	27.47	3.34%

其一，韩国学生省略的使用特点。

类型上，随着汉语水平的提高，零形指称的使用类型减少。

频率上，零形指称的9种组合形式都出现了正确用例，但各组合形式在使用频率上存在很大差异。韩国学生使用的零形指称主要有 S1.S2E、S1E.S2、O1.O2E、O.SE，这四类组合形式的正确用例占所有零形指称的比重分别为 81.12%、8.31%、3.33%、3.05%，共计 95.81%。

数量上，随着汉语水平的提高，零形指称的使用数量逐步减少。

其二，两类语料的使用情况对比。

类型上，初级阶段使用类型多于汉语母语者，中高级阶段则少于母语者。可能是文体差异所致。

频率上，中介语中使用频率最高的零形指称在母语中的使用频率居前四位，但内部排序有所不同，中介语中的比重依次为 S1.S2E > S1E.S2 > O1.O2E > O.SE，而汉语母语中的比重为 S1.S2E > O1.O2E > O.SE > S1E.S2。

数量上，汉语母语者使用的零形指称少于韩国学生。

四、讨论

（一）中介语语篇指称正确使用情况与母语语篇指称情况对比

由于三个水平段中介语语料及汉语母语者语料字数稍有差异，为了便于对比，我们将其换算为平均每万字。

表 1-12 各类语篇指称形式在语料中的使用频次及比例（次数/平均每万字）

	初级	比重	中级	比重	高级	比重	占正确比重	母语使用频次	占总频次比重
同形表达式	136.29	20.43%	94.83	11.51%	124.77	19.53%	16.71%	244.71	29.69%
局部同形表达式	33.1	4.96%	34.72	4.22%	38.67	6.05%	5.00%	84.93	10.32%
统称词	18.65	2.80%	22.6	2.74%	54.05	8.46%	4.47%	23.12	2.81%
同义词	4.31	0.65%	3.02	0.37%	5.36	0.84%	0.60%	7.07	0.86%
指代词	319.66	47.91%	489.26	59.40%	253.27	39.64%	49.87%	237.85	28.85%
省略	155.07	23.24%	179.23	21.76%	162.82	25.48%	23.35%	226.33	27.47%
合计	667.08	100.00%	823.66	100.00%	638.94	100.00%	100.00%	824.01	100.00%

通过上表的统计可以归纳出不同水平韩国学生及汉语母语者各类指称的使用频率由高到低的序列：

初、中级：指代词＞省略＞同形表达式＞局部同形表达式＞统称词＞同义词

高级：指代词＞省略＞同形表达式＞统称词＞局部同形表达式＞同义词

汉语母语：同形表达式＞指代词＞省略＞局部同形表达式＞统称词＞同义词

1. 共性

中介语语料和母语语料中的指代词、省略、同形表达式均居前三位，所占

比重远远高于其他指称形式，同义词均居末位。

指代词、省略在两类语料中使用较多，原因之一是语言使用的经济原则。徐赳赳（2003）指出，一个对象第一次引进篇章时，对语言接受者来说是全新的信息，一般以名词或名词短语的形式出现。当这个对象再现时，往往以代词或省略来指称。二是与汉语和韩语的语言特点有关。Li & Thompson（1979）以主语—谓语（subject-predicate）和话题—评述（topic-comment）为依据对世界上的语言进行了分类。汉语和韩语均属于注重主题的语言，"这种语言主题—述题结构占有重要地位，在篇章结构上重意合，一个话题可以引导几个小句组成话题链。"（李贤卓，2015）而"同一个话题链倾向于用省略或代词来指称前文提到的对象"（陈平，1987）。两类语料中指代词和省略使用频次较高。

同形表达式在两类语料中使用频次较高的主要原因有：一是语义明确。用同形表达式是对上文提到的指称对象形式的完全重复，不容易引起歧义。二是容易找回。指称形式和先行语之间的重叠信息越多，就越易于找回。同形表达式的先行语和指称形式的语义形式完全一致，二者之间的重叠信息较多，所以易于找回，从而减轻语言接受者的认知负担。因此，如果先行语为专有名词或泛指一类事物的名词、光杆名词，形式简短，较多使用同形表达式指称。

同义词在两类语料中使用较少，主要原因在于语言表达的经济性原则。汉语中完全等义的词语较少，同义词之间的语义一般都有细微差别，用来指称上下文提到的对象，语义差别可能增加语篇理解者的负担。对韩国学生来说，汉语语料同义词指称使用频率不高，语言输入有限，影响其输出。施家炜（1998）指出："语言输入的时间越早，数量越大，频率越高，就越可能早激发L2学习者……习得这种语言结构。……语言输入的时间、数量与频率取决于该结构在本族人语言中的使用频率、范围与教学中的处理。"另外，同义词辨析是学习难点，囿于汉语水平，其同义词储备量有限，可能采取回避策略。

2. 差异方面

高级阶段统称词使用频次高于局部同形表达式，初、中级阶段恰好相反，主要原因在于文体差异。初、中级阶段语料为记叙文，侧重的是对具体人或事物的指称，较少使用统称词。高级阶段语料为议论文，侧重对前文提到的某个事物或现象的评述，使用统称词的概率较高。

汉语母语者语料各类指称形式排序与中介语语料初、中级阶段大体相同，差异在于其同形表达式使用频次高于指代词和省略，位居第一，主要原因在于两类语料的题材有别。汉语母语者语料为小说，情节复杂，人物众多，同一个故事情节中，几个指称对象交替出现。Ariel（1994）指出，先行语角色的竞争者数量影响指称形式的选择。竞争者数量众多，为了避免引起歧义和易于找回，需要使用信息含量较为丰富的同形表达式来指称。

另外，二者的差异可能跟汉语学习者书面语作文的"口语化"有关。马明艳（2017）指出："西方语言学研究指出在英语中第一／第二人称具有体现口语与书面语语体差异的语篇作用，在口语表达中，表达者往往会通过第一人称、第二人称的手段来凸显话语内容与说话人及听话人的某种联系；书面语中则含有大量的指代性词语以及名词化词语，这是一种正式语体倾向。"她对北京语言大学 HSK 动态作文语料库、北京语言大学语言研究所北京口语语料库以及国家语委现代汉语语料库考察语料库第一人称代词的使用频率进行了考察，结果发现，HSK 语料库作文中"我／我们"的使用频率远远高于汉语母语者的书面语，第一人称单数"我"的使用频率高于母语者的口语。

（二）各类语篇指称先行语句法位置分布

我们对两类语料先行语的句法位置进行了统计，结果如下表：

表 2-13 先行语句法位置统计

语料先行词句法位置	初级	中级	高级	汉语母语者
主语	66.55%	67.63%	67.97%	70.45%
宾语	27.27%	23.55%	19.23%	18.11%
定语	3.35%	4.82%	6.24%	7.07%
兼语	0.53%	0.95%	1.44%	1.50%
句子或几个对象	2.30%	3.05%	5.12%	2.87%
合计	100.00%	100.00%	100.00%	100.00%

先行语充当主语的指称形式在中介语和母语语料中比重最大，验证了"向心理论"（centering theory）。Grozs & Slider（1986）认为，语篇话语参与者的注意力主要集中在最突显的中心实体（center entity）上，因此中心实体较容易在后续话语中使用各种指称形式来指称。句法结构的位置是影响中心实体突显度的重要因素，不同实体在语法角色中的突显度等级顺序如下：主语＞直接宾语＞间接宾语＞补语＞修饰语。越靠近等级序列的左边，突显度越高，越容易作为指称形式的先行语。上表显示，在两类语料中，主语作为先行词的比重最大，高于宾语，宾语高于修饰语，修饰语高于兼语，可对突显度等级序列补充为：主语＞宾语＞修饰语＞兼语。

纵向来看，随着水平的提高，中介语语篇指称先行语充当主语、定语、兼语的比重逐步提高，充当宾语所占比重逐步下降，逐步向母语语料的比重靠拢。说明中介语是一个渐变的连续统，随着学习者汉语水平的提高，不断接近目的语。

（三）各类语篇指称先行语与指称占位组合形式对比

语料中共发现语篇指称先行语与指称占位的 127 种组合。对两类语料的对比发现：从组合形式数量来看，汉语母语者语料（117 种）＞高级（101 种）＞中级（99 种）＞初级（98 种）。汉语母语者比韩国学生使用的组合形式更多。韩国学生随着汉语水平的提高，组合形式数量增加，类型逐渐丰富，但低于母语者。

许余龙（2013）指出，可及性（accessibility）通常指一个人在用语言进行表达时，从大脑记忆系统中提取一个实体的便捷程度。不同形式的指称词语在记忆中提取的便捷程度不同，其可及度有高低之别。"指称实体的可及性越高，指称形式的编码信息就越少，受话人需要付出的认知努力也就越少。"（王义娜，2006）Ariel（1990：73）提出了一个可及性标志阶（accessibility marking scale）：零代词＞代词＞指示词语＞专有名词＞有定描述语＞复杂的有定描述语。指称形式的可及性从左到右依次提高。

Keenan & Comrie（1977）提出了关系从句化可及性等级体系（NP accessibility hierarchy）：SU（主语）＞DO（直接宾语）＞IO（间接宾语）＞OBL（旁语）＞GEN（属格语）＞OCOMP（比较连词宾语）。参照该体系，蒋平（2003）提出先行语与回指语的占位关系与可及性等级体系：主语—主语＞宾语—宾语＞主语—宾语/旁语＞宾语/旁语—主语＞旁语—旁语。一般情况下，越是左边的关系越趋向于使用高可及性标示语来指称，如零形式；越是右边的关系越趋向于使用低可及性标示语来指称，如名词性成分。

为了便于描述，我们把同形表达式、局部同形表达式、统称词、同义词概括为名词性成分，对先行语和指称的占位关系及其指称形式进行了统计。语料中的语篇指称形式分为名词性成分（NP）、指代词（ZD）和零形式（E）。

表 1-14 先行语与指称形式的占位及指称形式统计

组合形式	指称形式所占比重	
	母语	中介语
主语—主语	E（24.73%）＞ZD（16.59%）＞NP（16.20%）	ZD（28.10%）＞E（20.70%）＞NP（5.23%）
宾语—宾语	E（6.84%）＞ZD（1.04%）＞NP（0.57%）	NP（9.33%）＞ZD（2.44%）＞E（0.77%）
主语—宾语	ZD（2.62%）＞NP（4.50%）＞E（0.11%）	ZD（6.48%）＞NP（2.54%）＞E（0.05%）
主语—定语/兼语	ZD（2.94%）＞NP（2.33%）＞E（0.00%）	ZD（2.88%）＞NP（0.61%）＞E（0.00%）
宾语—主语	ZD（5.28%）＞NP（1.58%）＞E（0.80%）	ZD（5.18%）＞NP（4.70%）＞E（0.78%）

续表

组合形式	指称形式所占比重	
	母语	中介语
定语/兼语—主语	ZD（2.17%）> NP（2.10%）> E（0.75%）①	ZD（1.77%）> E（0.74%）> NP（0.52%）
宾语—定语/兼语	NP（1.50%）> ZD（0.59%）> E（0.00%）	NP（1.26%）> ZD（0.72%）> E（1.00%）
定语/兼语—宾语	NP（1.12%）> ZD（0.47%）> E（0.00%）	ZD（0.76%）> NP（0.59%）> E（0.00%）
定语/兼语—定语/兼语	ZD（1.00%）> NP（0.92%）> E（0.00%）	NP（0.70%）> ZD（0.50%）> E（0.00%）

由上表可知，两类语料中指称形式的选择有较强的倾向性，且与先行语与指称的占位密切相关。

1. 共性

依据蒋平（2017）的先行语与指称的占位关系与可及性等级体系，宾语—定语/兼语、定语/兼语—定语、定语/兼语—定语/兼语这三类组合形式的可及性最低，倾向于使用可及性最低的名词性成分来指称。主语—宾语、主语—定语/兼语、宾语—主语、定语/兼语—主语四类组合形式的可及性居中，倾向于使用可及性程度居中的指代词来指称。上述7类组合指称形式的选择倾向性在中介语和母语语料中完全一致，可及性等级序列在汉语和韩语中介语中具有普遍性。

2. 差异

中介语和母语语料的差异在于，先行语与指称均充当主语时，可及性较强，汉语母语者中倾向于用零形式指称，韩国学生倾向于用指代词指称。可见，韩国学生的指代词使用较多先行语与指称形式均充当宾语时，可及性较高，汉语母语者倾向于用零形式指称，韩国学生则倾向于用名词性成分指称。

第三节　韩国学生汉语语篇指称偏误分析

一、同形表达式偏误

（一）先行语作主语时误用

上文主谓结构的主语作下文主谓结构的主语，应该用同形表达式回指，韩国学生误用其他形式。

误用为省略，标注为 S1.S2TXC-E①。如：

---

① 偏误的标注方式为在用错的指称形式后首先标注其正确的指称代码，在该代码后加上"C-"，后面加上错用的指称形式代码。

（1）埃尔莎懂得父亲要说什么，第二天用瓶子装了些午餐喝的菜汤，对母亲说："这是学校让我们带给母亲喝。"母亲一喝就骂厨师，这时（S1.S2TXC-E）（埃尔莎）就说："这就是我们学校的午餐。"

上例中最后一句的先行语为"埃尔莎"。如果采用零形式，易与上文小句的主语"母亲"造成混淆。当一段话中有两个以上的人物或对象出现在同一个段落里，而且变换频繁，为了避免语义指称不明确，趋向于用名词性成分来回指。上述两例应该用同形表达式回指。

误用为第三人称代词，标注为 S1.S2TXC-RD3。如：

（2）当埃尔莎鼓起勇气向下看时，他看到了位于小镇中间的广场，广场的周围是许多网状的曲折的小路，但不管这些小路如何迂回曲折，每一条都能最终通向广场。这时父亲说："通往广场的路不止一条，如果这条路无法到达你想去的地方，那就试试另外一条吧。"然后他（S1.S2TXC-RD3）（埃尔莎）用别的方法告诉母亲，那时母亲才知道。

上述语篇中，误用的回指形式第三人称代词"他"的上文中，交叉出现了"埃尔莎"和"父亲"两个对象，且距离"他"最近的对象为"父亲"，因此容易将"父亲"作为先行语。而其实际的先行语为"埃尔莎"。为避免混淆，应使用同形表达式回指。

（二）先行语作宾语时误用

上文主谓结构的宾语作下文主谓结构的宾语，应该用同形表达式回指，韩国学生误用为省略，标注为 O1.O2TXC-E。如：

（3）我又问她："不好意思，你手机可以借给我吗？"她说："当然可以的。"我给阿姨打电话后，还给她（O1.O2TXC-E）（手机）了。

上述语篇中有三个指称对象"我""阿姨"和"手机"，且三个对象变换频繁，因此，最下文小句的"手机"应该用同行表达式回指，而不是零形式。

上文主谓结构的宾语作下文主谓结构的主语，应该用同形表达式回指，韩国学生误用为省略，标注为 O.STXC-E。如：

（4）他大声一点儿叫孩子，（O.STXC-E）（孩子）就来回答。

上例中省略的主语先行语应当为"孩子"，但这种形式很容易让语言理解者产生话题链结构中的主语"他"承前省略的错觉。

综上所述，同形表达式误用为省略，回指形式的信息量缺失，造成语言接受者的寻找先行语的认知困扰，违反了语言表达的明确性原则。

通过观察发现，上述例句中的先行语多为泛指一类事物的名词、光杆名词等，其先行语较短。如果出现在有几个指称对象交叉出现的语篇中,一般用同形表达式回指。

(三)小结

表 1-15 各水平等级上同形表达式偏误情况统计表(次/万字)

类型 阶段	S1.S2TXC -E	S1.S2TXC -RD3	O.STXC -E	O1.O2TXC -E	偏误 小计	正确 用例	正确率
初级	0.09	0.00	0.52	0.09	0.69	45.57	98.51%
中级	0.23	0.00	0.12	0.00	0.35	96.00	99.64%
高级	0.35	0.17	0.00	0.00	0.52	418.02	99.88%
小计	0.67	0.17	0.64	0.09	1.56	559.59	98.68%
比重	35.71%	7.14%	50.00%	7.14%	100.00%		

由上表可知:

韩国学生同形表达式的偏误相对较少,正确率较高,均在 90% 以上。总体看来,韩国学生对同形表达式指称掌握较好。

纵向来看,随着汉语水平的提高,同形表达式的正确率逐步提高。先行语为宾语的同形表达式偏误有所减少,而先行语为主语的同形表达式偏误逐渐增加。即应该用同形表达式指称上文的主语时误用了省略和第三人称代词,特别是主语承前省略过度在高级阶段所占偏误比重较大。原因之一在于韩语的省略比汉语多,可见母语负迁移的影响到了高级阶段依然存在。

4 类偏误中,O.STXC-E,即上文的宾语作下文的主语,应该用同形表达式,韩国学生误用为省略的偏误所占比重最大。其次为 S1.S2TXC-E,即先行语和回指均作主语,应该用同形表达式,韩国学生误用为省略。说明韩国学生使用同形表达式最大的问题是同形表达式省略。

二、局部同形表达式偏误

(一)先行语作主语时误用

上文主谓结构的主语作下文主谓结构的主语,应该用局部同形表达式回指,韩国学生误用为其他形式。

误用为省略,标注为 S1.S2JBTXC-E。如:

(5)好多同学很努力地学习,互相帮助,这样的事情让我感到有点儿寂寞,在韩国(S1.S2JBTXC-E)(同学们)学习不会这么互相帮助,都觉得自己很重要。

第四个小句中的主语应该为"同学们",是"好多同学"的局部同形表达式。

由于中间插入了"我",重新回到上文的话题时应该重提对象。

误用为同形表达式,标注为 S1.S2JBTXC-TX。如:

(6)一个中国男生问我,但是我只会说:"你好,谢谢你,再见……"一直没有说话,所以一个中国男生(S1.S2JBTXC-TX)(那个男生)走了。

上例的先行语为表示不定形式的数量词组"一个中国男生"。在下文中通常把"一"改成"这/那"的有定形式来回指。

(二) 先行语作宾语时误用

上文主谓结构的宾语作下文主谓结构的宾语,应该用同形表达式回指,韩国学生误用为其他形式。

误用为省略,标注为 O.SJBTXC-E。如:

(7)他说:"那么你把刚学好的那些再教教那个刚来的同事。好不好?"我开开心心地同意了,就出来了,我开开心心的原因是什么呢?当然是因为(O.SJBTXC-E)(那个同事)看起来比较漂亮,而且是个女生,

"看起来比较漂亮"主语应为"那个同事",是"那个刚来的同事"的局部同形表达式。由于中间插入了对"我"的情况的描写,重新回到上文的话题时应该重提对象。

误用为同形表达式,标注为 O1.O2JBTXC-TX。如:

(8)我姐姐从北京语言大学毕业了。她非常了解北京语言大学(O1.O2JBTXC-TX)(这所大学)。为了找工作,她也跟我一起来北京。

重提"北京语言大学"时,由于先行语较长,不大可能用同形表达式表示指同,倾向于用局部同形、统称词和指代词。因此,回指形式应该用"北语""这所大学"或是"这里"。

误用为其他形式,标注为 O1.O2JBTXC。如:

(9)为了我,父母和弟弟买了很多好东西。我感动得不知道说什么好。我把那个东西(O1.O2JBTXC)(那些东西)拼命地装进去,行李越来越多。

先行语"很多好东西"不能用"那个东西"这个单数名词来回指,而应该使用"那些东西"。

上文主谓结构的宾语作下文句子主语的定语,应该用局部同形表达式回指,韩国学生误用为同形表达式,标注为 O.AJBTXC-TX。如:

(10)是爸爸送给我的一封信,里面还有一些钱,一封信(O.AJBTXC-TX)(这封信)的内容是:……

该语篇中的先行语为不定形式"一封信",在下文回指时应使用有定形式"这

封信"回指，语篇衔接才更紧密。

（三）先行语作兼语时误用

上文小句的兼语作下文主谓结构的主语，应该用局部同形表达式回指，韩国学生误用为同形表达式，标注为 J.SJBTXC-TX。如：

（11）开始准备的时候，有<u>人</u>叩房间门。我以为我的朋友过来了，赶紧开门。但是<u>人</u>（J.STCCC）（这个人）不是朋友，而是我的男朋友！

上例中无定形式的"人"在后文中重提时应该用有定形式"这个人"。

（四）小结

表 1-16 各水平等级上局部同形表达式偏误情况统计表（次/万字）

类型 阶段	S1.S2 JBTXC -TX	J.S JBTXC -TX	S1.S2 JBTX -E	O.A JBTXC -TX	O1.O2 JBTXC	O1.O2 JBTXC -TX	O.S JBTXC -E	偏误 小计	正确 用例	正确率
初级	0.17	0.09	0.09	0.09	0.17	0.09	0	0.7	192	99.64%
中级	0	0.12	0	0	0	0	0.12	0.24	15.9	98.49%
高级	0.17	0	0	0	0	0	0	0.17	25.61	99.34%
小计	0.34	0.21	0.09	0.09	0.17	0.09	0.12	1.11	233.51	99.52%
比重	30.63%	18.92%	8.11%	8.11%	15.32%	8.11%	10.81%	100.00%		

韩国学生局部同形表达式的偏误相对较少，正确率较高，均在90%以上，说明其对局部同形表达式掌握较好。随着汉语水平的提高，韩国学生局部同形表达式偏误逐步减少，正确率逐步提高。8类偏误中，S1.S2JBTXC-TX，即前文的主语作下文主语时，应该用局部同形表达式回指，韩国学生误用为同形表达式所占比重最大。其次为 O1.O2JBTXC、O.SJBTXC，即先行语充当宾语，上文中的宾语充当下文中的宾语或主语，应该用局部同形表达式回指，韩国学生误用为其他指称形式的偏误。

三、异形表达式偏误

（一）统称词偏误

1. 先行语为一段话

回指形式为统称词，在下文充当主语，统称词错用，标注为 STCCC。如：

（12）周末没有做什么特别的，为了买吃的喝的东西，我和朋友们一起去超市。……

买完以后，我们乘电梯的时候，听见了打雷的声音，就开始担忧起来，从那儿出来了。我的天！外边正在下雷阵雨，我们没带雨伞来，并且手机也没有带，真没办法。我们等了几个小时，一直下雷阵雨，我们只好向宿舍跑去。那时候，我穿着白色的衣服，很担心，不过我们好久没被雨淋了，所以感觉很愉快。我们被雨淋着，唱着歌，跑着，好像都是疯子。很多外国人不时地看我们，而且有的人欢呼了。听到他们的欢呼声，我们有点脸红。

虽然回到宿舍后，我们要洗澡，但那个周末发生的一件事（STCCC）（那件事）让我很难忘。

上文已经对周末发生的这件事进行了详述，回指时直接用统称词"这件事"即可，而不是用无定形式"周末发生的一件事"。

回指形式为统称词，在下文充当宾语，统称词错用，标注为OTCCC。如：

（13）一到这个时间，不但老人祷告得很认真，小孩子们也诚心诚意地对上帝祷告。看着这个景色（OTCCC）（这个情景），我心里想："这些人的心灵多么淳朴可爱！"

"这个景色"的回指形式表达有误，"景色"一般为自然风景，该语篇中应该使用"这个情景"。

2. 先行语为主语时误用

上文主谓结构的主语作下文主谓结构的宾语，应该用统称词回指，韩国学生错用为其他形式，标注为S.OTCCC。如：

（14）第二天，我们起得有点晚，因为第一天喝多了，所以中午十二点才起床。……我希望有机会再跟那个朋友们（S.OTCCC）（那些朋友）一起出去钓鱼或者旅行。

"那个朋友们"的统称词回指形式有误，应为"那些朋友"。

3. 先行语为宾语时误用

上文主谓结构的宾语作下文主谓结构的宾语，应该用统称词回指，韩国学生误用为同形表达式，标注为O1.O2TCCC-TX。如：

（15）我周末的时候大部分时间跟朋友在一起玩玩，去北京有名的地方看看。去北京有名的地方（O1.O2TCCC-TX）（这些地方）的话，可以了解这里的中国文化。

重提"北京有名的地方"时，由于先行语较长，不大可能用同形表达式表示指同，倾向于用统称词"这些地方"进行回指。

上文主谓结构的宾语作下文主谓结构的主语，应该用统称词回指，韩国学生误用为省略，标注为O.STCCC-E。如：

（16）姐姐送了一件漂亮的衣服，妈妈送我一条项链儿，我真高兴，（O.STCCC-E）（这些东西）都是我想买的。

最下文小句的主语是"一件漂亮的衣服"和"一个项链儿"，如果中间未插入其他小句，前面小句的宾语做后续句的主语，主语可以省略。但这里插入了一句"我真高兴"，从而破坏了话题的连续性。应该用"这些东西"进行回指。

4. 小结

表1-17 各水平等级上统称词偏误情况统计表（次/万字）

类型 阶段	STCCC	OTCCC	S1.S2 TCCC	S.OTCCC	O1.O2 TCCC -TX	O.STCCC	偏误 小计	正确 用例	正确率
初级	0.17	0.09	0.00	0.26	0.09	0.17	0.78	14.47	96.00%
中级	0.00	0.00	0.00	1.63	0.00	0.00	1.63	16.37	99.30%
高级	0.00	0.00	0.17	2.09	0.00	0.00	2.27	41.30	99.58%
小计	0.17	0.09	0.17	3.98	0.09	0.17	4.68	72.14	98.38%
比重	5.56%	2.78%	2.78%	80.56%	2.78%	5.56%	100.00%		

由上表可知：

韩国学生统称词偏误相对较少，正确率较高，均在90%以上。

随着汉语水平的提高，韩国学生统称词偏误有所增加。但正确率逐步提高，其正确使用量也逐步增加。说明初、中级阶段的学生囿于汉语水平，较少使用或回避使用统称词。

6类偏误中，S.OTCCC，即先行语作主语，指称形式为宾语，应该用统称词回指，韩国学生误用为其他形式所占比重最大，为80.56%，说明其应该作为教学的重点和难点。同义词在三个水平段均未发现偏误用例。

（二）指代词偏误

1. 第一人称代词

（1）先行语为主语误用

段首的第一人称代词或是新话题的第一人称代词做主语，误用为省略，标注为SRD1C-E。如：

（17）七月三日星期六，（SRD1C-E）（我）上午十点半起床。因为周末我常常熬夜，所以常常睡懒觉。

第一个句子是开篇第一句。第一次出现的事物，由于人们的记忆中尚未储备其相关信息，因此需要较为丰富的信息形式，一般以名词或名词短语出现。

但这篇作文介绍的是"我"的周末生活，主语为"我"。第一次出现应该用第一人称代词，而非零形式。

上文主谓结构的主语作下文主谓结构的主语，应该用第一人称代词回指，韩国学生使用有误。

a. 误用为省略，标注为 S1.S2RD1/2C-E。如：

（18）每个周末，<u>我</u>给父母打电话问候家人的平安。他们也问我的生活，身体情况。（S1.S2RD1C-E）（我）一听父母的声音，就想他们。

上例中先行语"我"所在的句子与回指形式所在的句子中插入了父母的表述，其宏观连续性相对减弱，再次重提"我"时需要使用信息量较大的第一人称代词进行回指。

b. 位置错误，标注为 S1.S2RD1/2CW。如：

（19）<u>我</u>（S1.S2RD1CW）来中国以后，（我）每次周末过得很愉快。

徐赳赳（1990：134）指出，当表时间的词是一个有动词的小句，这个小句的主语与后面主句的主语是同一个参与者，汉语的使用者倾向于优先考虑在主句中使用代词，从句中使用零形式。韩国学生则在表时间的状语从句中使用第一人称代词或第二人称代词，而在主句中使用省略回指，造成其位置错误。

（20）<u>我们</u>（S1.S2RD1CW）为了赶上飞机，很早就到机场去了。

目的状语"为了……"，一般从句中不用主语，而在主句中用主语。

（2）先行语为宾语误用

上文主谓结构的宾语作下文主谓结构的主语，应该用第一人称代词回指，韩国学生误用为其他形式。

误用为省略，标注为 O.SRD1C-E。如：

（21）<u>我</u>再去办公室的时候，他们告诉我："明天再来！"这是什么情况啊？（O.SRD1C-E）（我）真的很生气。

上例中，先行语所在的句子与回指形式所在的句子中插入了其他句子，其宏观连续性相对减弱，用零形式回指容易造成指称对象的不明确，再次重提"我"时需要使用信息量较大的第一人称代词进行回指。

误用为第三人称代词，标注为 O.SRD1C-RD3。如：

（22）去年暑假的时候，跟<u>外国朋友</u>一起去上海。但是每个人都来自不同的国家，所以我们只能说汉语。

去上海那一天，除了日本人以外，他们（O.SRD1C-RD3）（我们）都到飞机场了，都很着急，

"他们"所指的对象包括"我"在内,应使用"我们"而非"他们"。

中介语语料中未发现先行语为宾语,指称形式为第二人称的偏误。

(3)先行语为兼语时误用

上文小句的兼语作下文主谓结构的主语,应该用第一人称代词回指,韩国学生误用为省略,标注为 J.SRD1C-E。如:

(23)然后他们一直说杭州话,我一句话也听不懂。以前不知道有杭州话,让我感觉神奇。(J.SRD1C-E)(我)最近很少跟他见面。

上例中,回指形式所在的小句与先行语所在的小句分别处于不同的段落,因此,回指形式应该选用第一人称代词而非零形式。

先行语为兼语,指称形式为第二人称未发现偏误。

(4)小结

表 1-18 各水平等级上第一/二人称代词偏误情况统计表(次/万字)

	S RD1C -E	S1.S2 RD1/2C -E	S1.S2 RD1/2 CW	O.S RD1C -E	O.S RD1C -RD3	J.S RD1C -E	小计	RD1/2	正确率
初级	1.81	13.61	7.15	0.34	0.09	0.00	23.00	222.62	90.90%
中级	0.12	3.83	6.50	0.93	0.00	0.35	11.72	261.77	95.81%
高级	0.00	0.52	4.36	0.52	0.00	0.17	5.58	149.51	96.63%
小计	1.93	17.96	18.01	1.79	0.09	0.52	40.3	633.9	93.65%
比重	5.50%	48.50%	41.00%	3.75%	0.25%	1.00%	100.00%		

由上表可知:韩国学生第一/二人称偏误相对较少,正确率较高,均在 90% 以上,说明其掌握情况较好。随着汉语水平的提高,韩国学生第一/二人称偏误逐步减少,正确率逐步提高。

6 类偏误中,S1.S2RD1/2C-E 所占比重最大,即该用第一/二人称代词指称上文的主语时误用了省略,造成主语省略过度,主要原因在于韩语的主语省略较汉语更多。其次为 S1.S2RD1/2CW,即主语位置的错误。汉语表示时间的从句与随后的主句的主语为同一个对象时,一般在前面的时间小句中省略主语,而在随后的主句中用代词或名词指称。韩国学生则相反,在从句中使用第一/二人称,在主句中使用省略,从而造成此类主语位置的偏误。

2. 第三人称代词

(1)先行语为主语时误用

其一,上文主谓结构的主语作下文主谓结构的主语,应该用第三人称代词回指，韩国学生误用为其他形式。

a. 误用为零形式，标注为 S1.S2RD3C-E。如：

（24）那一天，我们班去长城，我跟他一起坐。去长城的公共汽车上（S1.S2RD3C-E）（他）说："我的爸爸是中国人，我的妈妈是英国人。"

上例中零形式回指形式前有两个指称对象"我"和"他"，用零形式造成找回先行词较为困难。

b. 误用为同形表达式，标注为 S1.S2RD3C-TX。如：

（25）他的父母在那儿做生意。他的父母（S1.S2 RD3C-TX）（他们）也同意放假的时候去他家玩儿。

c. 误用为局部同形表达式，标注为 S1.S2RD3C-JBTX。如：

（26）儿子爸爸看书完以后，把书放在椅子上，看了一下钟表。时间是七点，爸爸（S1.S2 RD3C-JBTX）（他）有点儿担心儿子。

d. 错用，标注为 S1.S2RD3C。如：

（27）我真不明白为什么她一直那么辛苦，过了几天才知道，他（S1.S2RD3C）（她）在照顾女儿家，要给孙子零用钱。

这个语篇的话题是一位"老奶奶"，回指代词应该用"她"，韩国学生误用为"他"。

其二，上文主谓结构的主语作下文主谓结构的宾语，应该用第三人称代词回指，韩国学生误用。

a. 误用为同形表达式，标注为 S.O RD3C-TX。如：

（28）我觉得给服务员一百块，她应该找我零钱，但是服务员说，我没有给服务员（S.O RD3C-TX）（她）一百块钱。

b. 误用为统称词，标注为 S.ORD3C-TCC。如：

（29）到现在我还记得那位好心的奶奶，记得很清楚。可能我永远不会忘记那位奶奶（S.ORD3C-TCC）（她）。

c. 使用混淆，标注为 S.ORD3C。如：

（30）那时候有三个服务员，但是他们都不明白我的意思。我很尴尬，真没有办法，只好用英语问她们（S.ORD3C）（他们）。

其三，上文主谓结构的主语作下文小句主语的定语，应该用第三人称代词回指，韩国学生误用为其他形式。

a. 误用为同形表达式，标注为 S.ARD3C-TX。如：

（31）我出生的时候，我的妈妈也刚好生日。她过的是农历生日，所以我的妈妈（S.ARD3C-TX）（她）的农历生日和我的农历生日一样。

从第三人称代词的误用情况可以看到，绝大部分偏误为代词误用为名词性成分。汉语中语篇指称一般遵循名词→代词的变换方向，即先出现名词性成分，然后用代词指代。上述例句在该用代词时用同形表达式、局部同形表达式等名词性成分进行回指，破坏了语篇之间的连贯性。

其四，上文主谓结构的主语作下文小句的兼语，应该用第三人称代词回指，韩国学生误用为同形表达式，标注为 S.JRD3C-TX。如：

（32）很多人知道我爸爸有能力，邀请我爸爸（S.JRD3C-TX）（他）来自己的公司工作。

（2）先行语为宾语时误用

其一，上文主谓结构的宾语作下文主谓结构的主语，应该用第三人称代词回指，韩国学生误用为其他形式。

a. 误用为省略，标注为 O.SRD3C-E。如：

（33）我看着他这样做，非常感激他，（O.SRD3C-E）（他）像是慈祥的父亲一样。

陈平（1987）指出，启后性最强的两类所指对象包括以有定形式的主语位置和以无定形式居多的存现动词后或普通及物动词后的宾语，其回指形式一般使用省略。上述例句中，省略回指的对象可以是上文中的主语，也可以是宾语。但宾语均为有定形式，因此不符合启后性的条件。从结构上看，容易误认为是主语的回指形式。若要指称宾语，应使用第三人称代词回指。

b. 误用为同形表达式，标注为 O.SRD3C-TX。如：

（34）我刚见老师的时候，老师（O.SRD3C-TX）（他）穿得板板正正的。

c. 误用为局部同形表达式，标注为 O.SRD3C-JBTX。如：

（35）我也提说了好多次妈妈，但是我妈妈（O.SRD3C-JBTX）（她）也不理我。

其二，上文主谓结构的宾语作下文主谓结构的宾语，应该用第三人称代词回指，韩国学生误用为其他形式。

a. 误用为同形表达式，标注为 O1.O2RD3C-TX。如：

（36）读这篇短文《埃尔莎的办法》以后，我想起我的父母来。我的父母（O.SRD3C-TX）（他们）跟埃尔莎的父母一样对待我了。

b. 误用为局部同形表达式，标注为 O1.O2RD3C-JBTX。如：

（37）这位父亲很了解自己的儿子，所以知道应该怎么教儿子（O1.O2RD3C-JBTX）（他）。

其三，上文主谓结构的宾语作下文小句的兼语，应该用第三人称代词回指，韩国学生误用为省略，标注为 O.JRD3C-E。如：

（38）我这个人向来是很认生的，告诉了<u>那个韩国人</u>告诉这个急事，请（O.JRD3C-E）（他）帮我一个忙。

兼语一般不省略，因此不用零形式进行回指。

（3）先行语为兼语时误用

上文小句的兼语作下文主谓结构的主语，应该用第三人称代词回指，韩国学生误用为同形表达式，标注为 J.SRD3C-TX。如：

（39）有一次，老师上课时，让<u>秀姬</u>造句。<u>秀姬</u>（J.SRD3C-TX）（她）一说拿我造的句子，别的同班同学就哈哈大笑起来。

（4）小结

表 1-19 各水平等级上第三人称代词偏误情况统计表（次/万字）

	初级	中级	高级	小计	比重
S1.S2RD3C-TX	7.84	3.48	4.01	15.33	51.43%
S1.S2RD3C	0.52	1.51	0.70	2.73	8.21%
S1.S2RD3C-E	0.34	0.93	1.05	2.32	6.43%
S1.S2RD3C-JBTX	0.17	0.46	0.35	0.98	2.86%
O.SRD3C-E	0.00	0.70	0.35	1.05	2.86%
O.SRD3C-TX	0.43	1.28	1.39	3.1	8.57%
O.SRD3C-JBTX	0.00	0.12	0.17	0.29	0.71%
J.SRD3C-TX	0.00	0.23	0.00	0.23	0.71%
O1.O2RD3C-TX	0.26	0.35	1.05	1.66	3.21%
O1.O2RD3C-JBTX	0.09	0.00	0.17	0.26	0.71%
S.ORD3C-TX	1.90	0.35	1.05	3.3	11.07%
S.ORD3C-TCC	0.00	0.12	0.00	0.12	0.36%
S.ORD3C	0.34	0.00	0.00	0.34	1.43%
S.JRD3C-TX	0.00	0.12	0.17	0.29	0.71%
O.JRD3C-E	0.09	0.00	0.00	0.09	0.36%
S.ARD3C-TX	0.09	0.00	0.00	0.09	0.36%
小计	11.80	9.75	10.28	31.83	100%
正确率	80.70%	94.19%	91.54%	90.18%	80.70%

由上表可知：

跟其他语篇指称形式相比，韩国学生第三人称正确率相对较低。初级阶段的准确率为80.70%，中级阶段和高级阶段高于90%。

随着汉语水平的提高，韩国学生第三人称偏误逐步减少，正确率先升高后下降，说明韩国学生对其掌握情况有反复。

16类偏误中，比重在5%以上的偏误类型有S1.S2RD3C-TX、S.ORD3C-TX、O.SRD3C-TX、S1.S2RD3C、S1.S2RD3C-E。其中S1.S2RD3C-TX，即先行语和指称均充当主语，该用第三人称时回指时误用为同形表达式所占比重最大，为51.43%。其次为S.ORD3C-TX，即先行语为主语，在下文中作宾语，该用第三人称回指时误用为同形表达式，占11.07%。说明偏误比重最大的为先行语为主语的偏误。韩国学生使用第三人称代词最大的问题是先行语为主语，在下文中作主语和宾语时，应该用第三人称代词指称时误用为同形表达式，从而造成指称形式的累赘和冗余。

其他人称代词（QTD）在三个阶段均未出现偏误。

（三）指示代词偏误

1. 一般名词指示代词偏误

（1）主语误用

该用一般名词指示代词回指时，韩国学生误用为其他形式，标注为SZDMC。如误用为地点指示代词：

（40）第一天去学校的时候，只有我们班班主任不在，我们都不了解这里(这)（SZDMC）是什么事情。

回指对象为"我们班班主任"不在的情况，回指形式应该用一般名词指示代词"这"，而不是"这里"。

（1）宾语误用

一般名词指示代词误用为省略，标注为OZDMC-E，如：

（41）我曾经听说火车或者公共汽车上有小偷、骗子。一想到（OZDMC-E）（这个），我就紧张起来了。

回指对象为在火车或者公共汽车里有小偷、骗人的情况，回指形式应该用一般名词指示代词"这个"，而不是省略形式。

2. 时间指示代词偏误

仅出现做宾语误用的例子，即该用时间指示代词回指时，韩国学生误用为其他形式，标注为 OZDSC。如误用为一般名词指示代词：

（42）到了家我跟她说一样实行了，没想到真的有效果。我看到了效果，之前想过的放弃啊，回国啊，都不在我的脑子里面了。从那（OZDSC）（那时）起我开始对汉语有兴趣了，所以进步也很快。

上例中，"从那起"应该改为"从那时起"。

3. 地点指示代词偏误

（1）先行语为主语

a. 上文主谓结构的主语作下文主谓结构的宾语，地点指示代词回指形式使用错误，标注为 S.OZDDC。如：

（43）第二天，我们去了欢乐谷。这个地方是她最喜欢的，来到那儿（S.OZDDC）（这儿），果然人很多。

先行语为近指代词"这个地方"，后一句应该保持一致，用"这儿"。

（2）宾语误用

a. 上文主谓结构的宾语作下文主谓结构的宾语，应该用地点指示代词回指，韩国学生误用为同形表达式，标注为 O1.O2ZDDC-TX。如：

（44）但第一次去北语的食堂以后，我就放心了。北语的食堂（O1.O2ZDDC-TX）（这儿）有很多好吃的东西：包子、牛肉面、炒饭、猪肉等等。

先行语为较长的名词性成分"北语的食堂"，下文重提时一般使用代词，在上述两例中应使用地点指示代词"这儿"。

b. 上文主谓结构的宾语作下文主谓结构的主语，应该用地点指示代词回指，韩国学生误用为其他形式。

其一是误用为省略，标注为 O.SZDDC-E。如：

（45）我们很期待进动物园去，却又大吃一惊了，（O.SZDDC-E）（这里）比欢乐谷人更多。

"动物园"做前一句的宾语，在后一个句子中虽已成旧信息，但中间承接的是"我们"这个话题，因此再次重提时，为了方便理解，应用"这里"。

其二是误用为同形表达式，标注为 O.SZDDC-TX。如：

（46）所以我们去别的楼找房间了，但是别的楼（O.SZDDC-TX）（那儿）也没有。

前一句的宾语"别的楼"，在后一个句子中虽然已经成为旧信息，因此再次重提时，应该用"这里"。

其三是误用为一般名词指示代词，标注为 O.SZDDC-ZDM。如：

（47）然后我看北语的校园，这（O.SZDDC-ZDM）（这里）漂漂亮亮的，很多树、花……

先行语"北语的校园"是一个地点，回指形式应该用地点指示代词"这里"，而不是"这"。

（3）小结

表 1-20 各水平等级上地点指示代词偏误情况统计表（次/万字）

	OZDDC	O.SZDDC-E	S.OZDDC	O.SZDDC-TX	O1.O2ZDDC-TX	O.SZDDC-ZDM	偏误小计	正确用例	正确率
初级	0.00	0.09	0.09	0.09	0.34	0.09	0.69	4.57	84.91%
中级	0.24	0.00	0.00	0.00	0.12	0.00	0.35	3.37	96.67%
高级	0	0	0	0	0	0	0.00	1.05	100.00%
小计	0.24	0.09	0.09	0.09	0.46	0.09	1.04	8.3	89.89%
比重	18.18%	9.09%	9.09%	9.09%	45.45%	9.09%	100.00%		

由上表可知：

韩国学生地点指示代词正确率相对其他指称形式相对较低，初级阶段的正确率低于 90%，中高级阶段的正确率均在 90% 以上。

随着汉语水平的提高，韩国学生地点指示代词偏误逐步减少，正确率逐步提高，说明其掌握情况越来越好。

7 类偏误中，O1.O2ZDDC-TX，即先行语和回指均为宾语，该用地点指示代词回指时误用为同形表达式所占比重最大，为 45.45%。说明韩国学生使用地点指示代词最突出的问题是，先行语为宾语，在下文作为宾语重现时，应该用地点指示代词误用为同形表达式，语言表达不够经济。

（四）省略

1. 先行语为主语时，主语承前省略不足

上文主谓结构的主语作下文主谓结构的主语，应该用省略回指，韩国学生误用为其他形式。

误用为第一人称代词，标注为 S1.S2EC-RD1。如：

（48）我来北京已经四个多月了。我（S1.S2EC-RD1）已经习惯北京生活。

（49）我们去过颐和园、天安门、故宫、长城和公园，我们（S1.S2EC-

RD1）照了很多照片。

误用为第二人称代词，标注为S1.S2EC-RD2。如：

（50）虽然你汉语学的时间很多，但是你（S1.S2EC-RD2）应该好好预习，复习，上课时认真地听课。

误用为第三人称代词，标注为S1.S2EC-RD3。如：

（51）她涌出了眼泪，她（S1.S2EC-RD3）一边擦眼泪一边不停地挥手。

误用为同形表达式，标注为S1.S2EC-TX。如：

（52）孩子出去后，过了好久，孩子（S1.S2EC-TX）还是没回来。

误用为局部同形表达式，标注为S1.S2EC-JBTX。如：

（53）儿子爸爸看到那个窗户，爸爸（S1.S2EC-JBTX）生气地叫住："你出去玩吧！"

（54）第一，他的公司根本不愿意我跟着他一起学习，公司（S1.S2EC-JBTX）只有让他一个人去。

上述语篇中，先行语所在小句的主语作后续句小句的主语，属于主语的平行推进。陈平（1987）认为，这类先行语的启后性最强，后续小句的主语通常省略。因此，回指形式应该用零形式而非其他名词性成分或代词。

表1-21 各水平等级上主语承前省略不足情况统计表（次/万字）

	S1.S2EC-RD1	S1.S2EC-RD2	S1.S2EC-RD3	S1.S2EC-TX	S1.S2EC-JBTX	小计	S1.S2E	正确率
初级	40.75	2.76	6.63	3.19	0.17	53.50	107.78	67.22%
中级	32.04	1.39	17.30	1.63	0.23	52.59	134.42	71.88%
高级	21.08	2.27	26.31	6.27	0.52	56.46	224.61	80.26%
小计	91.7	6.42	50.24	11.09	0.92	160.38	466.81	72.82%
比重	61.74%	4.13%	27.32%	6.30%	0.51%	100%		

由上表可知：

韩国学生主语承前省略偏误的正确率不高，除了高级阶段，初中级阶段的正确率均在80%以下。随着汉语水平的提高，韩国学生主语承前省略偏误逐步减少，正确率逐步提高。

5类偏误中，S1.S2EC-RD1所占比重最大，为61.74%。其次为S1.S2EC-RD3，为27.32%。说明韩国学生主语省略不足的主要情况为主语该省略时误用为第一人称代词与第三人称代词。

2. 先行语为主语时，主语蒙后省略不足

上文主谓结构的主语作下文主谓结构的主语，上文主语应该省略，韩国学生误用为其他形式。

误用为第一人称代词,标注为 S1EC.S2-RD1。如:

(55)有时候,我(S1EC.S2-RD1)想她的时候,我不能跟她见面,没有方法,所以我的心很疼。

误用为第三人称代词,标注为 S1EC.S2-RD3。如:

(56)她(S1EC.S2-RD3)临回去前,她不禁流下来眼泪。

误用为同形表达式,标注为 S1EC.S2-TX。如:

(57)柏林爱乐乐团(S1EC.S2-TX)选择拉特尔之前,柏林爱乐乐团肯定调查了拉特尔合适不合适,决定是不容易的。

上文主谓结构的主语作下文主谓结构的宾语,上文主语应该用省略,韩国学生误用为第一人称代词,标注为 SEC.O-RD1。如:

(58)我(SEC.O-RD1)离开家乡的那天,父母送我到机场。

上述语篇中,前面的小句均为表示时间的从句,下文小句为主句,两者主语一致。根据徐赳赳(2003)的统计,这种情况一般优先在从句中使用零形式,主句中使用代词或名词性成分,主语应该蒙后省略。因此,上述例句从句中的代词形式或名词形式使用多余。

表 1-21 各水平等级上主语蒙后省略不足情况统计表(次/万字)

	S1EC.S2-RD1	S1EC.S2-RD3	S1EC.S2-TX	SEC.O-RD1	偏误小计	正确用例	正确率
初级	4.65	0.17	0.00	0.60	5.42	29.29	81.50%
中级	3.13	0.23	0.00	0.00	3.36	7.66	56.14%
高级	3.14	0.35	0.17	0.17	3.83	10.45	63.35%
小计	10.92	0.75	0.17	0.77	12.61	47.4	73.40%
比重	86.60%	5.95%	1.35%	6.11%	100.00%		

由上表可知:

韩国学生主语蒙后省略偏误相对较多,正确率不高,除了初级阶段,中高级阶段的正确率均在 80% 以下。

随着汉语水平的提高,韩国学生主语承前省略偏误数量逐步减少。其正确率反而有所下降,因此,主语蒙后省略应该作为教学的难点。

4 类偏误中,S1EC.S2-RD1,即先行语和指称均为主语,主语应蒙后省略时误用为第一人称代词所占比重最大,为 93.40%。说明韩国学生主语蒙后省略最突出的问题是,该用省略时误用为第一人称代词,造成省略不足。

3. 宾语省略不足

上文主谓结构的宾语作下文主谓结构的宾语,应该用省略回指,韩国学生误用为其他形式。

误用为第一/二人称代词，标注为O1.O2EC-RD1/2。如：

（59）你每次看<u>我</u>，都横着眼斜着眼看<u>我</u>（O1.O2EC-RD1）。

误用为第三人称代词，标注为O1.O2EC-RD3。如：

（60）我真的爱妈妈，留学的时候我总是想看<u>妈妈</u>（O1.O2EC-RD3）。

误用为同形表达式，标注为O1.O2EC-TX。如：

（61）我喜欢骑<u>摩托车</u>，不管危险不危险，我还是喜欢骑<u>摩托车</u>（O1.O2EC-TX）。

误用为同形表达式，标注为O1.O2EC-JBTX。如：

（62）如果我们找到<u>这样的机会</u>的话，应该好好抓住<u>机会</u>（O1.O2EC-JBTX），否则这个机会永远不会回来。

误用为一般名词指示代词，标注为O1.O2EC-ZDM。如：

（63）我们看到<u>这些东西</u>以后，不要忘记<u>这些</u>（O1.O2EC-ZDM）。

上文小句的宾语作下文小句的宾语时，由于宾语是旧信息，语言接受者容易找回，同时很难造成混淆，为了省力，一般用零形式。

表1-23 各水平等级上宾语承前省略情况统计表（次/万字）

	O1.O2 EC-RD1	O1.O2 EC-RD3	O1.O2 EC-TX	O1.O2 EC-JBTX	O1.O2 EC-ZDM	偏误小计	正确用例	正确率
初级	0.00	0.09	3.88	0.09	0.00	4.05	5.08	55.66%
中级	0.12	0.12	1.97	0.00	0.00	2.21	2.90	56.82%
高级	0.00	0.00	1.74	0.17	0.17	2.09	2.09	50.00%
小计	0.12	0.21	7.59	0.26	0.17	8.35	10.07	55.17%
比重	1.28%	2.56%	92.31%	2.56%	1.28%	100%		

由上表可知：

韩国学生宾语承前省略偏误相对较多，正确率很低，三个阶段的正确率的正确率均在60%以下。说明韩国学生的宾语承前省略存在较为严重的问题。

随着汉语水平的提高，韩国学生宾语承前省略偏误数量逐步减少，但正确率先升后降，即使到了高级阶段，正确率也不高，宾语承前省略应作为韩国学生学习的难点。

5类偏误中，O1.O2EC-TX，即先行语和回指形式均为宾语，宾语应该承前省略时误用为同形表达式所占比重最大，为92.31%。说明韩国学生宾语蒙后省略最突出的问题是该省略宾语时误用为同形表达式，造成宾语省略不足。

上文主谓结构的宾语作下文主谓结构的主语，应该用省略回指，韩国学生误用为其他形式。

误用为第一人称代词，标注为 O.SEC-RD1。如：

（64）他们提醒了我，我（O.SEC-RD1）不能辜负他们的恩惠。

误用为第二人称代词，标注为 O.SEC-RD2。如：

（65）我担心你，今后你（O.SEC-RD2）不要一个人去外边吧！

误用为第三人称代词，标注为 O.SEC-RD3。如：

（66）一段时间以后孩子的爸爸进来了，他（O.SEC-RD3）看到了破碎的窗户。

误用为同形表达式，标注为 O.SEC-TX。如：

（65）一天，有一个孩子，一个孩子（O.SEC-TX）把窗户打碎了。

误用为局部同形表达式，标注为 O.SEC-JBTX。如：

（66）有一次，我们买了一些东西回来时，看见步行道上有一个老奶奶，奶奶（O.SEC-JBTX）拎着菜，可能是由于菜太重了，老奶奶被压得腰都弯了。

除了上面提到的主题平行推进时，主语的承前省略。陈平（1987）认为启后性最强的另一类指称对象为以存现动词后的名词性成分或者普通及物动词后的宾语成分，一般以无定形式出现。即上一句评述部分中某个新的信息成分成为下一句的主题，即层级推进。上述例句中，先行语或为存现动词后的名词性成分，如上述例句中"孩子的爸爸""一个孩子"，或为以无定形式出现的及物动词后的宾语成分，如"一个弟弟""男朋友""一个女生"，并且都作为新信息成了后续句的主题，因此在下一句中用零形式。

表 1-24 各水平等级上前宾后主省略情况统计表（次/万字）

	O.SEC-RD1	O.SEC-RD2	O.SEC-RD3	O.SEC-TX	O.SEC-JBTX	偏误小计	正确用例	正确率
初级	0.26	0.09	0.34	0.26	0.00	0.95	5.00	84.06%
中级	0.00	0.00	0.81	0.35	0.12	1.28	6.27	83.08%
高级	0.35	0.00	0.52	0.35	0.00	1.22	3.48	74.07%
小计	0.61	0.09	1.67	0.96	0.12	3.45	14.75	80.00%
比重	15.15%	3.03%	42.42%	36.36%	3.03%	100.00%		

由上表可知：

韩国学生前宾后主省略偏误的正确率相对不高，初、中级阶段的正确率在 80% 以上，高级阶段的正确率在 80% 以下。说明随着汉语水平的提高，其正确率反而有所下降，应该作为教学的难点。

随着汉语水平的提高，韩国学生前宾后主省略省略偏误数量逐步减少。

5类偏误中，O.SEC-RD3（先行语为宾语，在下文中作主语，主语应省略时误用为第三人称代词）所占比重最大，为42.42%。其次为O.SEC-TX（先行语为宾语，在下文中作主语，主语应省略时误用为同形表达式），为36.36%。韩国学生前宾后主省略最突出的问题是该省略宾语时误用为第三人称代词，其次为误用为同形表达式，从而造称省略不足。

三、本章小结

表1-25 各水平等级上语篇指称偏误情况表（次/万字）

	初级		中级		高级		总偏误数	占总偏误比重	正确率
	偏误数	比重	偏误数	比重	偏误数	比重			
完全同形表达式	0.69	0.68%	0.35	0.43%	0.52	0.64%	1.56	0.59%	99.56%
局部同形表达式	0.86	0.85%	0.33	0.41%	0.17	0.21%	1.38	0.50%	98.72%
统称词	0.78	0.77%	1.63	1.98%	2.27	2.80%	4.68	1.77%	95.32%
同义词	0.00	0.00%	0.00	0.00%	0.00	0.00%	0.00	0.00%	100.00%
指代词	35.49	35.21%	21.83	26.53%	15.86	19.53%	73.18	27.70%	93.55%
省略	62.98	62.49%	58.17	70.65%	62.38	76.82%	183.53	69.44%	73.04%
合计	100.8	100.00%	82.33	100.00%	81.2	100.00%	264.33	100.00%	88.96%

由上表可知，不同水平韩国学生各类指称偏误比重由高到低的序列如下：

初级：省略＞指代词＞局部同形表达式＞统称词＞同形表达式＞同义词

中、高级：省略＞指代词＞统称词＞同形表达式＞局部同形表达式＞同义词

三个阶段偏误比重最大的、正确率最低的指称为省略和指代词，比重最低的、正确率最高的为同义词。8类语篇指称组合形式的偏误占总偏误的83.88%，我们重点对其进行考察。

表1-26 偏误比重居前八位的语篇指称组合形式统计（次数/平均每万字）

阶段偏误类型	初级	中级	高级	小计	比重	正确率
S1.S2EC-RD1/2	40.75	32.04	21.08	91.7	34.52%	61.57%
S1.S2EC-TX	6.27	3.19	1.63	11.09	4.17%	
S1.S2EC-RD3	26.31	17.3	6.63	50.24	18.91%	
S1EC.S2-RD1/2	4.65	3.14	3.13	10.92	4.11%	73.27%

续表

阶段偏误类型	初级	中级	高级	小计	比重	正确率
O1.O2EC-TX	3.88	1.97	1.74	7.59	2.86%	66.71%
S1.S2RD1/2CW	7.15	6.5	4.36	18.01	6.78%	92.21%
S1.S2RD1/2C-E	13.61	3.83	0.52	17.96	6.76%	
S1.S2RD3C-TX	7.84	4.01	3.48	15.33	5.77%	88.20%
小计	110.46	71.98	42.57	222.84	83.88%	

由上表可知，偏误比重最大的是先行语及指称形式均为主语的省略，占总偏误的 67.71%，其中主语该承前省略时误用为第一/二人称代词（S1.S2EC-RD1/2）、第三人称代词（S1.S2EC-RD3）、同形表达式（S1.S2EC-TX）的偏误分别占指称总偏误数的 34.52%、18.91%、4.17%，主语该蒙后省略时误用第一/二人称代词（S1EC.S2-RD1/2）占指称总偏误数的 4.11%。

其次为先行词为人称代词的偏误，占指称总偏误的 19.31%，其中先行语和指称均为主语的第一/二人称代词指称位置错误（S1.S2RD1/2CW）、误用为省略（S1.S2RD1/2C-E）的偏误分别占总偏误数的 6.78%、6.76%。

先行语和指称均为主语的第三人称代词误用为同形表达式（S1.S2RD3C-TX）的偏误占总偏误数的 5.77%。先行语及指称均为宾语的省略误用为同形表达式（O1.O2EC-TX）的偏误所占比重为 2.86%。

从正确率来看，先行语和回指均为主语的承前省略的正确率最低，仅为 61.57%。其次，先行语和指称均为宾语的承前省略，正确率为 66.71%，先行语和回指均为主语的蒙后省略的正确率为 73.27%。纵向来看，随着汉语水平的提高，韩国学生 8 类组合形式偏误的数量逐步减少。

第四节　韩国学生 17 类汉语语篇指称的习得难度考察

为了行文方便，我们将语篇指称分为 17 类，对每一类予以标记，具体如下图：

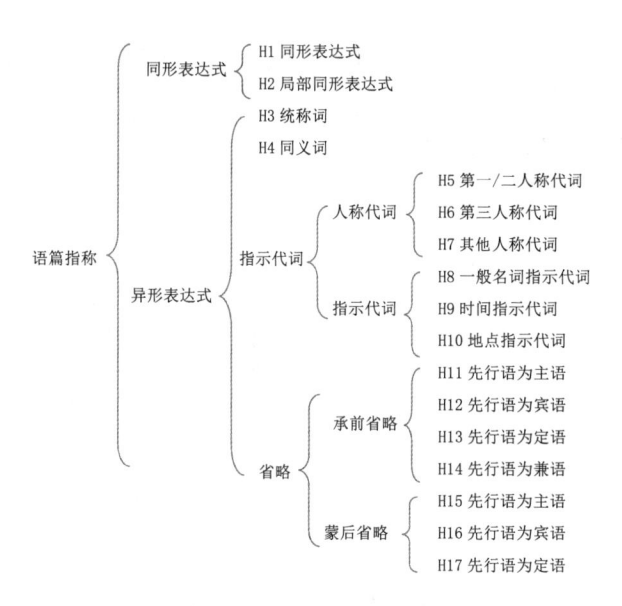

```
                    ┌ 同形表达式 ┬ H1 同形表达式
                    │           └ H2 局部同形表达式
                    │           H3 统称词
                    │           H4 同义词
                    │                      ┌ H5 第一/二人称代词
                    │           ┌ 人称代词 ┼ H6 第三人称代词
                    │           │          └ H7 其他人称代词
语篇指称 ┤ 异形表达式┤ 指示代词 │
                    │           │          ┌ H8 一般名词指示代词
                    │           └ 指示代词 ┼ H9 时间指示代词
                    │                      └ H10 地点指示代词
                    │                      ┌ H11 先行语为主语
                    │           ┌ 承前省略 ┼ H12 先行语为宾语
                    │           │          ├ H13 先行语为定语
                    └ 省略      ┤          └ H14 先行语为兼语
                                │          ┌ H15 先行语为主语
                                └ 蒙后省略 ┼ H16 先行语为宾语
                                           └ H17 先行语为定语
```

图 1-2 语篇指称分类

一、正确使用相对频率及正确率推导法

正确使用相对频率法的假设如下：在中介语料中，某类语言项目的正确使用频次或正确使用相对频率越，就越容易，越早习得。正确使用相对频率得出的习得难度等级在很大程度上是基于使用频次的。某些语篇指称的使用频次很高，正确使用频次会超过使用量较小的用法，但其偏误频次也较高，正确率不高，说明留学生并未较好地习得。因此，我们还参考了正确率，以之作为推导习得难度等级的依据。

正确使用相对频率的计算方法为：各类用法的正确使用相对频率＝各类用法的正确使用频次／17 类语篇指称用法的应出现频次之和。

某些语篇指称的正确使用相对频率较高，但其偏误使用频次较大，正确率较低，习得难度较大。由于正确使用相对频率并不能完全正确地反映习得顺序，我们同时参考正确率作为推导习得顺序的依据，采纳 Pica（1984）采用的"正确率＝正确使用次数／（所有应使用的语境次数＋不需使用的语境次数）"的计算方法：

某类语篇指称在某水平段的正确使用率＝该类语篇指称在该水平段的正确使用频次／该类语篇指称在该水平段应使用频次＋该类语篇指称在该水平段的

多余频次

表 1-27 类标点用法正确使用相对频率及正确率情况表（次/万字）

	正确使用频次	偏误频次	总使用频次	正确使用相对频率（%）	初级阶段正确率（%）	中级阶段正确率（%）	高级阶段正确率（%）	总正确率（%）
H1	355.89	1.56	357.45	14.72%	99.50%	99.63%	99.58%	99.56%
H2	106.49	1.38	107.87	4.40%	97.47%	99.00%	99.56%	98.72%
H3	95.3	4.68	99.98	3.94%	95.99%	93.27%	95.97%	95.32%
H4	12.69	0	12.69	0.52%	100.00%	100.00%	100.00%	100.00%
H5	704.76	40.3	745.06	29.14%	91.62%	96.10%	96.72%	94.59%
H6	315.87	31.83	347.7	13.06%	82.46%	95.04%	87.71%	90.85%
H7	8.72	0	8.72	0.36%	100.00%	100.00%	100.00%	100.00%
H8	20.46	0.12	20.58	0.85%	100.00%	98.15%	100.00%	99.42%
H9	8.14	0.12	8.26	0.34%	100.00%	96.68%	100.00%	98.55%
H10	4.24	0.81	5.05	0.18%	82.53%	79.31%	100.00%	83.96%
H11	399.87	187.04	586.91	16.53%	67.00%	65.22%	72.21%	68.13%
H12	36.9	8.35	45.25	1.53%	78.43%	87.80%	75.00%	81.55%
H13	14.57	0	14.57	0.60%	100.00%	100.00%	100.00%	100.00%
H14	1.14	0	1.14	0.05%	100.00%	100.00%	100.00%	100.00%
H15	40.85	12.63	53.48	1.69%	84.12%	69.14%	54.19%	76.38%
H16	1.22	0	1.22	0.05%	100.00%	100.00%	100.00%	100.00%
H17	2.57	0	2.57	0.11%	100.00%	100.00%	100.00%	100.00%
合计	2129.68	288.82	2418.5	88.06%	86.87%	88.52%	88.72%	88.06%

正确使用相对频率的排序由高到低依次为：H5＞H11＞H1＞H6＞H2＞H3＞H15＞H12＞H8＞H13＞H4＞H7＞H9＞H10＞H17＞H14＞H16

正确率的排序由高到低依次为：H4＝H7＝H13＝H14＝H16＝H17＞H1＞H8＞H2＞H9＞H3＞H5＞H6＞H10＞H12＞H15＞H11

二、蕴含量表法

（一）转换数据

17 类语篇指称在 3 个水平等级上的平均正确率为 88.06%。因此，我们以 0.90 为习得标准，将正确率进行转化，正确率＜0.9 的转化为 0，正确率≥0.9 的转化为1①，将正确率转化为（0，1）二分变量，并对蕴含矩阵进行排序，形成蕴含量表。

表1-28 韩国学生17类语篇指称蕴含量表（以70%为标准的二位量表）

```
Difficult ←――――――――――――――――――――――→ Easy
Most

      H16 H14 H12 H15 H11 H17 H10 H6 H9 H7 H8 H13 H4 H3 H2 H1 H5

高级    0   0   0   0   0   1   1   0  0  1  1  1  1  1  1  1  1
中级    0   0   0   0   0   0   0   1  1  1  1  1  1  1  1  1  1
初级    0   0   0   0   0   0   0   1  0  1  1  1  1  1  1  1  1  Total
Correct 0  0   0   0   0   1   1   2  2  3  3  3  3  3  3  3  3  28
Error   0   0   0   0   0   0   2   2  0  0  0  0  0  0  0  0  0  4
       30  30  30  30  30  21  21  12 12 03 03 03 03 03 03 03 43
Least
```

（二）计算蕴含量表的相应系数指标

A. 伽特曼再生系数：Crep =1 — 偏误数值 / (类型数目 × 学时等级数目)=1 — 4/（17×3）=0.922

H. 最小边缘再生系数：MMrep= 最大边缘值 /（类型数目 × 学时等级数目）= 28/（17×3）=0.549

C. 再生修正比重指标：%Improvement=Crep — MMrep=0.922 — 0.549=0.373

D. 可分级系数：Cscal=%Improvement /（1 — MMrep）=0.373/（1 — 0.549）= 0.827

蕴含量表的伽特曼再生系数（Guttman Coefficient of ReproduciHility，Crep）为0.922，可分级系数（Coefficient of ScalaHility，Cscal）为0.827，大于统计学意义上规定的有效临界值0.9、0.6，该蕴含量表有效。

依据蕴含量表，17类语篇指称的习得情况大致为：

最容易习得的语篇指称：H5、H1、H2、H3、H4、H13、H8

较容易习得的语篇指称：H7、H9、H6、H10、H17

―――――――――

① 某些标点用法的正确率高达100%，但每万字的使用数值不足1个，使用严重不足，平均每万字使用频次在1次以下的统一标注为0，即未习得。

较难习得或未习得的语篇指称：H11、H15、H12、H14、H16

正确使用相对频率的排序由高到低依次为：H5 > H11 > H1 > H6 > H2 > H3 > H15 > H12 > H8 > H13 > H4 > H7 > H9 > H10 > H17 > H14 > H16

正确率的排序由高到低依次为：H4 = H7 = H13 = H14 = H16 = H17 > H1 > H8 > H2 > H9 > H3 > H5 > H6 > H10 > H12 > H15 > H11

（三）讨论

我们将正确使用相对频率、正确率、蕴含量表三类统计方法分别标示为Ⅰ、Ⅱ、Ⅲ，并将三类统计方法得出的习得难度用数字排序，结果如下表：

表1-29 17类语篇指称习得难度排序表

	H1	H2	H3	H4	H5	H6	H7	H8	H9	H10	H11	H12	H13	H14	H15	H16	H17
Ⅰ	3	5	6	11	1	4	12	9	13	14	2	8	10	16	7	17	15
Ⅱ	7	9	11	1	12	13	1	8	10	14	17	15	3	4	16	5	6
Ⅲ	2	3	4	5	1	10	8	7	9	11	13	15	6	16	14	17	12
合计	12	17	21	17	14	27	21	24	32	39	32	38	19	36	37	39	33

1. 讨论

某些语篇指称形式三种统计方法的排序位次相对接近，如H5、H1、H2、H3、H4、H13、H8。这六类指称形式在蕴含量表里属于最容易习得的形式，正确使用相对频率排位靠前。除了H3、H5，其他形式的正确率居前。但H3、H5在三个阶段的正确率都在90%以上，可视为已经习得。

某些语篇指称形式三种统计方法的排序位次较为悬殊，如H12、H15、H11。主要是这三类指称形式正确使用相对频率大，正确率却不高。说明韩国学生这三类指称形式使用较多，但偏误数量也较大。因此，应该作为教学的重点和难点。习得顺序需要综合考虑正确率和正确使用相对频率，两者都较高的最早习得，一个高一个低的较难习得，两者都低的最难习得。

除了正确率和正确使用相对频率，我们还参考"初现率"标准来确定习得顺序。"初现率标准"是以某一个语言项目在中介语中第一次"有系统"的和非"公式化"的出现和使用作为标准来确定其习得过程的开始。Kawaguchi（1996）、Kopcke（1987）、Clahsen（1988）和Huter（1998）用三个语法环境作为初现率标准。（转引自张燕吟2003）因此，平均每万字使用量在3个以下的语篇指称基本可以界定为未习得，如H14、H16。

2.17 类语篇指称形式的习得难度等级

综合三类统计方法和上述分析,根据三类排序序数总和,本书对 17 类语篇指称形式的习得难度等级排序如下:

一级:H1(同形表达式)、H2(局部同形表达式)、H4(同义词)、H5(第一/二人称代词)、H13(先行语为定语的承前省略)

二级:H3(统称词)、H7(其他人称代词)、H8(一般名词指示代词)、H6(第三人称代词)

三级:H11(先行语为主语的承前省略)、H9(时间指示代词)、H17(先行语为定语的蒙后省略)、H14(先行语为兼语的承前省略)、H15(先行语为主语的蒙后省略)、H12(先行语为宾语的承前省略)、H10(地点指示代词)、H16(先行语为宾语的蒙后省略)。

第五节 韩国学生汉语语篇指称表现成因及教学建议

一、语篇指称表现成因

(一)母语的影响

1. 主语省略过度

Li & Thompson(1979)以主语—谓语(subject-predicate)和话题—评述(topic-comment)为依据,将世界上的语言分为注重主语的语言(subject-prominent)、注重主题的语言(topic-prominent)、主语和主题都注重的语言、主语和主题都不注重的语言。汉语和韩国语都属于注重主题语言,省略上具有不同的倾向。

先行语和指称均为主语的第一/二人称代词指称误用为省略占总偏误 6.76%,原因在于"第一人称、第二人称代词……在叙述体中,与汉语相比,韩文中的使用频率也要更少。"(白水振等,2014)据姜贞爱(2006)对汉韩对译语篇的考察,结果发现韩国语主语省略占 28%,而汉语只占 16%。韩国语属于黏着语,借助助词和词尾就可以把几个主语相同的小句组合成一个主语带几个谓词的复句。汉语属于孤立语,形态标记简练。韩国语语篇中的复句,汉语需要改编成几个小句来表达,需要使用更多的增补手段,如添加主语。另外,韩语句子的主语对生命度的要求大大高于汉语,主语的可及性更高,更容易省略。韩国语语篇中无主句的出现频率很高,但读者可以根据上下文找回被省略的内容,而汉语一般倾向于使用代词回指,从而造成汉韩主语省略频率的差异。如:

（1）我回了一趟韩国。那时候刚好有一个不错的展览，我（S1.S2RD1）去了举办那个展览的博物馆好几次呢。

한국에 갔다 왔어．그때 마침 좋은 전람회가 있었는데, 내가 그 전시회를 개최한 박물관에 가서 몇 번이나 갔었는데．

上例中，由于"我"作主语的两个小句之间的话题不连续，在汉语中需要使用两次第一人称代词"我"，韩语则可以省略主语。

2. 主语省略不足

主语该承前省略时误用为第一人称代词占总偏误的34.52%，此类偏误主要是韩国语关联词语（尤其是连词）的负迁移所致。韩国语的关联词语如"所以"就有两种形式，"그래서"和"어서"。用"어서"时，韩国语中连词前没有停顿，连词后的主语一般省略。韩国学生将汉语中的"所以"等同于"어서"，母语正迁移使之不会产生主语省略不足的偏误。而使用"그래서"时，前后两个小句用逗号或句号隔开。汉语语篇中两个小句使用关联词语连接时，一般使用逗号或句号将两个小句隔开。因此，韩国学生容易将汉语的"所以"等同于"그래서"。但使用"그래서"时，韩国语通常不省略主语，所以中介语语料中出现了关联词语后主语省略不足。如：

（2）因为我第一次来中国，所以我（S1.S2E-RD1）想说话也说不出来。

韩：제가처음중국에왔기때문에 0 말을하고싶어도말이나오지않습니다．

（3）现在我跟朋友来北京，所以我（S1.S2E-RD1）在北京写这封信。

韩：지금제가친구와북경에왔기때문에 0 북경에서이편지를씁니다．

主语该承前省略时误用为第三人称代词占总偏误的18.91%，白水振等（2014）认为，"在韩语中，省略第三人称代词虽然不是病句，但是语段不自然。……与汉语相比，韩语中使用第三人称代词的情况要更多。"

3. 宾语省略不足

除了主语省略不足，先行语及指称均为宾语的省略误用为同形表达式的偏误所占比重为2.86%。吴英花（2009）通过统计发现，汉语中必带宾语的及物动词仅占及物动词总数的4%。而韩国语中，以动词的被动形式或使动形式构成的及物动词绝对倾向于带宾语，占及物动词总数的18%。因此，韩国语及物动词带宾语的倾向要高于汉语。这与韩国语形态发达，汉语分析性强有关系。高基新、南永根（1993：260）指出："宾语属于句子的必现成分，所以通常不能省略。"在汉语中宾语省略则很常见。如：

（4）我们第一次见面的场面你还记得吗？我还记得我们第一次见面的场面

（S.OEC-TX）。

우리가처음만난상황을당신은기억합니까？저는우리가처음만난상황을아직도기억합니다．

（5）现在吃过韩国菜的很多外国人以为韩国菜都是很辣的。而且韩国人都爱吃辣的菜。所以他们每天吃辣的菜（O1.O2EC-TX）。

지금한국음식을먹어본많은외국인들은한국음식이모두맵다고생각합니다．그리고한국인들은모두매운음식을좋아합니다．그래서그들은매일매운음식을먹습니다．

上述三个句子的韩国语对译中，一般都不省略宾语，母语负迁移造成留学生的宾语省略不足。

4. 主语位置错误

先行语和指称均为主语的第一/二人称代词指称位置错误占偏误的6.78%。第一/二人称代词错位，主要是表时间的状语从句与主句中的主语均为第一/二人称代词，应该在从句中省略主语，在主句中使用人称代词。韩国学生则常常在从句中使用人称代词，而在主句中使用零形式，从而造成错位。

（6）我（S1EC.S2-RD1）回家以后，我累死了，但这个地方是平生永志难忘。

내가 집에 돌아온 후，힘들어 죽지만，이 곳은 평생 잊을 수 없다．

（7）有时候，我（S1EC.S2-RD1）想她的时候，我不能见面她，没有方法，所以我的心很疼。

가끔，내가 생각했을 때，나는 그녀를 만날 수 없다，방법이 없다，그래서 내 마음은 매우 아프다．

（二）教材的影响

杨翼（2000）指出："多年来，教材的安排基本上沿袭了50年代形成的对外汉语教学语法体系，以句型和词语讲练为主。甚至到了中高级阶段，词语的讲练在教材中的安排仍居于统治地位。成段表达能力虽然在理论上受到重视，但在教材的编写中并没有得到落实。"教材的编写需要以理论研究为基础，在研究较为成熟的基础上，将最新成果贯彻渗透尚需时日。教材是学生课堂输入的主要来源，已有的教材没有重点讲解各种语篇指称使用的条件，缺乏专门的语篇指称练习，无疑是造成留学生偏误的主要来源。

曾丽娟（2007）专门考察了三种汉语写作教材和六套综合教材。写作教材方面，《留学生汉语写作进阶》（何立荣编著，2003）认为可通过"使用关联词语和具有衔接作用的词语""使用一些表示指示和替代作用的代词或名词""词语复现"来对句子进行衔接。但该教材未对这些衔接手段进行具体分类,对其使用条件也未作说明,而且未提及省略。

《汉语写作教程》(罗青松编著,1998)对省略的描述非常含糊,未说清楚施事者省略的确切条件。《汉语写作教程》(赵建华、祝秉耀编著,2003)第二课的语言练习重点是句中词语的省略。但教材只是模糊地说明了"我"的省略情况,而且对其省略条件的描述是"由于表述的对象已经很明确",缺乏具体的可操作性。而且说明了第一人称代词"我"的省略情况,对于名词性成分和其他人称代词的省略均未提及。关于代词的使用,教材只是指出了代词作定语强调归属时一般省略的情况,而没有具体分类说明代词回指的条件。

综合教材方面,我们选取了较有影响力和代表性的6套教材,除了《成功之路》在课文语法讲解部分对语篇指称进行了简单说明,其他教材均没有涉及篇章语法的语篇回指的讲解,因此考察了与语篇指称相关的课后练习。

表 1-27 6 种汉语综合教材书面客观、半客观语篇练习一览表

	博雅汉语	成功之路	汉语教程	发展汉语	当代中文	新实用汉语
填空			Y	Y	Y	
根据课文回答	Y			Y	Y	Y
排序		Y				
改写						
将所给的句子放入段中适当的位置						
合并句子						
改错						

6套综合教材中与语篇相关的练习题中,仅有改错和合并句子涉及了语篇的指称。几十种题型中,我们仅发现两例针对指称的练习。可见,综合课教材对指称不够重视也是造成韩国学生指称偏误的重要原因。

(三)教师的影响

为了解教师的语篇指称教学情况,我们设计了一次针对教师的问卷调查。

1. 调查对象

我们调查了 68 名担任汉语教学的教师。教龄为 6 年以上的占 66.18%,其中 94.12% 的教师担任过综合课教学,调查对象多为有一定教学经验的教师。

2. 调查内容

调查内容共 14 题,具体内容分布为:背景信息(第 1—2 题);语篇指称教学意识(第 3—4 题);教师的语篇指称本体知识(第 5—8 题);语篇指称

教学方法(第9—12题);语篇指称评价(第13题);语篇教学原因分析及教学建议(第14—15题)。每题答案都有5个不同程度的选项,"非常符合"为最高,"非常不符合"最低,我们按照"非常符合"到"非常不符合"从高到低依次给每个选项赋值,即"非常符合"为5分,"比较符合"为4分,"一般符合"为3分,"不太符合"为2分,"非常不符合"为1分。

3. 结果及讨论

调查结果显示,68位教师总分平均分为2.54分,高于3分的2人,低于2分的2人,总分偏低。

语篇指称教学意识方面的两道题得分为4.47分和3.5分,说明大多数教师已意识到语篇指称教学的重要性。认为非常有必要对留学生进行语篇指称教学,也开始关注留学生的语篇指称偏误。

语篇指称本体知识方面,第5题得分为3.95,第6—8题的平均得分3.58,说明大多数教师对汉语语篇指称形式及各种语篇指称形式的使用制约因素有一定的了解,但作为专业教师,其语篇本体知识素养还有待提高。第9题的平均得分仅为3.01,大部分教师不清楚汉外语篇指称形式的异同。主要原因有二:

汉语本体对语篇指称研究有待加强。我们在收集有关语篇指称本体知识作为判定中介语指称正误标准时,发现本体研究较为薄弱。由于语篇涉及语义、语境等各方面因素,操作性较强的语篇指称形式使用制约因素较少,更多的是呈现出一种倾向性,教学上的可操作性不太强。

语篇指称本体研究成果少,使得汉语教材的编写"无据可依"。在我们所考察的6种中级汉语综合教材中,除了《成功之路》,较少涉及语篇指称的讲解。写作教材的说明也不够详尽。由于大多数教师都以教材为中心,教材中未涉及的部分一般不予深究,因此造成语篇指称本体知识的不足。

语篇指称教学方面,得分最高的为偏误情况,为3.5分,说明教师都发现留学生作文语篇指称偏误相当多。但教师对课文中语篇指称的讲解及对学生作文中语篇指称偏误的解释并不多。最后两道题得分最低,仅为2.8。教师普遍认为教材中语篇指称练习太少,却很少主动自行设计相应练习。主要原因有二:

其一,对教师的访谈得知,语音、字、词、句的教学任务较重,生词量大(比如中级汉语教材《桥梁》每课的生词量达50个),课文篇幅长,使得课堂讲解、练习分配在其他语言要素方面的时间较多,教师没有充裕的时间来进行语篇指称教学。

其二,虽然语篇教学已成为汉语国际教育的研究热点之一,也有不少学者提出了一些语篇教学的建议（杨翼，2000；彭小川，2004），但并未出现一个切实可行的、系统的语篇教学方案，教学缺乏理论指导。

综上所述，教师虽然有一定语篇指称意识和语篇指称本体知识，但囿于教材和自身知识，在教学中并未对语篇指称进行详尽讲解，无暇设计相应练习。教师对语篇指称不充分的讲解和训练是造成留学生语篇指称偏误的重要原因。

（四）学习策略

先行语及指称形式均为主语，承前省略误用为同形表达式的偏误占总偏误的 4.17%，蒙后省略时误用为第一人称代词占 4.11%。先行语及指称均为宾语的承前省略误用为同形表达式占 2.86%，均为省略不足，即该省略时误用为代词或同形表达式，主要原因在于韩国留学生缺乏语篇意识，为了追求单个句子的完整性，忽视了整个语篇的连贯性。另外，韩国学生发现汉语的省略比韩国语少，以为不省略是汉语的常用表达方式，从而造成过度泛化。

（五）汉语语篇指称制约因素的复杂性

Ariel（1994）、蒋平（2003）、李榕（2013）提到了影响语篇指称形式选择的多种因素，这些因素并非单独作用，而是彼此紧密联系、相互交融。王义娜（2006）指出，语篇指称还受语言表达者的期待性和主观性的影响，可能与客观影响因素相冲突。正如廖秋忠（1992）所说，影响回指的因素就像绕在一起的线一样无法分清。影响语篇指称选择的各种因素到底什么时候发生影响，如何相互作用，在汉语和韩语等不同语言中有何共性和差异，是否包含蕴含共性，如何影响不同母语背景的学习者的二语习得？这些都是值得语篇本体、语言类型学和二语习得研究进一步思考和研究的方向。

二、语篇指称教学建议

（一）大纲设置

汉语教学的最终目的是培养学习者运用汉语进行交际的能力，而真实的交际经常需要以语篇的形式呈现。教学大纲、考试大纲应该把语篇放到与其他语言要素如汉字、语音、词汇、语法同等重要的地位。首先应该吸收当前语篇指称研究的最新成果，在教学大纲中设置语篇指称的具体内容，即语篇指称教什么，确定包括语篇指称的类型及其使用制约因素。其次应当综合已有语篇习得研究的成果，确定语篇指称教学的顺序，即先教什么，后教什么。本书探讨的韩国学生语篇指称习得难度等级列表可为汉语教学提供分别教学参考；同时参考汉语本体研究的相关成果和基于大规模中介语语料库的语篇指称习得研究成果,综合各种语篇指称形式的出现频次及汉语学习者的偏误比重,确定教学的重点和难点。

考试大纲应当将语篇指称作为一个重要的考核内容,从而发挥测试对教学的反拨作用,以考促教,以考促学。具体说来,可以设计一些跟语篇指称相关的题型。将语篇指称的使用归入"语篇衔接手段使用到位,语篇较为连贯"这一项进行考核,作为口头成段表达和书面语作文的考核条目。

(二)教材编写

综合课教材应该吸取语篇本体指称研究的相关成果,将其作为篇章语法列入教材大纲,并根据留学生的习得大纲按难度等级对相应指称条件进行分类和排序,有系统地在课文中落实。写作教材应该对各种语篇指称使用的制约条件予以较为详尽的说明,使教师和学生能够一目了然。除了在语法部分、课文讲解部分增加语篇指称的内容外,应该在课后设计多种形式的语篇指称练习。参照李倩(2007)等的研究,可设计如下练习题:

1. 填空

(8)都说西瓜是减肥食品,脂肪极低,能量很少,为什么有些人吃了却产生增肥的效果呢?(这)是因为,西瓜虽然脂肪含量极低,却含不少糖分。(来自 http://blog.sina.com)

此题主要考察"这"的用法。

(9)香雪没说话,( )慌得脸都红了。( )才十七岁,( )还没学会怎样在这种事上给人家帮腔。(铁凝《哦,香雪!》)

(10)林震觉得,( )一走进区委会的门,他的新的生活刚一开始,( )就碰到了一个很亲切的人。(王蒙《组织部来了个年轻人》)

(11)林震说着他早已准备好的话,( )说得很不自然,( )正像小学生第一次见老师一样。于是( )感到这间屋子很热。(王蒙《组织部来了个年轻人》)

此题主要考察名词、代词和省略的用法。

2. 改错

如:请在不该加"她"的地方去掉"她"。

(12)她叫美莉,她长得很漂亮,她的性格开朗活泼,她交了很多中国朋友。她的男朋友是中国人,他经常带她一起去中国各地旅游。她的汉语说得越来越流利了。

此题主要考察主语和定语的省略。

3. 组句成段

如：把下列的单句按顺序排列成一段话：

1）他们蜂拥而来，又立刻将汽车包围。
2）每辆车后面都有两只大筐，骑车的人里面有一些孩子。
3）他们都发疯般往自己筐中装苹果。
4）坡上又有很多人骑着自行车下来了。
5）好些人跳到汽车上面。

此题也是考察名词性短语、代词和省略的用法。

4. 排列句序

如：把下列句子整理成一段话：

1）请大家多多关照。
2）我是韩国人。
3）来北京以前，我在韩国学了一年汉语。
4）我毕业以后想继续研究中国经济。
5）我叫金旻志。
6）我住在留学生宿舍。
7）我的计划是在这里一直学习到毕业。
8）我的爱好是运动。

此题主要考察"我"作主语和作定语省略的情况。

（三）教师教学与教学评价

1. 教师教学

首先，教师应该增强语篇指称教学的意识。杨翼（2000）指出，中高级阶段的汉语学习者"已积累了一定数量的词语，练习过众多的表达形式，接触了大量的语法项目，积淀了一些文化背景知识，尤其渴望通过系统的学习，有效地提高成段表达能力"。我们认为，从初级阶段就必须渗透语篇教学，因为学生的自我介绍或是成段的短文写作，都无法避免使用语篇指称。因此，从组句成段开始，教师就应该对语篇指称教学予以重视。对课文中出现的语篇指称形式，教师要适当地进行分析，这些语篇指称是什么，为什么使用这类语篇指称。对学生在课堂上或是课后作业所表现出来的语篇指称错误，教师应及时予以纠正并进行解释。

其次，教师应该了解相应的语篇指称使用制约因素及汉外语篇指称对比知识。目前语篇指称本体研究还有待完善，转化为教学成果尚待时日。教师在教学之余，对于已有的研究成果则应该加强学习。有条件的话，可依据学习者语篇指称表现可以适量加强对语篇指称本体及语篇指称习得的研究。同时，教师应该适当地了解汉外语篇指称的异同，以便教学更有针对性。

再次，教师应该在教学中设计多种形式的语篇指称练习。比如，将课文中一段话的语篇指称抽掉，让学生填空；将学生作文中语篇指称有误的句子挑出来，让全班同学改错；将课文的改写成完整的句子，让学生运用语篇指称进行适当的修改，组句成段；将课文打乱顺序，让学生组句成段，等等。

2. 教学评价

由于教学评价对教学有着相当大的反馈作用，教师在平时的课堂测试、期中考试和期末考试中，应当将语篇指称作为考核内容，以促进学生的掌握。

语篇指称的测试型评价在一定程度上可以促进汉语语篇指称教学。曾丽娟（2011）提供了一个操作性较强的测试型评价方案，教师在语篇指称教学中可予以借鉴。具体步骤如下：

第一步，首先对语篇指称进行分类。

第二步，确立每一类语篇指称形式的权重。具体示例如下：

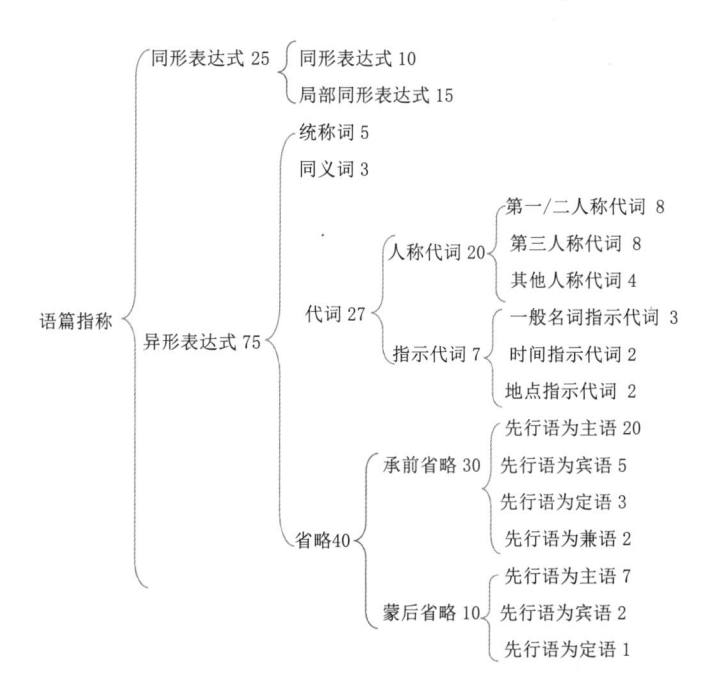

```
语篇指称
├─ 同形表达式 25
│   ├─ 同形表达式 10
│   └─ 局部同形表达式 15
└─ 异形表达式 75
    ├─ 统称词 5
    ├─ 同义词 3
    ├─ 代词 27
    │   ├─ 人称代词 20
    │   │   ├─ 第一/二人称代词 8
    │   │   ├─ 第三人称代词 8
    │   │   └─ 其他人称代词 4
    │   └─ 指示代词 7
    │       ├─ 一般名词指示代词 3
    │       ├─ 时间指示代词 2
    │       └─ 地点指示代词 2
    └─ 省略 40
        ├─ 承前省略 30
        │   ├─ 先行语为主语 20
        │   ├─ 先行语为宾语 5
        │   ├─ 先行语为定语 3
        │   └─ 先行语为兼语 2
        └─ 蒙后省略 10
            ├─ 先行语为主语 7
            ├─ 先行语为宾语 2
            └─ 先行语为定语 1
```

图 1-3 语篇指称测试型评价指标权重图

第三步，依据各语篇指称形式的权重，按总分100分设计语篇指称测试型评价的试卷。比如试卷同形表达式的题目分值为25分，其中同形表达式占5分，局部同形表达式的题目占15分，以此类推。

第四步，对学习者进行前测，依据单项指标得分的计算公式：单项指标的实际得分/指标分值x100=单项指标得分，计算各类语篇指称形式的单项指标得分及总得分，作为师生判断汉语学习者语篇指称运用能力的依据。

第五步，师生分析单项得分和总得分后，了解了学生的对各种语篇指称形式的掌握情况后，能有针对性地进行教学，提高教学效率。如某类语篇指称形式单项得分较低，则作为教学的难点。学习者可根据前测的结果，了解自己对语篇指称掌握的具体情况，以便有的放矢地加强学习。

第六步，完成一个阶段的教学后，教师可使用语篇指称测试问卷再次对学生进行语篇指称的测试评价（后测），通过对比两次评价结果，分析教学效果，反思个人教学，提高语篇指称教学的效率和质量。学习者可了解学习效果，反思个人学习策略的优劣，在今后的学习中予以修正。

第二章　韩国学生汉语语篇时间关系连接成分习得研究

第一节　汉语语篇时间关系连接成分分类

廖秋忠（1986）对时间关系连接成分的定义为：表达两个或两个以上的事件、状态或过程，或是表达一个事件两个或两个以上阶段相对的发生时间。其中"事件"指的是篇章中完整的叙事语义内容。我们将时间关系连接成分分为时间词语和时间关系连接成分。其中时间词语分为时点词语和时段词语；采用金晓艳（2010）的分类原则，以事件发生的前后顺序为唯一标准，将时间关系连接成分分为起始时间关系连接成分、接续时间关系连接成分和结尾时间关系连接成分。具体分类如下表：

表 2-1 汉语语篇时间关系连接成分类型

类型			例子
时间词语	时点词语	这/那（个）+时（候）	这时，那个时候
	时段词语	这/那+时量短语	这四年
时间关系连接成分	序列时间连接成分	起始时间关系连接成分 初时连接成分	最先、最早（的时候）、最初、首先、起先（位于句首时）、起初（位于句首时）、开始时、开始（的时候）、先X（之/以）前（其中"X"表事件）
		前时连接成分	先前、原先、原来（位于句首时）、本来（位于句首时）、此前、事前、事先、过去、从前、（在这/那）之/以前、当初、以往、早先
		接续时间关系连接成分 后时连接成分	然后、后来（位于句首时）、此后、随后、接着、尔后/而后、（在这/那）之后、（在这/那）以后、其后、事后、随即（位于句首时）、随、随后、继而、继之、接下来、跟着、说时迟，那时快、霎时、顿时、瞬间、刹那间、顷刻之间、很快、片刻、不久、不多时、（不）一会儿、稍后、良久、半天、曾几何时、久而久之……、在X（之/以）后
		同时连接成分	（与此）同时、当即
	结尾时间关系连接成分		最后、最终、终于

一、时间词语

时间词语不能直接体现时间顺序的时间表述，必须依靠语篇上下文来理解其具体含义，从而连接两个语篇片段。可分为时间词语和时段词语。

（一）时点词语

标注为 T1，如：

（1）初中生的成人感开始产生，但事实上他们仍处于<u>既像成人又像小孩、半成熟半幼稚、半独立半依赖的发展阶段</u>。<u>这时</u>（T1），在教育上对于琐碎的小事要少唠叨，但对于严肃的问题必须讲透道理，严加管束。（本节语料均选自北京大学中国语言学研究中心现代汉语语料库[①]）

（二）时段词语

格式是"这/那+时量短语"，如"这一年""那几天"等，标注为 T2。如：

（2）他以《劳工与帝国：关于英国工党特别是工党国会议员对于 1880 年以后英国帝国主义的反应的研究》作为博士论文，于 <u>1923 年</u>获得哲学博士学位。<u>这一年</u>（T2）他 28 岁。

二、时间关系连接成分

时间关系连接成分指表达语篇中两个及以上顺序性事件相对发生的时间，也称序列时间关系连接成分。

（一）起始时间关系连接成分

起始时间关系连接成分表示某一事件是一系列顺序事件中最早发生的，或是相对较早发生的，可分为初时连接成分和前时连接成分。

初时连接成分表示某一事件是一系列顺序事件中最早发生的，标注为 T3。如：

（3）普及教育与义务教育是两个相互联系而又有区别的概念。在教育史上，<u>首先</u>（T3）提出的是普及初等教育，然后才有义务教育。

前时连接成分表示某一事件是一系列顺序事件中相对较早发生的，标注为 T4。如：

（4）我这个人<u>原来</u>（T4）不想结婚，结了婚，觉得结婚真好。<u>原来</u>（T4）不想要孩子，有了孩子，觉得有孩子真好。

[①] 由于自建语料库规模有限，时间关系连接成分的很多用法在北京大学中国语言学研究中心现代汉语语料库有更丰富的呈现，因此选取了该语料库的例句。

（二）接续时间关系连接成分

接续时间关系连接成分表示某一事件在另一事件之后发生，或是与另一事件同时发生，其包括后时连接成分和同时连接成分。

后时连接成分，表示某一事件在另一事件之后发生，标注为T5。如：

（5）新的一代，通过教育，迅捷而有效地占有人类全部文化的精华，<u>然后</u>（T5）即可站在前辈人的肩膀上进行新的创造。

同时连接成分，表示某一事件与另一事件同时发生，标注为T6。如：

（6）19世纪，尤其是20世纪以来，人类科学的发展不断加速，<u>与此同时</u>（T6），科学的广泛应用给人类生活的方方面面带来了深刻的变化。

（三）结尾时间关系连接成分

结尾时间关系连接成分表示某一事件在一系列顺序性事件中是最后发生的，标注为T7。如：

（7）就在这无知的沾沾自喜之中，西方的军事科技不断前进，<u>终于</u>（T7）到了1840年，中国军队在船坚炮利的西方列强面前溃不成军。

第二节 韩国学生汉语语篇时间关系连接成分正确使用情况

一、时间词语正确使用情况

（一）时点词语

（1）<u>爸爸只好回家</u>。<u>这时</u>（T1），突然球从玻璃窗穿过来，玻璃窗又碎了。

（2）<u>看到妈妈哭的样子，我也觉得悲伤</u>，但是<u>那时</u>（T1）我没有哭。

表 2-2 各水平等级上时点词语正确用例统计表（次/万字）

阶段 类型	初级阶段 使用量	初级阶段 比重	中级阶段 使用量	中级阶段 比重	高级阶段 使用量	高级阶段 比重 %	小计 平均使用量	小计 比重 %	母语 使用量	母语 比重 %
这（个）时（候）	1.46	3.38%	4.30	7.71%	4.36	6.23%	3.37	5.99%	4.16	9.60%
那（个）时（候）	8.44	19.48%	13.00	23.33%	6.10	8.73%	9.18	16.30%	2.80	6.47%
此时	0.00	0.00%	0.00	0.00%	0.35	0.50%	0.12	0.21%	0.19	0.45%
当时	0.00	0.00%	5.46	9.79%	3.83	5.49%	3.10	5.50%	0.87	2.01%
当日（天）	0.00	0.00%	0.12	0.21%	0.00	0.00%	0.04	0.07%	0.48	1.12%
这/那（一）天	0.86	2.00%	3.48	6.25%	1.74	2.5%	2.03	3.60%	0.29	0.67%
小计	9.91	22.86%	26.35	47.29%	16.38	23.44%	17.83	31.66%	8.80	20.31%

—107—

1. 韩国学生时点词语使用特点

类型上，时点词语的6类形式都出现了正确用例。初级阶段，韩国学生使用的时点词语较为有限，"此时""当时""当日（天）"均未出现。中级阶段，"此时"未出现正确用例。高级阶段，"当日（天）"未出现正确用例。说明随着汉语水平的提高，韩国学生正确使用的时点词语类型逐步丰富。

频次上，"那（个）时（候）""这（个）时（候）"在中介语三个水平段均居第一、第二，"当时"在初级阶段未出现正确用例，在中、高级阶段使用频次均第三。说明韩国学生这三类时点词语正确使用频次高，掌握较好。

2. 两类语料中的使用情况对比

类型上，6类时点词语，中介语中每个水平段都有一部分用法未出现，而母语中出现了全部用法。"此时""当日（天）"在中介语中的两个水平阶段均未未出现，原因是"此时"和"当日（天）"为书面语，韩国学生一般用"那（个）时（候）""这（个）时（候）"和"这/那（一）天"对其进行替代。

频次上，两类语料中使用频次居前三位的均为"这（个）时（候）""那（个）时（候）""当时"，但排序有所不同。中介语中的使用频次依次为"那（个）时（候）">"这（个）时（候）">"当时"，而母语中的使用频次为"这（个）时（候）">"那（个）时（候）">"当时"。说明相对于汉语母语者，韩国学生更多地使用代词"那"。

数量上，韩国学生时点词语的总使用数量是汉语母语者的2倍多。其中"那（个）时（候）"是母语者的3倍多，"当时"是母语者的4倍多，"这/那（一）天"是母语者的8倍多。可见，韩国学生这三类时点词语使用多余。

（二）时段词语

（3）我摔倒了，伤了腿动不了。那段时间（T2），他每天带我去医院换药。

表2-3 各水平等级上时段词语正确用例统计表（次/万字）

类型\阶段	初级阶段 使用量	初级阶段 比重	中级阶段 使用量	中级阶段 比重	高级阶段 使用量	高级阶段 比重	小计 使用量	小计 比重	汉语母语者 使用量	汉语母语者 比重
这+时量短语	0.00	0.00%	0.70	1.25%	0.35	0.50%	0.35	0.62%	0.19	0.45%
那+时量短语	0.17	0.39%	0.00	0.00%	0.00	0.00%	0.06	0.10%	0.00	0.00%
小计	0.17	0.39%	0.70	1.25%	0.35	0.50%	0.41	0.72%	0.19	0.45%

1. 韩国学生时段词语使用特点

类型上，时段词语的2类组合形式在中介语语料中都出现了正确用例。在级阶段，"这+时量短语"未出现正确用例。中、高级阶段，"那+时量短语"未出现正确用例。

频次上，"这+时量短语"位居第一。

2. 两类语料的使用情况对比

类型上，两类时段词语中，韩国学生三个阶段均只出现了一类正确用例，而汉语母语者两类都有使用。母语者使用类型更为丰富。

频次上，两类语料中使用频次最高的均为"这+时量短语"。

数量上，韩国学生时段词语的总使用频次是母语者的2倍多。

二、时间关系连接成分正确使用情况

（一）起始关系连接成分

1. 初时连接成分

（4）我<u>最初</u>（T3）不相信她喜欢上了我。

（5）<u>首先</u>（T3）见了面，介绍自己，然后选出最适合我的老师。

（6）<u>开始</u>（T3）不太认识我们班的老师和同学，也还有点担心。

表2-4 各水平等级上初时连接成分正确用例统计表（次/万字）

阶段 类型	初级阶段 使用量	初级阶段 比重	中级阶段 使用量	中级阶段 比重	高级阶段 使用量	高级阶段 比重	小计 使用量	小计 比重	汉语母语者 使用量	汉语母语者 比重
最早（的时候）	0.00	0.00%	0.00	0.00%	0.00	0.00%	0.00	0.00%	0.19	0.45%
最初	0.09	0.20%	0.12	0.21%	0.00	0.00%	0.07	0.12%	0.10	0.22%
首先	0.09	0.20%	0.23	0.42%	2.44	3.49%	0.92	1.63%	0.48	1.12%
起初	0.17	0.40%	0.00	0.00%	0.00	0.00%	0.06	0.10%	0.39	0.89%
开始时	0.09	0.20%	0.00	0.00%	0.00	0.00%	0.03	0.05%	0.00	0.00%
开始（的时候）	0.00	0.00%	1.04	1.88%	0.17	0.25%	0.40	0.72%	0.29	0.67%
先	3.02	6.96%	2.32	4.17%	3.14	4.49%	2.83	5.02%	2.22	5.13%
小计	3.45	7.95%	3.71	6.67%	5.75	8.23%	4.31	7.65%	3.68	8.48%

（1）韩国学生初时连接成分使用特点

类型上，初时连接成分的7类形式中有6类出现了正确用例。初级阶段出现的正确用例有5类，除了"最早（的时候）""起先"，其他用例均有出现。

中级阶段出现的正确用例有4类,除了"最早(的时候)""起先"和"开始时"。高级阶段仅出现3类。随着汉语水平的提高,韩国学生使用的初时连接成分逐步减少。此类情况可能跟文体有关,初、中级阶段的语为记叙文,而高级阶段语料为议论文。记叙文中与时间相关的成分较多,初时连接成分使用较多。

频次上,"先""首先"位居第一、第二。

数量上,随着汉语水平的提高,初时连接成分的使用量逐步增加。

(2)两类语料的使用情况对比

类型上,7类初时连接成分中,中介语中每个阶段都有一部分未出现正确用例,而母语中除了"开始时"均有出现,类型更为多样。

频次上,两类语料中居前两位的均为"先""首先"。

数量上,母语中初时连接成分的总使用量与中介语大体一致。

2. 前时连接成分

(7)谁过生日或者什么节日,这位老师<u>事先</u>(T4)都准备。

(8)<u>从前</u>(T4)有一户人家里有淘气鬼。

(9)<u>当初</u>(T4)我汉语说得不太好,不会讨价还价。

表2-5 各水平等级上前时连接成分正确用例统计表(次/万字)

阶段 类型	初级阶段 使用量	比重	中级阶段 使用量	比重	高级阶段 使用量	比重	小计 使用量	比重	汉语母语者 使用量	比重
原来	1.29	2.98%	1.28	2.29%	0.52	0.75%	1.03	1.83%	0.29	0.67%
本来	0.26	0.60%	0.46	0.83%	0.87	1.25%	0.53	0.94%	0.29	0.67%
事先	0.00	0.00%	0.12	0.21%	0.00	0.00%	0.04	0.07%	0.00	0.00%
过去	0.00	0.00%	0.00	0.00%	0.17	0.25%	0.06	0.10%	0.48	1.12%
从前	0.09	0.20%	0.00	0.00%	0.00	0.00%	0.03	0.05%	0.19	0.45%
(在X)之/以前	5.78	13.32%	4.88	8.75%	5.92	8.48%	5.53	9.81%	1.45	3.35%
当初	0.52	1.19%	0.12	0.21%	0.00	0.00%	0.21	0.38%	0.19	0.45%
小计	7.93	18.29%	6.85	12.29%	7.49	10.72%	7.43	13.19%	2.90	6.70%

(1)韩国学生前时连接成分使用特点

类型上,前时连接成分的7类词语在中介语语料中全部出现了正确用例。初、中级阶段出现的前时连接成分正确用例有5类,除了"事先""过去",其他类型均有出现。高级阶段仅出现4类,"事先""从前""当初"均未出现。

说明随着汉语水平的提高，韩国学生中介语中的前时连接成分有所减少，主要原因可能在于文体差异。

频次上，"（在X）之/以前""原来""本来"位居前三。

（2）两类语料的使用情况对比

类型上，7类前时连接成分中，中介语初、中级阶段出现了5类，高级阶段出现4类，而母语语料中除了"事先"，其他6类均有出现，类型更为多样。

频次上，两类语料使用频次居前三位的均为"（在X）之/以前""原来""本来"，说明这三类前时连接成分应作为教学的重点。

数量上，韩国学生三个阶段的前时连接成分平均使用量大致为母语者的2倍多。其中，"（在X）之/以前"为母语者的3倍多。

（二）接续时间关系连接成分

1. 后时连接成分，标注为T5

（10）我原来在这儿只学汉语，后来（T5）又改变了想法，决定上北京入学。

（11）如果不是这样的话，以后（T5）肯定都变成不好的事情。

（12）我也不知不觉揍了她一顿，随后（T5）妹妹就昏倒了。

（13）不一会儿（T5），就下雨了。

表2-6 各水平等级上后时连接成分正确用例统计表（次/万字）

阶段 类型	初级阶段 使用量	初级阶段 比重	中级阶段 使用量	中级阶段 比重	高级阶段 使用量	高级阶段 比重	小计 使用量	小计 比重	汉语母语者 使用量	汉语母语者 比重
然后	9.05	20.87%	7.08	12.71%	11.33	16.21%	9.15	16.25%	7.64	17.63%
后来	0.69	1.59%	2.21	3.96%	3.48	4.99%	2.13	3.78%	2.42	5.58%
接着	0.17	0.40%	0.81	1.46%	0.35	0.50%	0.44	0.79%	1.55	3.57%
（在X）之/以后	5.52	12.73%	4.53	8.13%	7.32	10.47%	5.79	10.28%	6.78	15.62%
事后	0.00	0.00%	0.00	0.00%	0.00	0.00%	0.00	0.00%	0.10	0.22%
随后	0.09	0.20%	0.23	0.42%	0.00	0.00%	0.11	0.19%	0.10	0.22%
继而	0.00	0.00%	0.00	0.00%	0.00	0.00%	0.00	0.00%	0.10	0.22%
接下来	0.00	0.00%	0.00	0.00%	0.00	0.00%	0.00	0.00%	0.00	0.00%
跟着	0.00	0.00%	0.00	0.00%	1.57	2.24%	0.52	0.93%	0.19	0.45%
顿时	0.00	0.00%	0.00	0.00%	0.00	0.00%	0.00	0.00%	0.77	1.79%
瞬间	0.00	0.00%	0.00	0.00%	0.00	0.00%	0.00	0.00%	0.10	0.22%

续表

类型 \ 阶段	初级阶段 使用量	初级阶段 比重	中级阶段 使用量	中级阶段 比重	高级阶段 使用量	高级阶段 比重	小计 使用量	小计 比重	汉语母语者 使用量	汉语母语者 比重
刹那间	0.00	0.00%	0.00	0.00%	0.00	0.00%	0.00	0.00%	0.10	0.22%
很快（地）	0.00	0.00%	0.00	0.00%	0.00	0.00%	0.00	0.00%	1.16	2.68%
不久	0.09	0.20%	0.23	0.42%	0.70	1.00%	0.34	0.60%	0.29	0.67%
（不）一会儿	0.09	0.20%	0.00	0.00%	0.00	0.00%	0.03	0.05%	1.64	3.79%
好久	0.09	0.20%	0.00	0.00%	0.00	0.00%	0.03	0.05%	0.10	0.22%
半天	0.00	0.00%	0.00	0.00%	0.00	0.00%	0.00	0.00%	0.29	0.67%
此后	0.00	0.00%	0.00	0.00%	0.00	0.00%	0.00	0.00%	0.19	0.45%
从此	0.26	0.60%	0.35	0.63%	0.00	0.00%	0.20	0.36%	0.00	0.00%
立即	0.00	0.00%	0.00	0.00%	0.00	0.00%	0.00	0.00%	0.19	0.45%
一会儿工夫	0.00	0.00%	0.00	0.00%	0.00	0.00%	0.00	0.00%	0.19	0.45%
小计	16.02	36.98%	15.44	27.71%	24.74	35.41%	18.75	33.28%	24.08	55.58%

（1）韩国学生后时连接成分使用特点

类型上，后时连接成分的21类组合形式全部出现了正确用例。初级阶段使用的正确用例仅有"然后""（在X）之/以前""后来""接着""随后""不久""不一会儿""好久""从此"9类，中级阶段仅出现"然后""（在X）之/以前""后来""接着""随后""不久""从此"7类的正确用例，高级阶段较中级阶段增加了"跟着"的正确用例，但未出现"从此"的正确用例。说明随着汉语水平的提高，韩国学生中介语中的后时连接成分有所减少。主要原因在于文体差异，初中级阶段为记叙文，与时间相关的成分较多。而高级阶段为议论文。时间是叙事的一个重要维度，而议论文则相对使用较少。

频次上，"然后""（在X）之/以前""后来"位居前三位。

数量上，初级阶段和中级阶段基本持平，高级阶段使用量有所增加，接近汉语母语者。

（2）两类语料的使用情况对比

类型上，21类后时连接成分中，中介语未出现"此后""继而""顿时""瞬间""事后""刹那间""很快（地）""半天""一会儿工夫"的正确用例。汉语母语语料中除了"从此"，20类后时连接成分均有用例，类型更为多样。

频次上，韩国学生和汉语母语者使用频次居前三位的均为"然后""（在X）之/以后""后来"。

数量上，汉语母语者的后时连接成分使用量高于韩国学生三个阶段的平均使用量。韩国学生"然后"的使用量高于母语者，说明韩国学生对某些后时连接成分采用了回避策略，使用的词语相对集中但类型单一。

2. 同时连接成分，标注为T6

（14）我生气了，同时（T6）妈妈也生气了。

表2-7 各水平等级上同时连接成分正确用例统计表（次/万字）

阶段 类型	初级阶段 使用量	初级阶段 比重	中级阶段 使用量	中级阶段 比重	高级阶段 使用量	高级阶段 比重	小计 使用量	小计 比重	汉语母语者 使用量	汉语母语者 比重
（与此）同时	0.17	0.40%	0.00	0.00%	0.00	0.00%	0.17	0.10%	0.87	2.01%
小计	0.17	0.40%	0.00	0.00%	0.00	0.00%	0.17	0.10%	0.87	2.01%

两类语料的同时连接成分的使用量极少，韩国学生仅在初级阶段正确使用了"（与此）同时"，中、高级阶段均未出现。汉语母语者同样仅使用了"（与此）同时"，使用量高于韩国学生。

（三）结尾连接成分

（15）但她坚持不懈地去练习，最终（T7）在世界比赛中获得第一名。

（16）来到中国以后，我刻苦学习，持之以恒，终于（T7）通过了HSK6级。

表2-8 各水平等级上结尾连接成分正确用例统计表（次/万字）

阶段 类型	初级阶段 使用量	初级阶段 比重	中级阶段 使用量	中级阶段 比重	高级阶段 使用量	高级阶段 比重	小计 使用量	小计 比重	汉语母语者 使用量	汉语母语者 比重
最后	0.60	1.39%	0.81	1.46%	5.92	8.48%	2.44	4.34%	1.06	2.46%
最终	0.00	0.00%	0.00	0.00%	2.09	2.99%	0.70	1.24%	0.10	0.22%
终于	4.22	9.74%	1.86	3.33%	7.14	10.22%	4.41	7.82%	1.64	3.79%
小计	4.82	11.13%	2.67	4.79%	15.16	21.70%	7.55	13.40%	2.80	6.47%

1. 韩国学生结尾连接成分使用特点

类型上，初级阶段、中级阶段未出现"最终"的正确用例，高级阶段则出现了3类正确用例。说明随着汉语水平的提高，韩国学生使用的结尾连接词语类型增加。频次上，"终于"位居第一。

2. 两类语料的使用情况对比

类型上，汉语母语者与高级阶段的韩国学生一致。

频次上，韩国学生和汉语母语者使用频次最高的均为"终于"。

数量上，韩国学生的结尾连接成分使用量是汉语母语者的2.5倍。其中"终于"的使用量为母语者的2.7倍，"最后"为母语者的2.3倍，"最终"为母语者的7倍。可见，韩国学生这三类结尾时间关系连接成分使用过度。

三、小结

（一）时间关系连接成分使用情况对比

表2-9 各水平等级上时间关系连接成分正确情况统计表（次/万字）

阶段 类型	初级阶段 使用量	初级阶段 比重	中级阶段 使用量	中级阶段 比重	高级阶段 使用量	高级阶段 比重	小计 使用量	小计 比重	汉语母语者 使用量	汉语母语者 比重
时点词语	9.91	23.33%	15.44	27.71%	16.38	23.44%	17.83	31.66%	8.80	20.31%
时段词语	0.17	0.40%	0.70	1.25%	0.35	0.50%	0.41	0.72%	0.19	0.45%
初时连接成分	3.45	8.12%	3.71	6.67%	5.75	8.23%	4.31	7.65%	3.68	8.48%
前时连接成分	7.93	18.67%	6.85	12.29%	7.49	10.72%	7.43	13.19%	2.90	6.70%
后时连接成分	16.02	37.72%	26.35	47.29%	24.74	35.41%	18.75	33.28%	24.08	55.58%
同时连接成分	0.17	0.40%	0.00	0.00%	0.00	0.00%	0.17	0.10%	0.87	2.01%
结尾连接成分	4.82	11.35%	2.67	4.79%	15.16	21.70%	7.55	13.40%	2.80	6.47%
小计	42.47	100%	55.72	100%	69.87	100%	56.45	100%	43.32	100%

根据上表得出不同水平韩国学生及汉语母语者各类指称的时间关系连接成分所占比重由高到低的序列：

初级：后时连接成分＞时点词语＞前时连接成分＞结尾连接成分＞初时连接成分＞同时连接成分＝时段词语

中级：后时连接成分＞时点词语＞前时连接成分＞初时连接成分＞结尾连接成分＞时段词语＞同时连接成分

高级：后时连接成分＞时点词语＞结尾连接成分＞前时连接成分＞初时连接成分＞时段词语＞同时连接成分

母语者：后时连接成分＞时点词语＞初时连接成分＞前时连接成分＞结尾连接成分＞同时连接成分＞时段词语

在初、中、高级中介语语料和母语者语料中，后时连接成分和时点词语均居前两位，且二者使用比例总和超过半数，说明其交际功能较强。由于时点词语相对比较简单，后时连接成分应作为教学重点。

两类语料中，居中间三位的均为结尾连接成分、前时连接成分和初时连成分。时段词语和同时连接成分均居末两位，中介语语料中三个水平阶段的使用量均不足1，所占比重不到1%，母语者语料使用比例稍大。说明这两类连接成分出现频次较低。

随着水平的提高，韩国学生时间关系连接成分使用数量逐步增加，但均高于汉语母语者，说明韩国学生的时间关系连接成分使用更为频繁。

韩国学生时间关系连接成分使用总频次逐步增加，且三个阶段的平均使用量均高于汉语母语者。由此可见，韩国学生到了高级阶段，时间关系连接成分的输入类型日渐丰富，使用量随之提高。存在的问题是使用过度，类型依然较母语者单一。

（二）常用时间关系连接成分使用情况

表 2-10 常用前十位时间关系连接成分及使用频次统计表（次/万字）

序号	韩国学生（使用频次）	汉语母语者（使用频次）
1	那（个）时（候）（9.18）	然后（7.64）
2	然后（9.15）	（在X）之/以后（6.78）
3	（在X）之/以后（5.79）	这（个）时（候）（4.16）
4	（在X）之/以前（5.53）	那（个）时（候）（2.8）
5	终于（4.41）	后来（2.42）
6	这（个）时（候）（3.37）	先（2.22）
7	当时（3.1）	终于（1.64）
8	先（2.83）	接着（1.55）
9	最后（2.44）	很快（地）（1.16）
10	后来（2.13）	最后（1.06）

（1）使用数量

韩国学生使用频次居前三位的时间关系连接成分为"那（个）时（候）""然后""（在X）之/以后"，汉语母语者为"然后""（在X）之/以后""这（个）时（候）"。韩国学生使用"那（个）时（候）"多于"这（个）时（候）"，原因在于汉语和韩语分别属于融合型语言和对立型语言。白水振（1994）指出："对立型观点指的是，如果说话者认为指示对象属于自己的领域，就使用'这'，而属于对方的领域里，就使用'那'，这在说话者把听者看作心理上疏远的对象的时候比较适合；融合型观点指的是，说话者把听者看作心理上比较亲近的对象，所以'我'和'你'不是对立的，而是都融合在'我们'的意识里。"他还指出汉语以融合型观点为主，所以用"这"来表达说话者和听话者心理上较亲近的指示对象。相反，韩语以对立型观点为主，依靠说话者主观来判断，属于自己的领域就用"这"，而属于对方的领域就用"那"。许余龙（1989）

也曾指出："在汉语中，故事叙述者为了使故事生动，在这种场合往往会用近指词，仿佛彼时彼地的东西就在眼前，产生化远为近的心理效果。"

姜美子（2016）指出，汉语指示词"这"和"那"都可以跟时间词共现，"这"既可以表示现在的时间，也可以表示过去的时间，而"那"只能表示过去时间。韩语的指示词"이"主要表示现在时间，而一般不大用于过去时间。此时"这"翻译成韩语的时候，有"이"和"그"两种说法，而"그"相当于韩语的"那"，因此，汉语中用"这"指代的过去的时间，韩语中用"那"来表示，如韩国学生的语料多为描述过去的一个场景，因此所指的时间离听话者和说话者都较远，因此韩语倾向于使用"那"来指示。而汉语母语语料多为小说，叙述的是当时的情境，故事叙述者为了使故事生动，使听话者产生身临其境的现场感，一般使用"这"来指示。因此，韩国学生语料中的"那（个）时（候）"多于"这（个）时（候）"。

韩国学生最常用的 10 类时间关系连接成分中，其使用高频词均高于汉语母语者，特别是"那（个）时（候）""终于""最后"的使用频次远高于汉语母语者。"那（个）时（候）""终于""最后"分别为汉语母语者的 3 倍、2.5 倍、2 倍。说明韩国学生更倾向于运用显性的时间表达方式。

郑庆君（2003）将汉语话语中的时间表达分为潜性表达法和显性表达法。潜性表达法是指在汉语话语组织中，遵循戴浩一（Tai, James）提出的汉语的"时间顺序原则"（The principle of temporal sequence，简称 PTS），认为"两个句法单位的相对次序决定于它们所表示的概念领域里的状态的时间顺序"。因此，汉语主要依靠语序来表现时间顺序，很多时候缺乏词语上的形式特征；显性表达法是指通过时间词语或时间连接成分来显示前后语句之间的时间关系。韩国学生在语篇表达中都能抓住时间脉络，将时间词语放在句首，遵循"时间先行，叙述随后"这一汉语叙述语篇组织结构的原则，以达到衔接语篇的目的。但韩国学生有过度依赖于时间关系连接成分的倾向，用粗略的形式大致勾勒出事件的过程，事件的发展靠时间关系连接成分重复连续出现来推动，缺乏细节的描述，从而出现了时间关系连接成分的冗余与滥用。

（2）类型分布

韩国学生时间关系连接成分的正确使用类型比汉语母语者少 7 类，由此可见，韩国学生对时间关系连接成分的使用在一定程度上呈现出单一化倾向。从上表可知，韩国学生使用频次最多的时间连接成分为："那（个）时（候）""然后""（在 X）之/以后"。这说明韩国学生在叙述事件时基本都是按照时间走向逐步推进的。主要存在的问题有：

第一，在同一语篇内，同一种连接成分反复出现，缺乏变化。如：

（17）去年暑假的时候，我第一次来北京，什么都不知道。那时周末发生的一件事让我大吃一惊，那个周末也是在北京的最难忘的周末。

上个例子中，第二个"那时"可以删去。

（18）那时候老师对我说："全XX，这不算作文，你怎么能这么写呢？你重新写！"我的脸变得红彤彤的，心脏跑得也非常快，从那时候开始我埋怨我的作文老师，不喜欢作文课。

上例中，第二个"那时候"可以删去，第三个"从那时候开始"可以换成"从此以后"。

第二，表时间的空间词语运用相对较少。

因为时间与空间紧密相关，由不同的空间点形成的空间链可以转换为时间链。刘月华（1998）指出，在叙述体的文章中，既可以用时间的推移把故事连接起来，也可以用处所的变换把故事连接起来。例如：

（19）那天是他的生日，他请了很多朋友。我也参加了他的生日晚会，那天认识了他。

上例中，第二个"那天"可改为空间词语"在晚会上"，从而使句式富于变化，连贯也更自然。这说明韩国学生对于通过对空间场景叙述脉络的把握来感知事件在时间纬度上的序列性还没有足够的认识。

第三，一些相对书面语的时间关系连接成分运用较少或回避使用。

从韩国学生使用频次居前十位的时间关系连接成分来看，大多为表示时间先后顺序的较为简单的词，而相对书面的词如"继而""随后""顿时""瞬间""刹那间""不久""半天""此后""从此"都没有出现正确用例，甚至母语者较常使用的"接下来""不一会儿"都未见到正确用例。从时间关系连接成分的分布类型来看，韩国学生倾向于重复使用简单、熟悉的连接词语。

第三节　韩国学生汉语语篇时间连接成分偏误分析

一、时间词语偏误分析

时间词语分为时点词语和时段词语，时段词语未见到偏误，时点词语共出现3类偏误，具体情况如下：

表 2-11 各水平等级上时点词语偏误统计表（次/万字）

	初级	中级	高级	小计	比重
这（个）时（候）	0.09	0.35	0	0.44	64.71%
那（个）时（候）	0	0.12	0	0.12	17.65%
那天（晚上）	0	0.12	0	0.12	17.65%
小计	0.09	0.59	0	0.68	100.00%

（一）错用

（1）这件事发生在我初中的时候，这时（T1C）（那时），我来中国还不到两年。

第二例中事件的发生的时间是"初中的时候"，而"我"现在已经是本科生，时间距离现在比较久远，因此用"那时"更符合客观事实。

（二）多余

（2）那天我们喝了40瓶多啤酒，每个人喝了十多瓶，那天（T1D）我喝醉了，我们都喝醉了。

上例句首已用"那天"，后面提到的是同一个时间，因此无须重复。

二、时间关系连接成分偏误分析

（一）起始连接成分

起始连接成分分为初时连接成分和前时连接成分，其中初时连接成分未出现偏误用例。前时连接成分出现2类偏误，均为"或者"的偏误，情况如下：

表 2-12 各水平等级上前时连接成分偏误统计表（次/万字）

	初级	中级	高级	小计	比重
本来	0.09	0	0	0.09	42.86%
（在这/那）之前	0	0.12	0	0.12	57.14%
小计	0.09	0.12	0	0.21	100.00%

偏误为错用：

（3）我的家乡在韩国的东南部，我去年来了中国。从前（T4C）（之前），我上的是韩国的大学。

"从前"一般跟"现在"相对，表示的是比现在早的时间。这一例中表示的是比"去年来了中国"早的时间，应该用"之前"。

（二）接续连接成分

接续时间关系连接成分可分为后时连接成分和同时连接成分，其中同时连

接成分未出现偏误。后时连词成分出现 6 类偏误,全部为"首先、其次、……最后/末了"的偏误,具体情况如下:

表 2-13 各水平等级上后时连词成分偏误统计表(次/万字)

	初级	中级	高级	小计	比重
然后	1.64	0.81	0.52	2.97	38.87%
后来	0.69	1.28	1.05	3.02	39.53%
(在这/那)以后	0.34	0.58	0.35	1.27	16.62%
接下来	0.09	0	0	0.09	1.18%
X(之/以)后	0.17	0	0	0.17	2.23%
此后	0	0.12	0	0.12	1.57%
小计	2.93	2.79	1.92	7.64	100.00%

由上表可知,"后来""然后"的偏误分别占后时连词成分总偏误的 38.87%、39.53%。可见,韩国学习者使用"后来""然后"存在着严重的问题。其高偏误率与其在后时连词成分中使用频次明显高于其他后时连词成分也有一定的关系。后时连词成分的具体偏误情况如下:

1. 错用

(1)"然后""后来"错用为"以后"

(4)周末的时候,我早上九点起床,十点洗淋浴,<u>以后</u>(T5C)(然后)十点半吃早饭。

(5)他先卖衣服,<u>以后</u>(T5C)(然后)卖首饰,生意越来越兴旺。

上述两例都是表示过去的某一个时间之后,而且强调的是动作或事件之间的顺序。应该用"然后",而不是"以后"。

(6)<u>以后</u>(T5C)(后来),我每天很长时间练习弹钢琴,现在弹得还可以。

(7)我<u>以后</u>(T5C)(后来)也仔细地留心看了他所有的动作。

上述两例都是表示过去的某一时间之后,"以后"单独使用时只能表示将来的时间,因此应改为"后来"。

(2)"以后"错用为"后来""然后"

(8)我<u>后来</u>(T5C)(以后)有机会的话,跟她一起去韩国旅行。

"后来"只能表示过去的某一个时间之后,而"以后"既可以表示过去某一个时间之后,也可以表示将来某一个时间之后(单独使用)。上例中,表示的是将来的事件,因此应该用"以后",而不是"后来"。

(9)下课<u>然后</u>(T5C)(以后)我问老师:"我的书为什么跟别的同学不一样?"

"以后"可以作为后置成分用在动词短语"下课"以后,"然后"则没有该用法。因此,上例中"然后"误用为"以后"。

此外,还有"接下来""此后"误用为"从此"的偏误,如:

(10)从此(T5C)(接下来)我来介绍那天发生的难忘的事情。

(11)他一连说好几次谢谢,从此(T5C)(此后),他住了几天后,他原意跟我住在一起,所以说现在他变成了我的同屋。

2. 多余

(1)"然后"多余

(12)我去机场接她,然后(T5D)回到五道口放她的东西,然后我们去吃北京烤鸭。

上例中,前一个分句中已经使用了"然后",后续小句中不再使用。

(1)"以后"多余

(13)终于新学期开始了,以后(T5D)现在我是北京语言大学的学生。

第一例已经出现了时间词语"现在",用"以后"两个时间有冲突。

(三)结尾连接成分

结尾连接成分出现2类偏误,全部为"或者"的偏误,具体偏误频率如下表:

表2-14 各水平等级上结尾连接成分偏误统计表(次/万字)

	初级	中级	高级	小计	比重
最后	0.43	0.7	0.17	1.3	87.84%
终于	0	0	0.17	0.17	11.49%
小计	0.43	0.7	0.35	1.48	100.00%

由上表可知,"最后"的偏误占结尾连接成分全部偏误的87.84%。其高偏误率与其在结尾连词成分中使用频次最高也有一定的关系。结尾连词成分的具体偏误情况如下:

1. 错用

主要是"最后"错用为"终于"。

(14)出发有点儿晚,而且我不熟悉北语,终于(T7C)(最后)迟到了。

(15)终于(T7C)(最后)他回国了。

(16)终于(T7C)(最后)身体出了问题。

"终于"和"最后"有共同的"到了最末的时候"这一义项,区别在于是否带有主观情感的表达,表示希望的结果。而韩国学生未掌握两者这一区别,从而在表示不希望的结果时,该用"最后"时误用了"终于"。上述例句中的"终于"表示一种客观的叙述,应换为"最后"。

3. 多余

(17)本书的内容跟一种动物有关,这种动物的名字是黑玛,<u>终于</u>(T7D)这本书的内容关于黑玛的人生。

上例中最后一句是承前介绍文章的内容,属于客观的叙述,而不是表达主观的希望,不需要用"终于"。

三、小结

表 2-15 各水平等级上时间关系连接成分偏误统计表(次/万字)

	初级		中级		高级		小计	比重
	错用	多余	错用	多余	错用	多余		
那(个)时(候)	0.09	0	0.35	0	0	0	0.44	4.44%
当时	0	0	0.12	0	0	0	0.12	1.21%
本来(位于句首)	0.09	0	0	0	0	0	0.09	0.91%
(在这/那)之前	0	0	0.12	0	0	0	0.12	1.21%
然后	1.29	0.34	0.7	0.12	0.52	0	2.97	30.00%
后来(位于句首)	0.69	0	1.28	0	1.05	0	3.02	30.51%
(在这/那)以后	0.35	0.18	0.46	0.12	0.35	0	1.46	14.75%
接下来	0.09	0	0	0	0	0	0.09	0.91%
此后	0	0	0.12	0	0	0	0.12	1.21%
最后	0.43	0	0.7	0	0.17	0	1.3	13.13%
终于	0	0	0	0	0	0.17	0.17	1.72%
小计	3.03	0.52	3.85	0.24	2.09	0.17	9.9	100.00%
比重	30.61%	5.25%	38.89%	2.42%	21.11%	1.72%	100.00%	

由上表可知:

韩国学生时间关系连接成分的偏误量不大。随着汉语水平的提高,平均每万字的偏误量先增加后减少,说明其掌握情况还不太稳定。偏误主要有错用和多余两大类,其中错用占总偏误的90.61%,说明韩国学生时间关系连接成分最严重的问题是错用。

从具体小类来看,偏误比重居前的为"后来(位于句首时)""然后""最后""(在这/那)以后",占所有偏误的比重分别为30.51%、30.00%、12.93%、13.13%,共计86.57%。其中,"后来""最后"全部为错用偏误。"然后"的偏误中,84.51%为错用,15.49%为多余。"(在这/那)以后"的偏误中,74.29%为错用,16.61%为多余。据前文考察,韩国学生错用"后来""然后""以后"的主要表现是三个词互相混淆,"最后"的偏误主要表现为错用为"终于"。本书重点对这四个词的偏误原因进行分析,并提出相应的教学建议。

第四节　韩国学生汉语语篇时间关系连接成分习得难度等级考察

一、正误使用相对频率法

我们采用肖奚强(2009)提出的"将正误使用相对频率的对比差值作为习得顺序研究的方法",即"正误使用相对频率法"来计算韩国学生时间关系连接成分的习得难度等级。具体步骤为:首先统计各类时间关系连接成分的使用频次和正确使用频次,并结合使用总频次,得出各类时间关系连接成分的正确使用相对频率。然后统计各类时间关系连接成分的偏误使用频次,结合使用总频次,得出各类时间关系连接成分的偏误使用相对频率再计算正确使用相对频率的对比差值,最后得出中高级水平韩国学生习得各类时间关系连接成分的顺序。具体计算公式为:

某类时间关系连接成分的正确使用相对频率 = 该类时间关系连接成分正确使用频次所有时间关系连接成分使用总频次

某类时间关系连接成分的偏误使用相对频率 = 该类时间关系连接成分偏误使用频次所有时间关系连接成分使用总频次

某类时间关系连接成分正误使用相对频率差值 = 该类时间关系连接成分正确使用相对频率—该类时间关系连接成分偏误使用相对频率。

表 2-16 韩国学生时间关系连接成分正误使用相对频率差统计表

	使用频次	正确使用频次	偏误使用频次	正确使用相对频次	偏误相对频次	正误相对频次之差	习得难度等级
这(个)时(候)	3.37	3.37	0	1.0000	0.0000	1.0000	1
那(个)时(候)	9.62	9.18	0.44	0.9543	0.0457	0.9085	30
此时	0.12	0.12	0	1.0000	0.0000	1.0000	1
当时	3.22	3.1	0.12	0.9627	0.0373	0.9255	31
当日(天)	0.04	0.04	0	1.0000	0.0000	1.0000	1
这/那(一)天	2.03	2.03	0	1.0000	0.0000	1.0000	1
这+时量短语	0.35	0.35	0	1.0000	0.0000	1.0000	1
那+时量短语	0.06	0.06	0	1.0000	0.0000	1.0000	1
最初	0.07	0.07	0	1.0000	0.0000	1.0000	1
首先	0.92	0.92	0	1.0000	0.0000	1.0000	1
起初	0.06	0.06	0	1.0000	0.0000	1.0000	1

续表

	使用频次	正确使用频次	偏误使用频次	正确使用相对频次	偏误相对频次	正误相对频次之差	习得难度等级
开始时	0.03	0.03	0	1.0000	0.0000	1.0000	1
开始（的时候）	0.4	0.4	0	1.0000	0.0000	1.0000	1
先	2.83	2.83	0	1.0000	0.0000	1.0000	1
原来	1.03	1.03	0	1.0000	0.0000	1.0000	1
本来	0.62	0.53	0.09	0.8548	0.1452	0.7097	29
事先	0.04	0.04	0	1.0000	0.0000	1.0000	1
过去	0.06	0.06	0	1.0000	0.0000	1.0000	1
从前	0.03	0.03	0	1.0000	0.0000	1.0000	1
（在X）之/以前	5.65	5.53	0.12	0.9788	0.0212	0.9575	33
当初	3.18	0.21	0	1.0000	0.0000	1.0000	1
然后	12.17	9.15	2.97	0.0660	0.9340	−0.8679	34
后来	2.13	2.13	3.02	0.7518	0.2482	0.5037	27
接着	0.44	0.44	0	1.0000	0.0000	1.0000	1
（在X）之/以后	7.25	5.79	1.46	0.7986	0.2014	0.5972	28
随后	0.09	0	0.09	0.0000	1.0000	−1.0000	35
跟着	0.52	0.52	0	1.0000	0.0000	1.0000	1
不久	0.34	0.34	0	1.0000	0.0000	1.0000	1
（不）一会儿	3.37	0.03	0	1.0000	0.0000	1.0000	1
好久	9.62	0.03	0	1.0000	0.0000	1.0000	1
此后	3.22	0	0.12	0.0000	1.0000	−1.0000	35
从此	0.04	0.2	0	1.0000	0.0000	1.0000	1
（与此）同时	0.06	0.17	0	1.0000	0.0000	1.0000	1
最后	0	2.44	1.3	0.6524	0.3476	0.3048	26
最终	0.07	0.7	0	1.0000	0.0000	1.0000	1
终于	0.92	4.41	0.17	0.9629	0.0371	0.9258	32

二、讨论

我们对上表出现的时间关系连接成分按正误使用相对频率的数值进行划分，分为"正误使用相对频率=1"和"正误使用相对频率<1"两类。第一类未出现偏误用例，说明其对韩国学生来说，习得难度不大，列为习得难度等级的一级。第二类出现了偏误，说明其难度等级有所提高，列为二级。除了上表中列出的时间关系连接成分，有些类型在母语语料中出现了，但在中介语语料中未出现，

参考"初现率"标准，这类词未习得，我们将其列为习得难度等级的三级。最后，廖秋忠（1992）列出的一部分时间关系连接成分在汉语母语语料和中介语语料中均未出现，说明其使用频次很低，留学生极少接触，因此习得难度等级最高，列为四级。具体情况如下表：

表 2-17 韩国学生时间关系连接成分难度等级表

分级条件	难度等级	时间关系连接成分
正误使用相对频率 =1	一级 （26个）	这（个）时（候）、此时、当日（天）、这/那（一）天、这+时量短语、那+时量短语、最初、首先、起初、开始时、开始（的时候）、先、原来、事先、过去、从前、当初、接着、跟着、不久、（不）一会儿、好久、从此、（与此）同时、最终
正误使用相对频率 ＜1	二级 （11个）	那（个）时（候）、当时、本来、（在X）之/以前、（在X）之/以后、然后、后来、随后、此后、最后、终于
汉语母语者使用而 韩国学生未使用	三级 （10个）	最早（的时候）、事后、继而、顿时、瞬间、刹那间、很快（地）、半天、此后、立即、一会儿工夫
汉语母语者和韩国 学生均未使用	四级 （22个）	最先；起先；先前；原先；此前；事前；以往；早先；尔后/而后；其后；随即；继之；说时迟，那时快；霎时；顷刻之间；片刻；不多时；稍后；良久；曾几何时；久而久之……；当即

第五节　韩国学生"后来""然后""以后""最后"的偏误成因及教学对策

一、"后来""然后""以后""最后"的偏误成因

（一）母语的影响

1. "然后"的韩语释义

参考《现代韩中中韩词典》（李英武等，2004）的释义，"然后（…ㄴ뒤（에））"有两种用法，第一种相当于汉语的"然后"，如：

（1）먼저 진맥하고, 그 다음에 진단을 내린다.

先诊脉，然后诊断。

第二种用法则作为后置成分，相当于汉语的"以后"，如：

（2）졸업한 후에 무엇을 할 예정이에요?

毕业后打算做什么？

由上可知，韩语中"然后"的第二个义项中，可以放在动词短语后作后置成分，如例句"下班后我们一块去吃饭吧。""毕业后打算做什么？"而在汉语中"以后"有该用法，"然后"则不可以作后置成分。因此，韩国学生用汉语进行表达时，母语负迁移导致其在该用"以后"的时候误用为"然后"。

2. "最后"和"终于"的韩语释义

在韩语中，"最后"的词性为形容词和名词，形容词用法如：

〔최후의〕最后．

（3）맨 마지막의 사진 색상이 예쁘네요．

最后一张照片颜色好漂亮啊。

还可作名词，如：

〔최후〕最后．

（4）최후의 순간까지 최선을 다했다．

一直到最后一刻还尽了最大努力。

〔마지막〕最后．

（5）그것이 내가 그를 본 마지막이었다．

那是我最后一次见他。

〔끝〕最后．结尾．

（6）이야기의 끝．

故事的结尾

这里没有列出"最后"用来连接两个小句的功能。而"终于"则为副词，相当于汉语的"最后、到底、终究"的意思，可以用来连接两个小句。如：

终于 드디어；마침내；끝내

〔마침내〕终于，最后，到底

（7）못된 짓을 하더니 끝내 죄를 받았다．

办了坏事终于受到了惩罚。

（8）마침내 대상을 거머쥐었다．

最后获得了大奖。

〔결국〕终于，到底，终究

（9）환경오염은 결국 인류 자신이 조성한 것이다．

环境污染归根结底是人类自己造成的。

由上述例句我们可以看到，"终于"表示最后出现某种结果，既可用于希

—125—

望达到的结果,也可用于不希望达到的结果,比如最后一个例句。由于韩语中"最后"的用法与汉语不同,而"终于"又承担了"最后"用来连接两个小句的功能,因此,韩国学生容易在表达"最后出现某种结果"的语义时用"终于"替代"最后",造成偏误。

(二)语内迁移

综合《现代汉语词典》(第6版)《现代汉语八百词》(增订本)(2015)对"后来""然后""以后"三个词语的解释,同时参考周清艳、张静静(2005)、周清艳(2007)、刘育雁(2011)、杜文涛(2013)、刘雅楠(2015)的研究,我们尝试对这三个词进行对比。由于中介语语料中出现的偏误均与这三个词作为时间名词的用法有关,因此,我们基于时间名词的词性,对这三个词语从语义、语法、语用三个大的方面进行对比,归纳总结其共性和差异。

1. 词义方面

《现代汉语词典》(第6版)对三个词语的词义解释及例句说明如下表:

表 2-18 "后来""然后""以后"词义表

词语	语义	例句
后来	指在过去某一时间之后的时间。	他还是去年二月里来过一封信,后来再也没有来过。
然后	表示一件事情之后接着又发生了另一件事情。	先研究一下,然后再做决定。
以后	现在或所说某时之后的时期。	以后我们还要进一步研究这个问题。

三个词语均某个动作或事情发生在另一个动作或事情之后,差异如下:

"后来"只能表示过去某一时间之后的时间,不能表示现在之后即将来的时间。而"以后"单用时表示将来的时间,经常放在指示代词、名词、动词后面或用于固定搭配如"从今+以后""从此+以后""不久+以后""很久+以后"之中,既可以表示过去的时间,也可以表示将来的时间。如:

(10)徐红梅年轻的时候是厂里的共青团委员,后来又是厂里的工会干部。(池莉《不要和陌生人说话》)

(11)终于有一天,徐红梅吃了午饭以后没有瞌睡了。(池莉《不要和陌生人说话》)

"后来"和"然后"都可以表示某一动作或情况发生的时间在另一动作或情况之后。但"后来"连接的两个动作或情况间隔或持续的时间比较长,更强调其过程性。如:

（12）徐红梅年轻的时候是厂里的共青团委员，后来又是厂里的工会干部，曾经大张旗鼓地宣传过打麻将的害处，也曾经配合派出所到处地抓过赌。（*然后）（池莉《不要和陌生人说话》）

（13）这孩子可灵性哩，他四五岁时说起话来就像竹筒里晃豌豆，咯崩咯崩脆。可是后来，话越来越少，动不动就像尊小石像一样发呆。（*然后）（莫言《透明的胡萝卜》）

而"然后"重在强调动作或情况发生的先后顺序，后一种动作或情况紧接着前一种发生，其持续或间隔的时间较短。如：

（14）在将近十一点钟的时候，徐红梅必须去菜市场买菜然后回来做饭。（*以后）（池莉《不要和陌生人说话》）

另外，"后来"陈述的是过去，而"然后"既可陈述过去，也可描述将来。如：

（15）她说："我们等了你好久！半年前就要调你来，区人民委员会文教科死也不同意，后来区委书记直接找区长要人……"（王蒙《组织部来了个年轻人》）

（16）男同志把纸包交给了徐红梅，说："我得先把那些工匠带回家，再到这里与你会合，然后我们去公园找一个非常僻静的地方处理这事。"（*以后）（池莉《不要和陌生人说话》）

"以后"和"然后"都可以连接两个按时间先后发生的动作，"以后"强调的后一个动作，而"然后"连接的两个动作没有主次之分。如：

（17）她傍晚时回来一下，在医院食堂买了饭菜带回来让我们吃了以后，又匆匆地去上班了。（余华《我的自传》）

（18）徐灵起身让出自己的椅子，然后又去店子里搬出了另一只椅子。（池莉《不要和陌生人说话》）

表2-19 "后来""然后""以后"词义差异情况表

词语	过去的时间	将来的时间	强调过程	强调顺序	强调前后动作	强调后动作
后来	＋	－	＋	－		
然后	＋	＋	－	＋	＋	－
以后	＋	＋			－	＋

2. 句法位置与搭配方面

"后来""然后""以后"都可以单用，放在句首，修饰后面的句子。如：

（19）后来，他感到右手食指一阵麻木，右胳膊也不由自主地抽搐了一下。（余华《朋友》）

（20）然后，与各有关部门进行了联系，只用了一个多星期的时间，就对王清泉做了处理——党内和行政都予以撤职处分。(王蒙《组织部来了个年轻人》)

（21）以后我去徐灵发廊理发或者去别的发廊理发都不关你的屁事。(池莉《不要和陌生人说话》)

都可以和副词"又""才"等在句中共现。如：

（22）徐灵起身让出自己的椅子，然后又去店子里搬出了另一只椅子。(池莉《不要和陌生人说话》)

（23）我在那里坐了很久，然后才慢慢爬起来。(余华《我的自传》)

（24）我父亲经常在我们睡着以后才回家，我们醒来之前又被叫走了。(余华《我的自传》)

差异如下：

除了单用外，"以后"还经常放在指示代词、名词、动词后面作后置成分，形成固定搭配，如"从今＋以后"或"从此＋以后"；"不久＋以后"；"很久＋以后"。"后来""然后"无此用法。如：

（25）闻国家决定从今以后就在徐灵的发廊理发。(＊后来/＊然后)(池莉《不要和陌生人说话》)

（26）从此以后，他的身体便越来越坏，两颊瘦削，一双很有神的大眼睛，也陷进深深的眼窝中了。(＊后来/＊然后)(魏巍《地球的红飘带》)

（27）曾经有人预言，过了三个月他就会被那些生活不规律的成年人"同化"。但，不久以后，许多教师夸奖他也羡慕他了。(＊后来/＊然后)(王蒙《组织部来了个年轻人》)

（28）这是一只可以自动合上的铅笔盒，很久以后，香雪才知道它所以能自动合上，是因为铅笔盒里包藏着一块不大不小的吸铁石。(＊后来/＊然后)(铁凝《哦，香雪！》)

"后来"经常与"开始、起初、最初"等词连用。"然后"则一般和"先、首先"等词连用。"以后"则很少与上述词连用。如：

（29）琴珠要秀莲给她当傧相。起初，秀莲不答应。她满心悲苦，没有心思。不过后来她看出，琴珠确实出于好心，真心愿意找她。(老舍《鼓书艺人》)

（30）到了傍晚，农民们收工时的情景是一天中最有意思的，先是一个人站在田埂上喊叫："收工啦！"然后在田里的人陆续走了上去……(余华《我的自传》)

"以后"表示未然时，经常与假设连词"要是、如果"等词连用。"后来""然后"无此用法。如：

（31）蛙女说得十分恳切，"妈，只要你这样做，<u>以后</u>如果见到阿爸，他也会原谅你的。"（胡万春《蛙女》）

（32）<u>以后</u>要是饿了，就到山下来拿粮食；要是冷了，就到山下来拿衣裳。（王树元《杜鹃山》）

表2-20 "后来""然后""以后"句法位置与搭配差异情况表

词语	单用，放在句首	和副词"又""才"等在句中共现	"先、首先"等词连用	与"开始、起初、最初"等词连用	与其他词连用作后置成分	与假设连词搭配使用
后来	+	+	−	+	−	−
然后	+	+	+	−	−	−
以后	+	+	+	−	+	+

3. 语用方面

"后来""以后""然后"在具体语境中均可承接前文。三者差异如下：

"以后"可表未然，在具体语境中，"以后"往往暗含假设义。

"后来"和"然后"在具体语境中表示说话者客观陈述某个已经发生的事实，无假设、主观色彩。如：

（33）<u>后来</u>，太阳钻出来了，河上的雾被剑一样的阳光劈开了一条条胡同和隧道，从胡同里，鸭子们望见一个高个子老头儿挑着一卷铺盖和几件沉甸甸的铁器，沿着河边往西走去了。（莫言《透明的胡萝卜》）

（34）第二天下班<u>以后</u>，赵慧文告诉林震："到我家吃饭去吧,我自己包饺子。"（王蒙《组织部来了个年轻人》）

"以后"经常用在表示"命令、禁止、请求、建议"的祈使句中。"后来"少有此用法。"然后"仅使用于强调动作前后的祈使句。如：

（35）<u>以后</u>，决不能再上他的当，决不能太下贱。她懂得爱情不能这么贱，她得留神。（老舍《鼓书艺人》）

（36）希望首先抓好普及小学教育，<u>然后</u>逐步普及初中教育。（《文汇报》）

表2-21 "后来""然后""以后"语用差异情况表

词语	表假设义	经常用在祈使句中
后来	−	−
然后	−	−
以后	+	+

（三）教材的影响

以《汉语教程》《新实用汉语课本》《发展汉语》《当代中文》为对象，刘雅楠（2014）对从外语释义、教学顺序、教材例句设置、注释讲解、练习设置五个方面对教材进行了考察。结果发现：外语释义上，四套教材把"后来、以后"基本上都翻译成"afterwards，afterwards later，after that"，容易对初学者产生误导，以为这几个词意义相近可以替换，从而造成偏误。这几套教材都将"然后"译为"then"，但对其词性界定不一：《汉语教程》和《新实用汉语课本》把"然后"划为副词，《发展汉语》《当代中文》把"然后"界定为连词。

教学顺序上，对《汉语水平词汇与汉字等级大纲》《汉语水平考试HSK（基础）大纲》《汉语国际教育音节汉字词汇等级大纲划分》进行考察后发现，"然后"和"以后"是甲级词，"后来"是乙级词。对四套教材中这三个词语的出现顺序进行了调查，只有《新实用汉语课本》与大纲对这四个词的先后顺序完全一致。《汉语教程》中"之后"比"后来"出现的早；《当代中文》和《发展汉语》中，"以后"比"然后"出现的早。

例句设置上，对四套教材进行了穷尽式考察，发现除了《发展汉语》，其他三套教材对"然后"未设置例句，但该教材对"以后""后来"未设置例句。教材设置的例句不够准确、生动，缺乏典型的区分功能，不能让学生对三个词语的异同一目了然。

注释讲解方面，仅有《汉语教程》辨析了"以后"和"然后"的用法，但"以后"出现在第一册下，到第三册上才对二者进行辨析，严重滞后。其他三套教材更是未对这三个词语的异同进行任何注释讲解。

教材是课堂教学和学生学习的范本，教师根据教材确定教学内容及教学重点难点，学生根据其确定学习范围。可见，教材对"然后、以后、后来"共性和差异不够重视，使得师生容易对其忽略，从而造成教师教学和学生掌握不到位。这是造成留学生产生偏误的重要原因。

练习设置方面，通过考察教材中的课后练习发现：只有《汉语教程》设置了这几个词的练习，但是设置的练习具有一定的滞后性，并且题量很少，题型单一，教材仅仅在选词填空中设置了这几个词的辨析：

（37）我大学毕业_____，还没跟他联系过。（以后、然后）；

（38）我打算明天下午先去邮局寄包裹，_____去银行换点钱。（然后、以后）

练习对于学生巩固所学词汇具有至关重要的作用。教材未设置或设置的题型题量很少，新学的知识点不能有效的复习巩固，导致偏误的产生。

二、易混淆时间关系连接成分教学对策

（一）加强汉外对比和易混淆词对比

首先，面向汉语国际教育的易混淆词，汉外对比不但要吸收本体研究的成果，而且要结合基于大规模中介语语料库研究的成果。本体研究应加强对某些潜在的易混淆词在词性、语义、句法、语用等方面的差异的研究，对其进行较为清晰准确的分析。但学界所说的同义词不一定会成为汉语学习者的易混淆词，而本体角度出发的不易混淆词则有可能成为学习者区分的难点。因此，还应该结合基于大规模中介语语料库统计出来的某些偏误率和使用频次均较高的词进行辨析。目前，汉语国际教育界，张博（2008）带领项目组成员开始进行易混淆词词典的编写。张博（2013）把易混淆词分为共通性易混淆词和特异性易混淆词两类。共通性易混淆词指各种母语背景学习者或多种母语背景学习者普遍混淆的词语，而特异性易混淆词指单一母语背景学习者或少数母语背景学习者普遍混淆的词语。共通性易混淆词典能让最大范围的汉语学习者受益，但特异性易混淆词典更有利于单一母语背景学习者或少数母语背景学习者。

无论编写哪一种类型的易混淆词典，都需要加强语言本体的研究和汉外语言的对比。编写共同性易混淆词词典需要对汉语和多种母语进行对比，以探讨其共性，因此需要基于语言类型学的研究成果。而编纂特异性易混淆词典则需要对汉语和某一外语一一对比，以剖析其在某一个比较点上的细微差异，从而能对学习者的偏误对症下药，达到更好的"诊疗效果"。

（二）改进教材编写

1. 准确进行外语释义

后来：某个时间之后的时间，只能用于过去
after, afterwards, later, just used in the past
以后：某个时间之后的时间，既能用于过去，又能用于将来
after, afterwards, not only used in the past, but also used in the future
之后：某个时间以后的时间，经常用于书面语
Thereafter often used in written language
然后：连接前后发生的两个动作
Then

2. 科学安排呈现顺序

三个词语在教材中的呈现顺序建议如下表：

表2-25 "然后""以后""后来"教材呈现顺序表

次序	词语	用法
1	以后1	单用，表示将来某一时间，与"现在"相对。
2	然后	与"先"共现，凸显其表示顺序先后的功能，再隐去"先"。
3	后来	只能表示过去的时间，经常与"开始、起初、最初"等词连用
4	以后2	放在指示代词、名词、动词后面作后置成分，表示过去或将来的时间。表将来时可用于祈使句。
5	以后3	固定搭配："从今以后""从此以后""不久以后""很久以后"等，表示过去或将来的时间。表将来时可用于祈使句。

教材在对这四个词进行编排时，可以参考大纲的规定，也应该吸收习得研究的最新成果，同时遵循由易到难、由简到繁的原则，不一定要严格照搬大纲出现的词语的顺序。因为同一个词义项较多，建议先呈现这个词较为简单的义项，再呈现另一个较为简单的词语，最后呈现第一个词语较为复杂的义项。像"以后"虽为甲级词，但其义项和用法较其他两个词复杂，教材可以对其义项进行拆解后分别呈现，而非一次性讲解完所有义项，造成学习者的认知困扰。

3. 甄选典型教材例句

例句是否典范自然，是否准确生动，直接影响着学习者能否快速有效地理解教材所设置的语言点。因此，首先教材应该结合这三个词的呈现顺序，设置其典型例句从而使学习者掌握其基本用法。具体呈现方式可参考以下建议。

"以后"表示的是将来的时间，教材可以先呈现其单用时表将来的用法，与"现在"相对，如：

（39）我现在是学生，以后做什么还不知道。

其次呈现"以后"作后置成分的例句，如"暑假以后""下课以后""毕业以后""交了这个中国朋友以后"以及固定搭配如"从此以后""从今以后"等的用法。注意，呈现这类用法是应该结合时间进行说明，表示"以后"在这里分实际语境，既可以表示过去的时间，也可以表示将来的时间。例句说明最好成对呈现，以便对比。如：

（40）昨天我上了四节汉语课，下课以后，我们一起去食堂吃了饭。（过去）

（41）明天我要上四节汉语课，下课以后，我们一起出去吃饭吧。（将来）

（42）她去年考上了大学，从此以后，就离开父母独自生活。（过去）

（43）从今以后，你是大学生了，要离开父母独自生活！（将来）

"然后"强调顺序先后,建议"先……,然后……"组合呈现,如:
(44)早上起来以后,我先洗漱,然后吃早餐。
至于"后来",可首先出现表示过去的时间的句子,并强调过去。如:
(45)我们去年三月见了一次面,后来就没有见过面了。
接着呈现与"开始、起初、最初"等词连用的例句:
(46)我来中国两年了。起初我还吃不惯中国菜,后来越来越喜欢了。
(47)开始下水时还有点害怕,后来就越游越好了。
通过以上典型例句,让学生明白三个词语的用法及搭配。

4. 全面详尽进行辨析

对六套教材的考察发现,仅有《汉语教程》对这三个易混淆词进行辨析;有的教材辨析了"后来"与"以后"、"以后"与"之后",但辨析得不够全面、系统。教材可以设置专门的同义词辨析模块,对常用并易混淆的词进行辨析。

笔者在担任中高级阶段综合课时,时常需要对易混淆词进行辨析。教材中多采用叙述的方式,使用语法术语,表述不够明晰,增加了学习者理解的难度。笔者在备课时一般列出表格,结合正误例句对一组易混淆词进行词性、语义、位置、搭配、语用等几个方面的辨析,使学习者一目了然,切中肯綮,准确地把握其异同。进行辨析前,需要对学习者进行一定的语法术语和语法知识的讲解,以便使其更好地了解比较的维度。语义方面涉及词性,句法方面涉及一些句法成分的术语如主语、谓语、宾语、定语、状语、补语等,语用方面涉及根据句子语气进行的句式分类等。虽然我们倡导在语言教学中去术语化,但授课对象如果是成年人,认知能力和推理能力确保其能够接受一定的语言学知识。适量的语言知识讲解有助于其更好地把握易混淆词对比的关键点,举一反三,提高学习效率,增强学习效果。

因此,教材可列出表格,从语义、语法、语用三大方面对三个词语分别进行辨析。先阐述其共同点,如"以后"和"然后"均表示事件或动作 A 发生在事件或动作 B 之后,可从语义和搭配两个方面辨析其差异。语义差异如下:

表2-26 "以后"和"然后"语义差异表

词语	语义	例句
以后	A 和 B 间隔较长	我要准备考试,以后再去旅游吧!
然后	A 和 B 间隔较短	我先吃饭,然后去上课。

搭配方面的差异如下表:

表 2-27 "以后"和"然后"搭配差异表

词语	搭配	例句
以后	单用+与其他词连用。可以用在祈使句中。	以后请多多关照！ 三天以后，她回来了。 毕业以后，她在中国找到了工作。 从此以后，我们就是同学了！ *不能用"然后"。
然后	只能单用，不能用在祈使句中。	我先吃饭，然后去上课。 *不能用"以后"。

"以后"与"后来"都可以表示某一时间之后，可从语义和搭配两个方面辨析其差异。语义方面的差异如下表：

表 2-28 "以后""后来"语义差异表

词语	语义	例句
以后	表示某一时间之后，过去或将来都可以。 单用时只能表将来。	去年9月来中国以后，她经常帮助我。 明年毕业以后，我们一起找工作吧！ *不能用后来
后来	表示某一时间之后，只能表示过去。	我去年去过一次北京，后来就没去过。 *不能用"以后"

搭配方面的差异如下表：

表 2-29 "以后""后来"搭配差异表

词语	搭配	例句
以后	单用+与其他词连用。可以用在祈使句中。	以后请多多关照！ 三天以后，她回来了。 毕业以后，她在中国找到了工作。 从此以后，我们就是同学了！ *不能用"后来"。
后来	只能单用，不能用在祈使句中。	我先吃饭，然后去上课。 *不能用"以后"。

"然后"与"后来"均可连接先后发生的事情或动作，可从语义和搭配两个方面辨析其差异。语义方面的差异如下表：

表 2-30 "然后""后来"语义差异表

词语	语义	例句
后来	A 和 B 间隔较长	他以前在这儿学汉语,后来当了汉语老师。
然后	A 和 B 间隔较短	我先吃饭,然后去上课。

搭配方面的差异如下表:

表 2-31 "然后""后来"搭配差异表

词语	搭配	例句
后来	经常与"起初、以前"搭配	他以前是老师,后来当了翻译。 *不能用"然后"。
然后	经常与"先、首先"等词搭配。	我先吃饭,然后去上课。 *不能用"后来"。

5. 精心设计教材练习

上述六套教材中,仅《汉语教程》设置了"以后"与"然后"的两个练习,但练习形式单一,题量少,并滞后于教材中的内容。在练习的设计方面,建议遵循以下三个原则:

一是针对性原则。教材可根据这三个词语在语义、搭配上的差异,针对具体的差异点设计相应的练习。如"然后"与"以后"可从连接的两个时间或动作间隔时间的长短、能否与其他成分连用两个差异点分别设计练习。"以后"与"后来"可从是否表示将来的时间、能否与其他成分连用两个差异点分别设计练习。"然后"与"后来"可从连接的两个时间或动作间隔时间的长短、搭配成分的选择两个差异点分别设计练习。

二是多样性原则。练习形式应该丰富多样。刘雅楠(2014)建议选择选词填空、单选题、完成句子、判断正误、修改病句等题型,提高学生的积极性。

如果是分国别的教材,建议根据学生母语背景,基于汉外对比,设置一定数量的翻译对比练习,让学生更好地关注这三个词在汉语和韩语中的异同。

三是层次性原则。由于三个词语的差异错综复杂,为了避免增加学习者的认知难度,应该采取先到先辨、各个击破的策略。建议教材中"以后1""然后"先出现,可以对"然后"与"以后"从连接的两个时间或动作间隔时间的长短先进行辨析。随着"以后2"的出现,再对二者在搭配上的差异进行辨析,并对之前的语义差异进行回顾,对异同进行总结归纳。因此,词汇的呈现、辨析和练习顺序相匹配,由少到多,由易到难,从而使学习者更快更好地掌握其用法。

（三）改善教师教学

1. 教师要具备必要的汉外语言对比知识

由于目前汉语国际教育一般采取混班教学的模式，一个班的学生往往有多种母语背景。除了国别化教材，普适性教材很难在内容讲解上详尽呈现汉语与学习者母语的差异。教材不足，教师来补。因此，教师了解一些汉外对比的知识尤为重要。如果要求教师掌握所教学生的母语知识，有点强人所难且不太现实。但教师对一些使用频次较高的易混淆词的汉外对比知识应略知一二，特别是学习者较为熟悉的语言如英语，或是人数较多的学习者的母语如韩语。

2. 教师要具备易混淆词教学意识和本体知识

首先，教师要做有心人，对学生在课堂中或课后作业中出现的易混淆词偏误不能视而不见，而要处处留心，不但知其然，还要力争知其所以然。

其次，教师要具备相应的本体知识，要对这些易混淆词的异同了然于胸。如果教材中未出现易混淆词的知识，教师应及时进行补充讲解。这就需要在课堂外多下功夫，查阅相关资料和研究成果，对其进行归纳提炼，以最适合学习者接受吸收的方式进行教学。若已有本体研究成果不能较好解释学习者偏误，教师甚至需要对未研究透彻的问题进行专门研究。

3. 教师要注意课堂教学方法

对易混淆词进行课堂辨析时，可采取四步走的教学策略。

第一步是抛出问题，先列出一些句子，让学生选择易混淆词填空，引发学生对易混淆词异同的思考。填空完成后，检查学生对错。

第二步，结合学生的偏误分析原因，从而引出易混淆词的对比。对比时可分语义、语法、语用三个维度进行，同时结合差异给出正反用例，详细讲解。

第三步，当场练习。讲解完异同后，给出多种形式的易混淆词练习，趁热打铁，检验学生对之前的讲解的理解程度，诊断其存在的问题。

第四步为巩固加强。针对练习呈现出来的问题，对掌握情况不太好的部分再进行解释，扫除盲区，以促进学生全面掌握。

第三章　韩国学生汉语语篇逻辑关系连接成分习得研究

第一节　汉语语篇逻辑关系连接成分分类

逻辑关系连接成分用来表达事物之间的种种联系（廖秋忠，1992）。李海燕（2015）指出，汉语的句子之间因缺乏形态的限制，更讲究逻辑搭配。但有些逻辑关系是隐含在命题内部的，只是按照叙述的事理顺序和语句的前后关系，通过语序以"意合"的方式连接；有些逻辑关系则用连接成分表现出来，这些词语彰显了句子之间的结构关系，属于清晰的"形合"式连接。我们采用邢福义（2001）的观点，首先将其分为并列、因果、转折三大类。其中广义的并列包括序列、并列、选择、递进、附加、距离、换言、总结、再肯定 9 类。广义的因果包括纪效、条件、目的、推论、比较、假设 6 类。广义的转折包括转折、意外、实情、让步、对立、对比、转题 7 类。

一、并列类逻辑关系连接成分

（一）序列连接成分

用表示序列的词语将两个或两个以上的事件连接成高一层次事件，这些词语就是序列连接成分，标注为 L1。序列连接成分的顺序不能随便颠倒，有时序列顺序反映了事件之间的相对重要性。常见的序列连接成分包括两种手段：

一种是基数或序数的排列顺序，基数序列如"（其）一、（其）二、……（其）n"，序数序列如"第一、第二、……第 n"。另一种是按时间 / 位置先后排列，如"首先、其次、……最后 / 末了"，"甲、乙、……癸"。两类序列连接成分有时可以混用。如：

（1）<u>首先</u>（L1）你没有证据证明人家做笼子，<u>其次</u>又不是人家从你口袋里抢的钱，是你自己自愿买的，<u>其三</u>现在是市场经济，进货渠道不一样，同一件东西的价格是有差别的，<u>其四</u>人家还可以赖账说你没有买过他们的布料，因为你没有发票，<u>其五</u>我们两个女人，人家是私宅，人家把门一关，谋害了我们谁

也不会知道。你说呢？（池莉《不要和陌生人说话》）

（二）并列连接成分

并列连接成分是指用来连接两件重要性相当的事件的连接成分，标注为L2。如：同时、（另）一方面、也、相应地、与此相应、无独有偶。

（2）过去，我们就了解过，最近我亲自找王清泉谈过话，<u>同时</u>（L2）小林同志也去了解过。（王蒙《组织部来了个年轻人》）

也包括成对的关联词语，如：既……又/也/更……、又……又……、一面……一面……、一边……一边……、不是……而是……。

（3）徐红梅又一次地脸红了，这一次的脸红<u>不是</u>（L2）因为钱，<u>而是</u>因为这个男同志什么都懂。（池莉《不要和陌生人说话》）

（三）选择连接成分

选择连接成分指用来连接两个或两个以上具有选择关系事件的连接成分，标注为L3。如：或者……或者……，是……还是……，不是……就是……，要么……要么……，宁可……也（不）……，与其……不如……

（4）小铁匠，你淬得什么鸟火？<u>不是</u>（L3）崩头，<u>就是</u>弯尖，这是剥石头，不是打豆腐。（莫言《透明的胡萝卜》）

（四）递进连接成分

递进连接成分所连接的事件，后者比前者更重要，标注为L4。如：而且、并且、况且、何况、又、又有、加上、加之、再加上、再加之、再、再说/再讲、再者、再则、再有、进一步、进而、推而广之、更有甚者、甚至、不但……，而且……，不仅……并且……，尚且……何况……，不只，进而，并。

（5）黑孩家三代贫农，社会主义不管他谁管他？<u>何况</u>（L4）他没有亲娘跟着后娘过日子，亲爹鬼迷心窍下了关东，一去三年没个影，不知是被熊瞎子舔了，被狼崽子吹了。（莫言《透明的胡萝卜》）

（五）附加连接成分

附加连接成分连接的是两个或两个以上的事件，它们处于后一个或最后一个事件之前，事件的分量前重后轻，标注为L5。如：此外、另、另外、还、还有、（再）补充一句/点、除此之外。

（6）再过一个小时，你就是一个万元户了，可以买一点贵重的首饰戴戴。<u>另外</u>（L5）我建议你买一瓶洗指甲油的水，把脚指甲上面的斑斑驳驳的油全部

清洗掉了再涂漂亮的指甲油。（池莉《不要和陌生人说话》）

（六）举例连接成分

举例连接成分用来举例说明，用一个具体事例来说明一个较为概括的描述，标注为 L6。如：比方（说）、拿……来讲/说、例如、比如。

（7）不过这是市场经济发展中的必然，一切都会好起来的，我倒认为好人还是有的，好人还是绝大多数。比如（L6）我捡了东西想送还失主，骗人从何谈起呢？（池莉《不要和陌生人说话》）

（七）换言连接成分

换言连接成分用较为通俗易懂或较为具体的描述用来说明前面较为抽象或较为难懂的描述，标注为 L7。如：换言之、换句话说、也就是说、（这/那）就是说、即、即是说、或者（说）、具体地说、具体而言。

（8）因为徐红梅一眼发现有个顾客给了小姐两元钱，小姐并没有找零。这就是说(L7)一杯饮料要两块钱，徐红梅认为太贵了。（池莉《不要和陌生人说话》）

（八）总结连接成分

总结连接成分是用简单的一句话或几句话把上文的要点加以概括，标注为 L8。如：总（而言）之、总起来说/讲、总括起来说、总的看（来）、概括起来说、一句话、一言以蔽之、综上所述。

（9）在上午这一段重要的时间里，徐红梅虽然人比较邋遢，眼睛发直，可她身体里面的一切都在激烈地跳动：心、脑子、血液、穴道等等。总之（L8）徐红梅感觉到她非同寻常。（池莉《不要和陌生人说话》）

（九）再肯定连接成分

再肯定连接成分用来肯定前文所说是正确的，并从另一个角度加以引申或阐述，标注为 L9。如：是的、是啊、真的、的确、确实。

（10）他悠闲地溜到桌子边去倒茶水，用手抚摸着茶碗沉思地说："不过具体到麻袋厂事件，倒难说了。组织部门巩固党的工作抓得不够，是的（L9），我们干部太少，建党还抓不过来。"（王蒙《组织部来了个年轻人》）

二、因果类逻辑关系连接成分

（一）纪效连接成分

纪效连接成分表示事件的结果或结局，其中包括强调结果的连接成分，标注为 L10。如：原来、结果、终于、果然、果不其然、果真、难怪、怪不得、无怪乎。

（11）他出去上厕所，半天不回来，我出去一找，<u>原来</u>（L10）他看见老吕和区委书记的儿子下棋，他在旁边"支"上"招儿"了。(莫言《透明的胡萝卜》)

强调原因的连接成分，表示上文是原因，下文是结果，如：因为、所以（说）、于是（乎）、因此、因而、因之、结果、故、故而、由于、以致、以至于。

（12）徐红梅心里涌起一阵又一阵的热潮，<u>以至于</u>（L10）她掏钱买布料的时候都很有一些难为情了，她觉得自己占了太多的便宜。(王蒙《组织部来了个年轻人》)

（二）条件连接成分

条件连接成分用来连接条件和结果，上文是条件，下文是结果，标注为 L11。如：否则（的话）、（要）不然的话、要不是（的话）、要不是这样（的话）、无论/不论/不管如何、无论/不论/不管怎（么）样、反正、只要……就……、只有……才……、唯有……才……、除非……才……。

（13）在这种商店里，<u>只要</u>（L11）你胆敢试穿什么服装，保证你就脱不下来。(池莉《不要和陌生人说话》)

（三）目的连接成分

目的连接成分表示为了达到上文所说的目的所采取的行为，标注为 L12。如：为此、以便、以免、借以、用以、免得、省得。

（14）"我该回家了，"赵慧文说，"到我家坐坐好吗？<u>省得</u>（L12）一个人在这儿想心事。"（王蒙《组织部来了个年轻人》)

（四）推论连接成分

推论连接成分表示从上文提供的信息来看，可以得到下文的结论，标注为 L13。如：（由此）看来、（由此）可见、足见、显然、显而易见、毫无问题、不用说、很明显、无疑、毫无疑义/问、既然……就、那么。

（15）香雪扑在车门上，看见凤娇的脸在车下一晃。<u>看来</u>（L13）这不是梦，一切都是真的，她确实离开姐妹们，站在这又熟悉、又陌生的火车上了。(铁凝《哦，香雪！》)

（五）比较连接成分

比较连接成分用来连接形指、情况相同或相似的两个及以上的人、事、物，指出其相同或不同之处，标注为L14。如：同样（地）、更、再、比较、尤其（是）、特别（是）、尤、最。

（16）他拍着林震的肩膀，用嘹亮的嗓音讲解工作，不时发出豪放的笑声，使林震想："他比领导干部还像领导干部。"<u>特别是</u>（L14）第二天韩常新与一个支部的组织委员的谈话，加强了他给林震的这种印象。（王蒙《组织部来了个年轻人》）

（六）假设连接成分

假设连接成分是用来连接假设和结果关系的连接成分，标注为L15。如：如果、要是、假若（如）、……的话。

（17）<u>如果</u>（L15）他给她捎回一捆挂面、两条纱巾，凤娇就一定抽回一斤挂面还给他。（铁凝《哦，香雪！》）

三、转折类逻辑关系连接成分

（一）转折连接成分

转折连接成分所连接的事件、条件、愿望与实际或期望值不符或不协调，标注为L16。如：虽然、但（是）、（然）而、可（是）、不过、却、只是。

（18）这条街道依然存在着，<u>只是</u>（L16）内容变得完全出乎徐红梅的意料。（池莉《不要和陌生人说话》）

（二）意外连接成分

意外连接成分表示与上文提供的情况或计划相比，下文发生的事件出于意料或出于常理之外，标注为L17。如：岂料、岂知、谁知、哪里知道。

（19）有一回她向一位戴眼镜的中年妇女打听能自动开关的铅笔盒，问到它的价钱。<u>谁知</u>（L17）没等人家回话，车已经开动了。（铁凝《哦，香雪！》）

或是表示上文提到的事件正在进行，另一件事突然发生，令人措手不及。如：忽然（间）、忽地、蓦地、突然（间）、猛然间。

（20）徐红梅铿锵地念着这家商店的电话号码，径直走到了街边的公用电话亭打电话。<u>忽然</u>（L17），徐红梅想到了这么一个问题，谁来付电话费？（池莉《不要和陌生人说话》）

（三）实情连接成分

实情连接成分用于表示前文所说的似是而非或以偏概全，后文所说的才是

— 141 —

事情或全部情况，标注为 L18。如：其实、事实上、实际上、老实说、说实话、说句老实话、确切地说。

（21）有时她又想起姑娘们的话："你担保人家没有相好的？"其实（L18），有相好的不关凤娇的事，她又没想过跟他走。（铁凝《哦，香雪！》）

（四）让步连接成分

让步连接成分表示上文所说言过其实或以偏概全，需要修正或说明事情的另一面才更符合实情，通常后面跟有表转折的连接成分，标注为 L19。如：退一步说、至少、当然、自然、诚然、固然、尽管、即使（就算、就说、就是、就连、哪怕、纵然）……也……

（22）有人换上过年时才穿的新鞋，有人还悄悄往脸上涂点胭脂。尽管（L19）火车到站时已经天黑，她们是按照自己的心思，刻意斟酌着服饰和容貌。（铁凝《哦，香雪！》）

（五）对立连接成分

对立连接成分表示所连接的前后两件事情况相反，或是表示一件事的两个对立面，标注为 L20。如：（与此/和这）相反、相反地/的、反过来（说）、反之、反而、（反）倒、倒是。

（23）一晃几年过去，徐灵的生意也没有垮掉，反而（L20）日渐地兴隆，徒弟从三五个增加到了八个。（池莉《不要和陌生人说话》）

（六）对比连接成分

对比连接成分表示从某一角度来比较两件事，指出其差别，这些差别一般较大，标注为 L21。如：相比之下、与此相比、对比之下、相形之下。

（24）所以近10年来，香港黑社会向美、加、欧洲发展较多，相比之下（L21），台湾比较少。（巴图《香港洪帮》）

（七）转题连接成分

转题连接成分用来表示进入一个新话题，或是表示离开叙述的主题，顺带说几句有关的话。标注为 L22。如：至于、顺便说几句、附带一提、顺便说一下。

（25）尽管美国没有那么悠久的历史，但这并不妨碍美国可以汇集全世界最好的文化并创造出最灿烂的新文明。顺便说一下（L22），那些衣服实在是太美丽了！（修戈《诸夏》）

第二节　韩国学生汉语语篇逻辑关系连接成分正确情况考察

我们首先对两类语料中出现的逻辑关系连接成分频次、类型进行了统计，结果如下表：

表 3-1 韩国学生和汉语母语者逻辑关系连接成分使用情况表

语料类别 使用情况	中介语语料			汉语母语者语料	总计
	初级	中级	高级		
语料库总字数	116074	86145	82577	103387	388183
出现频次	2059	1866	2725	947	7597
百分比	27.10%	24.56%	35.87%	12.47%	100.00%
每万字次数	177.35	216.6	329.95	91.61	815.51
总次数：总字数	56.37	46.17	30.30	109.17	51.10
连接成分种类	61	62	70	89	118

由上表可知，两类语料中出现的逻辑关系连接成分呈现出汉语母语者（89个）>高级阶段（70个）>中级阶段（62个）>初级阶段（61个）的趋势。可见，随着汉语水平的提高，韩国学生逻辑关系连接成分的种类逐步增加，但高级阶段仍少于汉语母语者，其使用频次却高于汉语母语者。由此可见，韩国学生掌握的逻辑关系连接成分种类较汉语母语者少，但使用得更为频繁。小句之间更多地依靠逻辑关系连接成分来连接。

一、并列连接成分

（一）序列连接成分

（1）第一，(L1)在中国每天好好儿生活。第二决定来中国留学是不容易的，所以不能随便放弃。

第一(L1)，克服困难，不怕挫折，积极进取的精神。第二，勤奋刻苦。

（2）我介绍几个方法吧！第一(L1)，让孩子鼓起勇气。第二(L1)，不要直接听孩子的话。第三(L1)，孩子要一个东西或者让父母做一件事情的话，告诉他这样对不对。

表 3-2 各水平等级上序列连接成分正确用例统计表（次/万字）

连接成分	初级阶段		中级阶段		高级阶段		小计		汉语母语者	
	使用量	百分比	使用量	百分比	使用量	百分比	使用量	百分比	使用量	百分比
（其）一、（其）二、……（其）n	0	0.00%	0	0.00%	0.17	0.03%	0.06	0.02%	0.19	0.21%

续表

连接成分	初级阶段 使用量	初级阶段 百分比	中级阶段 使用量	中级阶段 百分比	高级阶段 使用量	高级阶段 百分比	小计 使用量	小计 百分比	汉语母语者 使用量	汉语母语者 百分比
第一、第二、……第n	1.21	0.34%	0	0.00%	1.57	0.24%	0.93	0.39%	0.68	0.74%
首先、其次、……最后/末了	0.17	0.05%	0	0.00%	0.7	0.11%	0.29	0.12%	0.39	0.42%
小计	1.38	0.39%	0	0.00%	2.44	0.38%	1.28	0.53%	1.26	1.37%

1. 韩国学生序列连接成分使用特点

类型上，序列连接成分的3类形式都出现了正确用例。初级阶段，除了"（其）一、（其）二、……（其）n"，其他2类序列连接成分均有正确用例。中级阶段未出现正确用例。高级阶段，3类序列连接成分均有正确用例。说明随着汉语水平的提高，韩国学生对序列连接成分的掌握情况不太稳定。

频次上，"第一、第二、……第n"居第一。

2. 两类语料的使用情况对比

类型上，3类序列连接成分中，韩国学生在初中级阶段并未全部出现正确用例，而汉语母语者均有出现，说明母语者使用的类型更为丰富。

频次上，韩国学生和汉语母语者序列连接成分使用频次居第一位的均为"第一、第二、……第n"。

数量上，韩国学生序列连接成分的总使用数量接近于汉语母语者。

（二）并列连接成分

（3）那天是感受到妈妈对儿女的爱的一天，另一方面（L2）也是我出生以后感觉最坏的一天。

（4）在人生中努力是重要的，成功也（L2）很重要。

（5）一边（L2）看电视，一边吃饭。

（6）很多人的理想越来越接近，他们实现理想的过程中，不是（L2）很高兴，而是很累。

表 3-3 各水平等级上并列连接成分正确用例统计表（次/万字）

连接成分	初级阶段 使用量	初级阶段 百分比%	中级阶段 使用量	中级阶段 百分比	高级阶段 使用量	高级阶段 百分比%	小计 使用量	小计 百分比%	汉语母语者 使用量	汉语母语者 百分比%
同时	0.26	0.07%	0.46	0.11%	2.44	0.38%	1.05	0.44%	0.29	0.32%
（另）一方面	0.26	0.07%	0	0.00%	0	0.00%	0.09	0.04%	0	0.00%
也	14.13	4.01%	35.51	8.29%	2.61	0.41%	17.42	7.35%	21.86	23.86%
既/又（是）……又/也/更……	1.04	0.30%	4.5	1.05%	4.36	0.68%	3.3	1.39%	0.77	0.84%
一面……一面……	0	0.00%	0	0.00%	0	0.00%	0	0.00%	0.19	0.21%
一边……一边……	2.07	0.59%	2.08	0.49%	0.17	0.03%	1.44	0.61%	1.16	1.27%
不是……而/倒是……	0.6	0.17%	1.38	0.32%	6.8	1.06%	2.93	1.24%	1.64	1.80%
小计	18.36	5.21%	43.93	10.25%	16.38	2.54%	26.23	11.07%	25.91	28.30%

1. 韩国学生并列连接成分使用特点

类型上，并列连接成分的 7 类形式中有 6 类出现了正确用例。韩国学生初级阶段出现的并列连接成分正确用例有 6 类，除了"一面……、一面……"，其他用例均有出现。中高级阶段出现正确用例的有 5 类，不包括"一面……、一面……""（另）一方面"。说明随着汉语水平的提高，韩国学生中介语中的并列连接成分种类有所减少。

频次上，"也"位居第一。

数量上，随着水平的提高，并列连接成分的使用量先增加后减少。

2. 两类语料的使用情况对比

类型上，7 类并列连接成分中，中介语语料中三个阶段都有一部分未出现，而母语语料中除了"（另）一方面"均有出现，使用类型更为丰富。

频次上，韩国学生和汉语母语者使用频次居首位的均为"也""首先"。

数量上，汉语母语者与韩国学生并列连接成分的使用量大体一致。

（三）选择连接成分

（7）我们应该先知道自己的能量，<u>或者</u>（L3）了解自己真正想要的，然后认真实现自己的理想就好了。

（8）中学毕业后我的朋友们都离开了我，<u>不是</u>（L3）因为关系的问题离开，就是因为上别的高校离开。

（9）过于努力的进步，<u>不如</u>（L3）保持原有水平。

表3-4 各水平等级上选择连接成分正确用例统计表（次/万字）

连接成分	初级阶段 使用量	初级阶段 百分比	中级阶段 使用量	中级阶段 百分比	高级阶段 使用量	高级阶段 百分比	小计 使用量	小计 百分比	汉语母语者 使用量	汉语母语者 百分比
或者…或者……	0.34	0.10%	0.23	0.05%	2.09	0.32%	0.89	0.37%	0.87	0.95%
是……还是……	0.17	0.05%	0.23	0.05%	2.09	0.32%	0.83	0.35%	0.58	0.63%
不是……就是……	0	0.00%	0.35	0.08%	5.4	0.84%	1.92	0.81%	0.1	0.11%
与其……不如……	0	0.00%	0	0.00%	0.35	0.05%	0.12	0.05%	0	0.00%
除了……就是……	0	0.00%	0	0.00%	0	0.00%	0	0.00%	0.1	0.11%
小计	0.51	0.14%	0.81	0.19%	9.93	1.54%	3.76	1.58%	1.65	1.80%

1. 韩国学生选择连接成分使用特点

类型上，除了"除了……就是……"，5个选择连接成分都出现了正确用例。初级阶段仅"或者…或者……""是……还是……"出现正确用例，中级阶段增加了"不是……就是……"的正确用例，高级阶段增加了"与其……不如……"的正确用例。随着汉语水平的提高，韩国学生使用的选择连接成分逐渐丰富。

频次上，"不是……就是……"位居第一。

2. 两类语料的使用情况对比

类型上，5个选择连接成分中，韩国学生初级阶段使用了2个，中级阶段使用3个，高级阶段使用4个，汉语母语者使用了4个。

频次上，韩国学生使用频次最高的为"不是……就是……"，汉语母语者则为"或者……或者……"。

数量上，韩国学生选择连接成分的总使用数量是汉语母语者的2倍多。

（四）递进连接成分

（10）因为中国国土面积很大，<u>而且</u>（L4）历史悠久，民族多，有着深厚的文化。

（11）听到后，我很难堪，又（L4）感觉到很失望。

（12）她第一次来我的学校的时候，对韩国的什么都不习惯，甚至（L4）韩语也不会说，所以我们班的同学每天帮助她。

（13）虽然她现在在美国工作，但我们还保持联系。不只（L4）是今天，以后到死之前都要联系。

表 3-5 各水平等级上递进连接成分正确用例统计表（次/万字）

连接成分	初级阶段 使用量	初级阶段 百分比	中级阶段 使用量	中级阶段 百分比	高级阶段 使用量	高级阶段 百分比	小计 使用量	小计 百分比	汉语母语者 使用量	汉语母语者 百分比
而且	4.74	1.35%	6.8	1.59%	13.59	2.11%	8.38	3.54%	2.13	2.32%
并（且）	0.09	0.03%	0.58	0.14%	2.79	0.43%	1.15	0.49%	0.68	0.74%
何况	0	0.00%	0	0.00%	0	0.00%	0	0.00%	0.19	0.21%
又	0.17	0.05%	0.12	0.03%	0	0.00%	0.1	0.04%	6.58	7.18%
加上	0	0.00%	0	0.00%	0	0.00%	0	0.00%	0.1	0.11%
再说/讲	0.52	0.15%	0.35	0.08%	0.35	0.05%	0.41	0.17%	0.48	0.53%
再者	0	0.00%	0	0.00%	0	0.00%	0	0.00%	0.19	0.21%
甚至	0.78	0.22%	1.27	0.30%	1.92	0.30%	1.32	0.56%	0.77	0.84%
不但/仅……而/并且……	0.6	0.17%	1.04	0.24%	0.17	0.03%	0.6	0.25%	0.19	0.21%
不只	0	0.00%	0.12	0.03%	0	0.00%	0.04	0.02%	0	0.00%
并（且）	0.09	0.03%	0.58	0.14%	0.17	0.03%	0.28	0.12%	1.06	1.16%
小计	6.99	1.99%	10.86	2.53%	18.99	2.95%	12.28	5.19%	12.37	13.51%

1. 韩国学生递进连接成分使用特点

类型上，11 个递进连接成分中，除了"再者""加上""何况"中介语语料中均出现了正确用例。除了这 3 个词语，初级阶段和高级阶段还未出现"不只"的正确用例。说明随着汉语水平的提高，韩国学生使用的递进连接成分先增后减，掌握情况不太稳定。

频次上，"而且"位居第一。

2. 两类语料的使用情况对比

类型上，11 个递进连接成分中，韩国学生在初级阶段、高级阶段各使用了 7 个，中级阶段使用了 9 个，而汉语母语者除了"不只"，其他 10 个均有使用，类型更为多样。

频次上，韩国学生使用频次居前三位的为"而且""甚至""并（且）"，汉语母语者使用频次居前三位的为"又""而且""并（且）"。

数量上，韩国学生三个阶段的平均使用量与汉语母语者大致相当。但"而且"和"又"的使用数量相差悬殊，韩国学生"而且"的使用量几乎是母语者的3倍，"又"的使用量不到母语者的1/20。

（五）附加连接成分

（14）另外（L5），我们去了别的地方玩，那时她也很好心地陪我去。我很感动，认为她是一个很温柔、很好的人。

（15）这样可以赚一些零用钱，还（L5）可以提高我的英语水平。

表3-6 各水平等级上附加连接成分正确用例统计表（次/万字）

连接成分	初级阶段 使用量	百分比	中级阶段 使用量	百分比	高级阶段 使用量	百分比	小计 使用量	百分比	汉语母语者 使用量	百分比
此外	0	0.00%	0.12	0.03%	0	0.00%	0.04	0.02%	0	0.00%
另外	0	0.00%	0.12	0.03%	0	0.00%	0.04	0.02%	0.1	0.11%
还	0.43	0.12%	0.23	0.05%	0	0.00%	0.22	0.09%	3	3.27%
还有	13.87	3.94%	16.25	3.79%	15.33	2.38%	15.15	6.39%	0.1	0.11%
以及	0	0.00%	0	0.00%	0	0.00%	0	0.00%	0.29	0.32%
小计	14.3	4.06%	16.72	3.90%	15.33	2.38%	15.45	6.52%	3.49	3.81%

1. 韩国学生附加连接成分使用特点

类型上，附加连接成分的5个词语中，除了"以及"，中介语语料中均出现了正确用例。高级阶段出现正确用例的仅有"还有"；初级阶段出现"还有""还"的正确用例；除了"以及"意外，4个正确用例均在中级阶段出现。由此可见，韩国学生对附加连接成分的掌握情况不太稳定。

频次上，"还有"位居第一。

数量上，随着汉语水平的提高，使用量先增后减，但三个阶段差别不大。

2. 两类语料的使用情况对比

类型上，5个附加连接成分中，中介语中"以及"未出现正确用例，汉语母语语料中"此外"未出现正确用例。

频次上，韩国学生使用频次居首位的为"还有"，汉语母语者则为"还"。

数量上，韩国学生的附加连接成分平均使用总频次是汉语母语者的3倍，"还有"的使用量几乎是母语者的150倍，"还"的使用量则不足母语者的1/30。下文我们将对韩国学生"还有"的使用冗余进行详述。

（六）举例连接成分

（16）我刚来北京的时候，当然也担心，例如（L6）气候、饭食、遇到困难的时候怎么办等等。

（17）因为通过看这样的书我学到很多，比如（L6）人们怎么学习啦，怎么生活啦，怎么努力啦等等，所以我喜欢读有这种内容的书。

表 3-7 各水平等级上同时连接成分正确用例统计表（次/万字）

连接成分	初级阶段 使用量	初级阶段 百分比	中级阶段 使用量	中级阶段 百分比	高级阶段 使用量	高级阶段 百分比	小计 使用量	小计 百分比	汉语母语者 使用量	汉语母语者 百分比
拿……来讲/说	0.09	0.03%	0	0.00%	0	0.00%	0.03	0.01%	0.1	0.11%
例如	0.17	0.05%	0	0.00%	0	0.00%	0.06	0.02%	0.19	0.21%
比如（说）	0.95	0.27%	2.31	0.54%	6.27	0.97%	3.18	1.34%	0.19	0.21%
小计	1.21	0.34%	2.31	0.54%	6.27	0.97%	3.27	1.37%	0.48	0.53%

1. 韩国学生举例连接成分使用特点

类型上，举例连接成分的3类词语中，全部出现了正确用例。韩国学生在中、高级阶段使用的正确用例仅有"比如（说）"，初级阶段则出现了3类词语的正确用例。说明韩国学生对举例连接成分的掌握情况不太稳定。

频次上，"比如（说）"位居第一。

数量上，随着汉语水平的提高，使用量逐步增加，高级阶段的使用量为初级阶段的5倍多。

2. 两类语料的使用情况对比

类型上，3类举例连接成分中，中介语中"比如（说）"未出现正确用例，汉语母语语料中"此外"未出现正确用例。

频次上，韩国学生使用频次居首位的为"比如（说）"，汉语母语者使用频次居首位的为"比如（说）""例如"。

数量上，韩国学生三个阶段的平均使用量大致为汉语母语者的6倍，"比如（说）"的使用量几乎是母语者的16倍，"例如"的使用量则不足母语者的1/3。"比如（说）"口语性倾向较强，而"例如"的书面语倾向较强，这可能跟韩国学生书面语的口语化有关。

（七）换言连接成分

（18）因为平日要上课、做作业、学习……所以没有空。也就是说（L7），只有周末才可以出去玩儿。

（19）人能想出许多好办法，<u>就是说</u>(L7)所有的对自己重要的事情都别放弃，试试别的办法吧！

表3-8 各水平等级上换言连接成分正确用例统计表（次/万字）

连接成分	初级阶段 使用量	初级阶段 百分比	中级阶段 使用量	中级阶段 百分比	高级阶段 使用量	高级阶段 百分比	小计 使用量	小计 百分比	汉语母语者 使用量	汉语母语者 百分比
也就是说	0.17	0.05%	0	0.00%	0.17	0.03%	0.11	0.05%	0	0.00%
（这/那）就是说	0	0.00%	0.23	0.05%	1.05	0.16%	0.43	0.18%	0.1	0.11%
或者（说）	0	0.00%	0	0.00%	0	0.00%	0	0.00%	0.1	0.11%
具体地说	0	0.00%	0	0.00%	0	0.00%	0	0.00%	0.1	0.11%
小计	0.17	0.05%	0.23	0.05%	1.22	0.19%	0.54	0.23%	0.3	0.33%

1. 韩国学生换言连接成分使用

类型上，初级阶段仅出现"也就是说"的正确用例，中级阶段仅出现"（这/那）就是说"的正确用例，高级阶段则出现了上述2类正确用例。说明随着汉语水平的提高，韩国学生使用的换言连接成分类型有所增加。

频次上，"（这/那）就是说"位居第一。

2. 两类语料的使用情况对比

类型上，汉语母语者未出现"也就是说"的用例。

频次上，韩国学生使用频次最高的均为"（这/那）就是说"，汉语母语者3类词语使用频次一致。

数量上，韩国学生的换言连接成分使用量大约是汉语母语者的2倍，"（这/那）就是说"的使用量几乎是母语者的43倍，说明其使用过量。

（八）总结连接成分

（20）<u>总之</u>(L8)，忍耐对我们非常重要。只要我们忍耐，就可以很快抓住救命的绳子。

（21）<u>总的来说</u>(L8)，我觉得他成功的原因是努力，更重要的是他能果断地决定。

表 3-9 各水平等级上总结连接成分正确用例统计表（次/万字）

连接成分	初级阶段 使用量	初级阶段 百分比	中级阶段 使用量	中级阶段 百分比	高级阶段 使用量	高级阶段 百分比	小计 使用量	小计 百分比	汉语母语者 使用量	汉语母语者 百分比
总（而言）之	0.09	0.03%	0	0.00%	1.39	0.22%	0.49	0.21%	0.29	0.32%
总的来说/讲	0	0.00%	0	0.00%	0.17	0.03%	0.06	0.02%	0	0.00%
小计	0.09	0.03%	0	0.00%	1.56	0.24%	0.55	0.23%	0.29	0.32%

1. 韩国学生总结连接成分使用特点

类型上，中介语中"总（而言）之""总的来说"出现了正确用例。韩国学生初级阶段仅"总（而言）之"出现了正确用例，中级阶段未出现正确用例，高级阶段"总（而言）之""总的来说"都出现了正确用例。

频次看，中介语中使用频次最高的总结连接成分为"总（而言）之"。

2. 两类语料的使用情况对比

类型上，中介语高级阶段"总（而言）之""总的来说"出现正确用例，而汉语母语语料"总的来说"未出现正确用例。

频次上，韩国学生和汉语母语者使用频次最高的为"总（而言）之"。

数量上，汉语母语者的总结连接成分使用量高于汉语母语者三个阶段的平均使用量，是韩国学生的 3 倍多。

（九）再肯定连接成分

（22）我觉得准备做任何事情的时候，都应该相信自己的力量，好好根据自己的水平准备。相信自己的水平的确（L9）很重要。

表 3-10 各水平等级上再肯定连接成分正确用例统计表（次/万字）

连接成分	初级阶段 使用量	初级阶段 百分比	中级阶段 使用量	中级阶段 百分比	高级阶段 使用量	高级阶段 百分比	小计 使用量	小计 百分比	汉语母语者 使用量	汉语母语者 百分比
是的	0	0.00%	0	0.00%	0	0.00%	0	0.00%	0.48	0.53%
是啊	0	0.00%	0	0.00%	0	0.00%	0	0.00%	0.77	0.84%
真的	0.09	0.03%	0	0.00%	0	0.00%	0.03	0.01%	0.48	0.53%
的确	0	0.00%	0	0.00%	0.17	0.03%	0.06	0.02%	0	0.00%
小计	0.27	0.08%	0	0.00%	3.29	0.51%	1.19	0.49%	2.31	2.54%

1. 韩国学生再肯定连接成分使用特点

从类型来看，中介语中仅有"的确"在高级阶段出现了正确用例。韩国学生初级阶段和中级阶段均未出现再肯定连接成分的正确用例。

从使用频次上看，中介语中使用频次最高的再肯定连接成分为"的确"。

2. 两类语料的使用情况对比

类型上，中介语中仅高级阶段"的确"出现正确用例，而汉语母语语料出现了"是啊""是的""真的"的正确用例，可见韩国学生使用类型较为单一。

数量上，汉语母语者的再肯定连接成分使用量是韩国学生的近30倍，说明韩国学生再肯定连接成分使用严重不足。

二、因果类连接成分

（一）纪效连接成分

（23）不听妈妈的话，找老师改过来，结果（L10）我没通过考试。

（24）因为（L10）父母不考虑孩子的能量极限，所以把父母的要求当成孩子的目标，结果逼苦了孩子。

（25）我觉得埃尔莎是不一样的孩子，难怪（L10）他成了世界有名的服装大师。

（26）窗户被他弄坏了，所以（L10）他的爸爸生气了。

（27）我小时候比较愚痴，只知道一个方法，不知道另外一个方法。因此（L10）我的父母常常教我用各种各样的方式来解决某种问题。

（28）初中二年级的时候，我对自己很不满，不相信别人，学习成绩不太好，因而（L10）父母对我说："你以后要成什么样的人呢？你呀，三年级时有升学考试，你现在这样做可不行啊！"

（29）我们来中国以后关系变得很好了，而且现在住在一起。这样一来（L10），我们成了最好的朋友了。

（30）我不喜欢他，以至于（L10）一句话都没有说。

表3-11 各水平等级上纪效连接成分正确用例统计表（次/万字）

连接成分	初级阶段 使用量	初级阶段 百分比	中级阶段 使用量	中级阶段 百分比	高级阶段 使用量	高级阶段 百分比	小计 使用量	小计 百分比	汉语母语者 使用量	汉语母语者 百分比
原来	0	0.00%	0	0.00%	0	0.00%	0	0.00%	0.77	0.84%
因为	21.71	6.17%	21.56	5.03%	25.79	4.00%	23.02	9.72%	3.68	4.01%
结果	0.43	0.12%	0.35	0.08%	1.57	0.24%	0.78	0.33%	0.29	0.32%
终于	0	0.00%	0	0.00%	0	0.00%	0	0.00%	0.1	0.11%
果然	0.95	0.27%	0.12	0.03%	0.17	0.03%	0.41	0.17%	0.1	0.11%

续表

连接成分	初级阶段 使用量	初级阶段 百分比	中级阶段 使用量	中级阶段 百分比	高级阶段 使用量	高级阶段 百分比	小计 使用量	小计 百分比	汉语母语者 使用量	汉语母语者 百分比
果真	0	0.00%	0	0.00%	0	0.00%	0	0.00%	0.1	0.11%
难怪	0	0.00%	0	0.00%	0.17	0.03%	0.06	0.02%	0.1	0.11%
怪不得	0	0.00%	0	0.00%	0	0.00%	0	0.00%	0.1	0.11%
所以（说）	38.85	11.03%	33.78	7.88%	38.16	5.92%	36.93	15.59%	1.93	2.11%
于是（乎）	0.95	0.27%	1.5	0.35%	1.39	0.22%	1.28	0.54%	3.48	3.80%
因此	0.78	0.22%	1.27	0.30%	4.7	0.73%	2.25	0.95%	0.29	0.32%
因而	0	0.00%	0.12	0.03%	0	0.00%	0.04	0.02%	0.19	0.21%
由于……	0.95	0.27%	0.58	0.14%	2.61	0.41%	1.38	0.58%	0.97	1.06%
以致……	0	0.00%	0	0.00%	0	0.00%	0	0.00%	0.1	0.11%
之所以……是因为……	0	0.00%	0.46	0.11%	0	0.00%	0.15	0.06%	0	0.00%
这样一来	0	0.00%	0.35	0.08%	0.35	0.05%	0.23	0.10%	0.1	0.11%
以至于	0	0.00%	0.12	0.03%	0	0.00%	0.04	0.02%	0.1	0.11%
所以说	0	0.00%	0	0.00%	0	0.00%	0	0.00%	0.1	0.11%

1. 韩国学生纪效连接成分使用特点

从类型来看，17类纪效连接成分中，中介语有12类出现了正确用例。韩国学生初级阶段出现的纪效连接成分正确用例非常有限，仅有"因为""结果""果然""所以（说）""于是（乎）""因此""由于"7类。中级阶段较初级阶段增加了"因而""之所以……是因为……""这样一来""以至于"4类，高级阶段较中级阶段多了"难怪"，但少了"因而""之所以……是因为……""以至于"3个词语的正确用例。随着汉语水平的提高，韩国学生纪效连接成分的使用类型逐步增加。

频次上，"所以（说）""因为"在中介语中位居前两位。

2. 两类语料的使用情况对比

类型上，17类纪效连接成分中，中介语三个阶段均有一部分未出现正确用例，而汉语母语者除了"之所以……是因为……"均有出现，类型较韩国学生更为多样。

频次上，韩国学生使用频次居前三位的为"所以（说）""因为""因此"。汉语母语者使用频次居前三位的均为"因为""于是""所以（说）"。

数量上，韩国学生的纪效连接成分使用量大致为汉语母语者的6倍多。其中，"所以（说）"的使用量为母语者的18倍多，"因为"的使用量为母语者的近7倍，可见韩国学生"所以（说）""因为"的使用冗余。

（二）条件连接成分

（31）无论（L11）怎么想，也想不起来。

（32）因为北京比我的家乡大得多，人多，车多。反正（L11）北京让我大开眼界，尤其是北京有很多自行车。

（33）只要（L11）你坚持下去，就能说一口流利的汉语。

表 3-12 各水平等级上条件连接成分正确用例统计表（次/万字）

连接成分	初级阶段 使用量	初级阶段 百分比	中级阶段 使用量	中级阶段 百分比	高级阶段 使用量	高级阶段 百分比	小计 使用量	小计 百分比	汉语母语者 使用量	汉语母语者 百分比
无论	0.34	0.10%	0.23	0.05%	1.74	0.27%	0.77	0.32%	0.29	0.32%
不管	0.26	0.07%	0.58	0.14%	3.14	0.49%	1.33	0.56%	0.19	0.21%
反正	0	0.00%	0.81	0.19%	0.35	0.05%	0.39	0.16%	0.29	0.32%
只要……就……	0.26	0.07%	0.35	0.08%	0.87	0.14%	0.49	0.21%	0.77	0.84%
只有……才……	0.09	0.03%	0	0.00%	0	0.00%	0.03	0.01%	0.29	0.32%
一旦	0	0.00%	0	0.00%	0	0.00%	0	0.00%	0.39	0.42%
小计	0.95	0.27%	1.97	0.46%	6.1	0.95%	3.01	1.26%	2.22	2.43%

1. 韩国学生条件连接成分使用特点

类型上，6类条件连接成分中，中介语中有5类出现了正确用例。韩国学生初级阶段出现的条件连接成分正确用例比较有限，"反正""一旦"未出现正确用例。中级阶段和高级阶段"只有……才……""一旦"未出现正确用例。

频次上，"不管""无论"在中介语中位居前两位。

2. 两类语料的使用情况对比

类型上，6类条件连接成分中，中介语三个阶段都有一部分词语未出现正确用例，而汉语母语语料6类词语全部有用例，类型更为多样。

频次上，韩国学生使用频次居前三位的为"不管""无论""只要……就……"。而汉语母语者使用频次最高的为"只要……就……"，其次为"不管""无论""只有……才……"。

数量上，韩国学生的条件连接成分使用量稍微高于汉语母语者。其中，"不管"的使用量为母语者的6倍多。

（三）目的连接成分

（34）你一到中国，就给母亲写信，<u>免得</u>（L12）她担心。

表3-13 各水平等级上目的连接成分正确用例统计表（次/万字）

连接成分	初级阶段 使用量	初级阶段 百分比	中级阶段 使用量	中级阶段 百分比	高级阶段 使用量	高级阶段 百分比	小计 使用量	小计 百分比	汉语母语者 使用量	汉语母语者 百分比
免得	0.26	0.07%	0.12	0.03%	0	0.00%	0.13	0.05%	0	0.00%
省得	0	0.00%	0	0.00%	0	0.00%	0	0.00%	0.1	0.11%
小计	0.26	0.07%	0.12	0.03%	0	0.00%	0.13	0.05%	0.1	0.11%

1. 韩国学生目的连接成分使用特点

类型上，初、中级阶段的中介语中仅出现了"免得"的正确用例，高级阶段则未出现正确用例。

2. 两类语料的使用情况对比

类型上，除了中介语中出现的"免得"，汉语母语语料还出现了"省得"，类型更为多样。

数量上，韩国学生的条件连接成分使用量与汉语母语者大体相当。

（四）推论连接成分

表3-14 各水平等级上推论连接成分正确用例统计表（次/万字）

连接成分	初级阶段 使用量	初级阶段 百分比	中级阶段 使用量	中级阶段 百分比	高级阶段 使用量	高级阶段 百分比	小计 使用量	小计 百分比	汉语母语者 使用量	汉语母语者 百分比
（由此）看来	0	0.00%	0	0.00%	0	0.00%	0	0.00%	0.19	0.21%
显然	0	0.00%	0	0.00%	0	0.00%	0	0.00%	0.48	0.53%
可想而知	0	0.00%	0	0.00%	1.57	0.24%	0.52	0.22%	0	0.00%
既然……就	0.17	0.05%	0	0.00%	0	0.00%	0.06	0.02%	0.39	0.42%
那么	0	0.00%	0	0.00%	0	0.00%	0	0.00%	0.68	0.74%
小计	0.17	0.05%	0	0.00%	1.57	0.24%	0.58	0.24%	1.74	1.90%

1. 韩国学生推论连接成分使用特点

类型上，5类推论连接成分中，中介语初级阶段仅"既然……就……"出现了正确用例,高级阶段仅"可想而知"出现了正确用例,中级阶段未出现正确用例。

频次上,"可想而知"在中介语中位居第一。

2. 两类语料的使用情况对比

类型上,5类推论连接成分中,中介语仅出现2类正确用例,而汉语母语语料除了"可想而知"外,5类词语全部有用例,类型更为多样。

频次上,韩国学生使用频次最高的为"可想而知"。而汉语母语者使用频次最高的为"那么",其次为"显然"。

数量上,汉语母语者的推论连接成分使用量为韩国学生的3倍。

(五)比较连接成分

(35)我觉得她穿牛仔裤漂亮,但穿礼服更(L14)漂亮。

(36)说实话,我们并不是没有任何问题。在语言上,尤其是(L14)在文化上感受到了一些差异。

表3-15 各水平等级上比较连接成分正确用例统计表(次/万字)

连接成分	初级阶段 使用量	初级阶段 百分比	中级阶段 使用量	中级阶段 百分比	高级阶段 使用量	高级阶段 百分比	小计 使用量	小计 百分比	汉语母语者 使用量	汉语母语者 百分比
更(加)	1.72	0.49%	0.46	0.11%	6.45	1.00%	2.88	1.21%	3.58	3.91%
再	0	0.00%	0	0.00%	5.58	0.87%	1.86	0.79%	0	0.00%
尤其(是)	0.26	0.07%	0.58	0.14%	1.22	0.19%	0.69	0.29%	0.39	0.42%
特别(是)	0.09	0.03%	0.58	0.14%	0.7	0.11%	0.46	0.19%	0.19	0.21%
最	0	0.00%	0	0.00%	0	0.00%	0	0.00%	0.58	0.63%
小计	2.07	0.59%	1.62	0.39%	13.95	2.17%	5.89	2.48%	4.74	5.17%

1. 韩国学生比较连接成分使用特点

类型上,4类比较连接成分中,中介语三个阶段均未出现"最"的正确用例。

频次上,"更(加)"在中介语中位居第一。

2. 两类语料的使用情况对比

类型上,4类比较连接成分中,中介语出现3类正确用例,而汉语母语语料4类词语全部有用例,类型更为多样。

频次上,韩国学生与汉语母语者使用频次最高的均为"更(加)"。

数量上,汉语母语者的比较连接成分使用量稍高于韩国学生。

（六）假设连接成分

（37）<u>如果</u>（L15）不想去公园，我们就在房间里打羽毛球。

（38）你要一直这样<u>的话</u>（L15），出去吧！

（39）<u>假设</u>（L15B）公司为了达到A公司的能力和知名度而不择手段的话，应该被A公司按法律索赔后不得不倒闭。

表3-16 各水平等级上假设连接成分正确用例统计表（次/万字）

连接成分	初级阶段 使用量	初级阶段 百分比	中级阶段 使用量	中级阶段 百分比	高级阶段 使用量	高级阶段 百分比	小计 使用量	小计 百分比	汉语母语者 使用量	汉语母语者 百分比
如果……就……	4.74	1.35%	6.11	1.43%	24.57	3.81%	11.81	4.98%	1.55	1.69%
要是……就……	0.09	0.03%	0.12	0.03%	0.17	0.03%	0.13	0.05%	0.87	0.95%
的话	3.19	0.91%	5.53	1.29%	17.42	2.70%	8.71	3.68%	0.1	0.11%
假如	0	0.00%	0	0.00%	0.17	0.03%	0.06	0.02%	0	0.00%
假设	0	0.00%	0	0.00%	0.17	0.03%	0.06	0.02%	0	0.00%
小计	8.02	2.28%	11.76	2.74%	42.5	6.60%	20.77	8.75%	2.52	2.75%

1. 韩国学生假设连接成分使用特点

类型上，5类假设连接成分中，中介语中初、中级阶段未出现"假如"的正确用例，高级阶段则全部出现了正确用例。

频次上，"如果……就……""……的话"在中介语中位居前两位。

数量上，随着汉语水平的提高，假设连接成分使用量逐步增加。

2. 两类语料的使用情况对比

类型上，5类假设连接成分中，中介语有2类未出现正确用例，而汉语母语语料5类词语全部有用例，类型更为多样。

频次上，韩国学生和汉语母语者使用频次最高的均为"如果……就……"。

数量上，韩国学生的假设连接成分使用量为汉语母语者的9倍。

三、转折类连接成分

（一）转折连接成分

（40）<u>虽然</u>（L16）儿子是淘气鬼，但是他的爸爸一直爱自己的儿子。

（41）读了这篇文章后，我认为其实在人的一生中，读书、工作、理想都是如此，用努力、勤奋的态度去对待，<u>却</u>（L16）不可超出自己的能力极限。

（42）平常她内向，可是（L16）上课时很外向。

表3-17 各水平等级上转折连接成分正确用例统计表（次/万字）

连接成分	初级阶段 使用量	百分比	中级阶段 使用量	百分比	高级阶段 使用量	百分比	小计 使用量	百分比	汉语母语者 使用量	百分比
否则（的话）	0	0.00%	0	0.00%	1.92	0.30%	0.64	0.27%	0	0.00%
要不是（的话）	0	0.00%	0	0.00%	0	0.00%	0	0.00%	0.1	0.11%
要不然	0	0.00%	0	0.00%	0	0.00%	0	0.00%	0.19	0.21%
虽然……但是……	4.91	1.39%	3.8	0.89%	6.45	1.00%	5.05	2.13%	0.77	0.84%
但/但是	29.21	8.30%	36.54	8.53%	61.16	9.49%	42.3	17.85%	3.19	3.48%
却	0.52	0.15%	1.84	0.43%	9.41	1.46%	3.92	1.66%	3.87	4.22%
然而	0	0.00%	0	0.00%	0.35	0.05%	0.12	0.05%	0.48	0.53%
可（是）	9.39	2.67%	7.84	1.83%	7.32	1.14%	8.18	3.45%	2.51	2.75%
不过	1.72	0.49%	2.08	0.49%	0.17	0.03%	1.32	0.56%	1.35	1.48%
只是	0.34	0.10%	0.69	0.16%	0.52	0.08%	0.52	0.22%	0.58	0.63%
小计	46.09	13.09%	52.79	12.32%	87.3	13.55%	62.05	26.19%	13.04	14.25%

1. 韩国学生转折连接成分使用特点

类型上，10类转折连接成分中，中介语语料中共出现了8类，三个阶段均未出现"要不是（的话）""要不然"的正确用例。初、中级阶段均未出现"否则（的话）""然而"的正确用例，仅出现6类用例。

频次上，"但是""可（是）""虽然……但是……"在中介语中位居前三。

数量上，随着汉语水平的提高，转折连接成分使用量逐步增加。

2. 两类语料的使用情况对比

类型上，10类转折连接成分中，中介语有2类未出现正确用例，而汉语母语语料10类词语全部出现，类型更为多样。

频次上，韩国学生使用频次居前三位的是"但是""可（是）""虽然……但是……"，汉语母语者使用频次居前三位的为"却""但/但是""可（是）"。

数量上，韩国学生三个阶段的转折连接成分的平均使用量为汉语母语者的4倍多。

（二）意外连接成分

（43）我们四个人一起吃晚饭的时候，<u>不料</u>（L17）他点了一瓶啤酒。

（44）爸爸回到家来的时候，<u>忽然</u>（L17）被飞来的球打中了。

（45）她的外表有点儿冷冰冰，所以我暗暗觉得很难跟她交流。但万万<u>没想到</u>（L17）我跟她一认识以后，很快就成了很好的朋友。

表 3-18 各水平等级上意外连接成分正确用例统计表（次/万字）

连接成分	初级阶段 使用量	初级阶段 百分比	中级阶段 使用量	中级阶段 百分比	高级阶段 使用量	高级阶段 百分比	小计 使用量	小计 百分比	汉语母语者 使用量	汉语母语者 百分比
岂料/不料	0	0.00%	0.23	0.05%	0	0.00%	0.08	0.03%	0	0.00%
谁知	0	0.00%	0	0.00%	1.57	0.24%	0.52	0.22%	0.1	0.11%
忽然（间）	0.86	0.24%	0.69	0.16%	1.92	0.30%	1.16	0.49%	0.1	0.11%
忽地	0	0.00%	0	0.00%	0	0.00%	0	0.00%	0.39	0.42%
蓦地/突然（间）/猛然间	5	1.42%	4.96	1.16%	3.83	0.59%	4.6	1.94%	1.64	1.80%
没想到	0.86	0.24%	1.15	0.27%	1.92	0.30%	1.31	0.55%	0.1	0.11%
小计	6.72	1.91%	7.03	1.64%	9.24	1.43%	7.67	3.23%	2.33	2.55%

1. 韩国学生意外连接成分使用特点

类型上，6类意外连接成分中，中介语语料中共出现了5类，"忽地"在三个水平段均未出现正确用例。除此以外，初级阶段还未出现"岂料/不料"和"谁知"的正确用例，中级阶段未出现"谁知"的正确用例，高级阶段未出现"岂料/不料"的正确用例。

频次上，"蓦地/突然（间）/猛然间""忽然（间）""没想到"在中介语中位居前三。

数量上，随着汉语水平的提高，意外连接成分使用量逐步增加。

2. 两类语料的使用情况对比

类型上，6类意外连接成分中，中介语中"忽地"未出现正确用例，汉语母语语料中"岂料/不料"未出现正确用例。

频次上，韩国学生和汉语母语者使用频次最高的均为"蓦地/突然（间）/猛然间"。

数量上，韩国学生三个阶段的意外连接成分平均使用量为汉语母语者的3倍多。

（三）实情连接成分

（46）我觉得人们在生活中需要有坚持努力的态度。现在年轻人缺少这样的态度，<u>实际上</u>（L18）坚持努力地找方法没有解决不了的问题。

（47）我告诉他大家的不满。<u>说实话</u>（L18），我有点害怕，他一直闭着眼睛思考。我们都安静了。

表3-19 各水平等级上实情连接成分正确用例统计表（次/万字）

连接成分	初级阶段 使用量	初级阶段 百分比	中级阶段 使用量	中级阶段 百分比	高级阶段 使用量	高级阶段 百分比	小计 使用量	小计 百分比	汉语母语者 使用量	汉语母语者 百分比
其实	2.58	0.73%	1.84	0.43%	3.48	0.54%	2.63	1.11%	1.16	1.27%
实际上	0	0.00%	0	0.00%	0.87	0.14%	0.29	0.12%	0.39	0.42%
说实话	0.17	0.05%	0.23	0.05%	0.52	0.08%	0.31	0.13%	0	0.00%
确切地说	0	0.00%	0	0.00%	0	0.00%	0	0.00%	0.1	0.11%
小计	2.75	0.78%	2.07	0.48%	4.87	0.76%	3.23	1.36%	1.65	1.80%

1. 韩国学生实情连接成分使用特点

类型上，4类实情连接成分中，中介语语料中共出现了3类，"确切地说"在三个水平段均未出现正确用例。除此以外，初、中级阶段还未出现"实际上"的正确用例。

频次上，"其实"在中介语中使用最多。

2. 两类语料的使用情况对比

类型上，4类实情连接成分中，中介语语料中"确切地说"未出现正确用例，汉语母语语料中"说实话"未出现正确用例。

频次上，韩国学生和汉语母语者使用频次最高的均为"其实"。

数量上，韩国学生的实情连接成分三个阶段的平均使用量为汉语母语者的2倍左右。

（四）让步连接成分

（48）<u>即使</u>（L19）是不大的鱼，但是它对我们也有很大的影响，给我们教训。

（49）<u>别说</u>（L19）是夏天，就连冬天也要去散步。

（50）<u>尽管</u>（L19）父母都要上班，但是他们跟我一起去机场。

表 3-20 各水平等级上让步连接成分正确用例统计表（次/万字）

连接成分	初级阶段 使用量	初级阶段 百分比	中级阶段 使用量	中级阶段 百分比	高级阶段 使用量	高级阶段 百分比	小计 使用量	小计 百分比	汉语母语者 使用量	汉语母语者 百分比
至少	0	0.00%	0.12	0.03%	0	0.00%	0.04	0.02%	0.1	0.11%
当然	0	0.00%	1.27	0.30%	4.88	0.76%	2.05	0.87%	0.19	0.21%
即使	0.09	0.03%	0	0.00%	0.52	0.08%	0.2	0.09%	0	0.00%
就算	0.09	0.03%	0	0.00%	0	0.00%	0.03	0.01%	0.19	0.21%
就是	0.09	0.03%	0	0.00%	0	0.00%	0.03	0.01%	0.1	0.11%
哪怕……也……	0	0.00%	0.12	0.03%	0.17	0.03%	0.1	0.04%	0.1	0.11%
别说……就连……	0.17	0.05%	0	0.00%	0	0.00%	0.06	0.02%	0	0.00%
即便	0	0.00%	0	0.00%	0.17	0.03%	0.06	0.02%	0	0.00%
尽管	0.34	0.10%	0	0.00%	0	0.00%	0.11	0.05%	1.26	1.37%
小计	0.87	0.25%	1.51	0.35%	5.74	0.89%	2.71	1.14%	1.94	2.12%

1. 韩国学生让步连接成分使用特点

类型上，10 类让步连接成分中，中介语语料中均出现了正确用例。初级阶段出现的让步连接成分有 6 类，"至少""当然""哪怕""即便"未出现正确用例。中级阶段仅出现了"至少""当然""哪怕"3 类词语的正确用例。除了中级阶段的 3 个词语外，高级阶段还出现了"即便"的正确用例。

频次上，"当然"在中介语中使用最多。

数量上，随着汉语水平的提高，中介语语料中的让步连接成分逐渐增多。

2. 两类语料的使用情况对比

类型上，10 类让步连接成分中，中介语三个阶段出现了全部类型的正确用例，汉语母语者仅出现了 6 类正确用例。

频次上，韩国学生使用频次最高的为"当然"，汉语母语者为"尽管"。

数量上，韩国学生三个阶段的平均使用量高于汉语母语者。

（五）对立连接成分

（51）因为她长的样子常常引起别人的误会，但我并不认为她是个冷淡的人。<u>与此相反</u>（L20），我以为她是个性格很温暖的人。

（52）我认为魏源的目标并不是为了得到什么努力学习，而是他喜欢学习，所以在文学上发挥了自己的才能，学习是对他来说是一个光。<u>相反</u>（L20），石昌化也刻苦学习，但他并不是爱学习，只想快点超过魏源。

表 3-21 各水平等级上对立连接成分正确用例统计表（次/万字）

连接成分	初级阶段 使用量	初级阶段 百分比	中级阶段 使用量	中级阶段 百分比	高级阶段 使用量	高级阶段 百分比	小计 使用量	小计 百分比	汉语母语者 使用量	汉语母语者 百分比
（与此/和这）相反	0	0.00%	0.12	0.03%	0.17	0.03%	0.1	0.04%	0	0.00%
反而	0.34	0.10%	0.23	0.05%	1.92	0.30%	0.83	0.35%	0.29	0.32%
（反）倒	0	0.00%	0	0.00%	0	0.00%	0	0.00%	0.29	0.32%
倒是	0	0.00%	0	0.00%	0	0.00%	0	0.00%	0.19	0.21%
小计	0.34	0.10%	0.35	0.08%	2.09	0.32%	0.93	0.39%	0.77	0.85%

1. 韩国学生对立连接成分使用特点

类型上，4 类对立连接成分中，中介语语料中出现了"（与此/和这）相反""反而"2 类词语的正确用例，初级阶段出仅出现了"反而"的正确用例，中高级阶段出现了"反而""（与此/和这）相反"的正确用例。

频次上，"当然"使用最多。

数量上，随着汉语水平的提高，对立连接成分逐渐增多。

2. 两类语料的使用情况对比

类型上，4 类对立连接成分中，中介语语料中出现了 2 类正确用例，汉语母语者语料中出现了 3 类正确用例。

频次上，韩国学生和汉语母语者使用频次最高的为"反而"，汉语母语者"（反）倒"的使用频次也较高。

数量上，韩国学生三个阶段的平均使用量略高于汉语母语者，"反而"的使用频次是母语者的 3 倍多。

（六）转题连接成分

表 3-22 各水平等级上转题连接成分正确用例统计表（次/万字）

连接成分	初级阶段 使用量	初级阶段 百分比	中级阶段 使用量	中级阶段 百分比	高级阶段 使用量	高级阶段 百分比	小计 使用量	小计 百分比	汉语母语者 使用量	汉语母语者 百分比
至于	0	0.00%	0	0.00%	0	0.00%	0	0.00%	0.58	0.63%
小计	0	0.00%	0	0.00%	0	0.00%	0	0.00%	0.58	0.63%

由上表可知,中介语语料中未出现转题连接成分,汉语母语语料仅出现"至于",且使用频次较低。

四、小结

(一)韩国学生逻辑关系连接成分正确使用整体情况

表3-23 韩国学生逻辑关系连接成分的正确使用情况

连接成分	初级阶段 使用量	初级阶段 百分比	中级阶段 使用量	中级阶段 百分比	高级阶段 使用量	高级阶段 百分比	小计 使用量	小计 百分比	汉语母语者 使用量	汉语母语者 百分比
序列	1.38	0.78%	0.00	0.00%	2.44	0.74%	1.27	0.54%	1.38	0.78%
并列	18.36	10.35%	43.93	20.28%	16.38	4.96%	26.32	11.12%	18.36	10.35%
选择	0.51	0.29%	0.81	0.37%	9.93	3.01%	3.75	1.59%	0.51	0.29%
递进	6.99	3.94%	10.86	5.01%	18.99	5.76%	11.81	4.99%	6.99	3.94%
附加	14.3	8.06%	16.72	7.72%	15.33	4.65%	15.34	6.48%	14.3	8.06%
举例	1.21	0.68%	2.31	1.07%	6.27	1.90%	3.24	1.37%	1.21	0.68%
换言	1.38	0.78%	2.54	1.17%	7.49	2.27%	0.54	0.23%	1.38	0.78%
总结	0.09	0.05%	0.00	0.00%	1.56	0.47%	0.55	0.23%	0.09	0.05%
再肯定	0.27	0.15%	0.00	0.00%	3.29	1.00%	0.06	0.02%	0.27	0.15%
纪效	64.62	36.44%	60.21	27.80%	74.91	22.70%	66.74	28.19%	64.62	36.44%
条件	0.95	0.54%	1.97	0.91%	6.1	1.85%	3.01	1.27%	0.95	0.54%
目的	0.26	0.15%	0.12	0.06%	0.00	0.00%	0.13	0.05%	0.26	0.15%
推论	0.17	0.10%	0.00	0.00%	1.57	0.48%	0.58	0.24%	0.17	0.10%
比较	2.07	1.17%	1.62	0.75%	13.95	4.23%	5.88	2.48%	2.07	1.17%
假设	8.02	4.52%	11.76	5.43%	42.5	12.88%	20.79	8.78%	8.02	4.52%
转折	46.09	25.99%	52.79	24.37%	87.3	26.46%	62.19	26.27%	46.09	25.99%
意外	6.72	3.79%	7.03	3.25%	9.24	2.80%	7.68	3.24%	6.72	3.79%
实情	2.75	1.55%	2.07	0.96%	4.87	1.48%	3.24	1.37%	2.75	1.55%
让步	0.87	0.49%	1.51	0.70%	5.74	1.74%	2.71	1.14%	0.87	0.49%
对立	0.34	0.19%	0.35	0.16%	2.09	0.63%	0.93	0.39%	0.34	0.19%
对比	0.00	0.00%	0.00	0.00%	0.00	0.00%	0.00	0.00%	0.00	0.00%
转题	0.00	0.00%	0.00	0.00%	0.00	0.00%	0.00	0.00%	0.00	0.00%
合计	177.35	100.00%	216.6	100.00%	329.95	100.00%	236.75	100.00%	177.35	100.00%

由上表可知:

1. 韩国学生逻辑关系连接成分用例高于汉语母语者

中介语语料中三个阶段平均使用量为汉语母语者的2.5倍左右,说明韩国学生的逻辑关系连接成分使用更为频繁。原因在于母语的负迁移。汉语小句连接多用意合法，不用关联标记，而韩国语小句间的连接主要依靠连接词尾和接续词。因此，韩国语的逻辑关系连接成分比汉语要多。周小兵、梁珊珊（2014）对《我的名字叫金三顺》第一集的韩文、汉语剧本中的逻辑连接标记进行了统计，韩语逻辑连接标记是汉语的1.89倍左右。

2. 韩国学生书面语作文存在"口语化"倾向

姚双云（2015）通过对71个连词在不同语料库中的使用频次的考察发现，"连词在口语语篇与书面语篇中的分布呈现出显著的差异。……口语中连词的使用远高于书面语。具体到个体成员，有23个连词体现出口语倾向，在口语中的使用频次数倍或数十倍于书面语。"并分别排列出口语倾向性及书面语倾向性强弱，具体情况如下表：

表 3-24 姚双云（2015）统计的连词口语倾向性及书面语倾向情况

语体	倾向性	连词	个数
口语	强	的话＞可是＞然后＞所以＞就算＞万一＞要是	7
	中	因为＞别说＞如果说＞不过＞结果＞等到＞假如＞接着	8
	弱	但是＞只要＞首先＞而且＞或是＞如果＞或者＞不管	8
书面语	强	以便	1
	中	然而＞加之＞以至＞乃至＞若＞从而＞反之＞由于＞总之＞此外＞不仅	11
	弱	另一方面＞却＞进而	3

依据上表对韩国学生语料中逻辑关系连接成分使用情况进行统计后发现，7个体现出强口语性倾向的连词中，"的话""可是""然后""所以"4个词在同类逻辑连接成分中的使用频次是最高的。另外，"因为""如果（说）""但是""首先""而且""不管"7个连词在同类逻辑连接成分中使用频次位居第一。韩国学生在书面语作文中使用口语性倾向较强的逻辑关系连接成分。

3. 纪效、转折、并列、递进、假设、附加应作为教学重点

21类逻辑关系连接成分中，使用频次居前七位的连接成分中，韩国学生与韩国学生有六类一致，分别为纪效、转折、并列、递进、假设、附加，其中使用频次在10%以上的，韩国学生和汉语母语者完全一致，均为纪效连接成分、转折连接成分和并列连接成分。说明这六类连接成分应作为教学的重点。另外，韩国学习者使用频次在1%以下的连接成分有9类，而汉语母语者只有6类，说明与汉语母语者相比，韩国学生逻辑关系连接成分使用较为集中，种类较为单一。王健昆、喻波（2006）指出初级阶段韩国学生语篇连接成分有两个特点：一是

过度使用连接成分,二是连接成分使用较为单一。

4. 韩国学生逻辑关系连接成分使用类型较为单一

对韩国学生使用频次居前七位的逻辑关系连接成分纵向使用情况考察发现,除了纪效连接成分中级阶段的使用量稍低于初级阶段,其他6类连接成分的使用量均随着水平的提高而逐步增加。且三个阶段的平均使用量均高于汉语母语者。由此可见,韩国学生到了高级阶段,所接触的逻辑关系连接成分日渐丰富,使用量也随之提高,使用总频次约是汉语母语者的2.6倍。同时使用类型仍集中于转折、假设、纪效、并列,说明韩国学生汉语水平虽然提高了,但对逻辑关系连接成分的使用依然过量,使用类型依然较母语者单一。

(二)韩国学生常用逻辑关系连接成分使用情况

表 3-25 韩国学生与汉语母语者常用前十位连接词及使用频次表(次/万字)

序号	韩国学生(使用频次%)	汉语母语者(使用频次%)
1	但/但是(17.17)	也(23.34)
2	所以(说)(14.99)	又(7.03)
3	也(12.26)	却(4.13)
4	因为(9.35)	因为(3.93)
5	还有(6.15)	更(加)(3.82)
6	如果……就……(4.79)	于是(乎)(3.72)
7	……的话(3.54)	但/但是(3.41)
8	而且(3.37)	还(3.20)
9	可(是)(3.32)	可(是)(2.68)
10	虽然……但是……(2.06)	所以(说)(2.17)

韩国学生使用频次超过10%的连接词为"但/但是""所以(说)""也(表并列)","因为"为9.35%,汉语母语者为"也(表并列)""又""却""因为"。"还有""如果……就……""……的话""虽然……但是……"在中介语中使用频次居于前十,"又""却""还""更(加)"在母语中居于前十。韩国学生最常用的连接词中,"所以""但是"的使用频次远高于汉语母语者。"所以"约为汉语母语者的7倍,"但是"约为汉语母语者的5倍。由此可见,韩国学生最常用的逻辑关系连接成分为连词,汉语母语者使用的副词比例更大。

张文贤等(2002)统计得出,汉语中连词作为语篇逻辑连接手段在所有连接手段中所占比例仅为5%,而副词在语篇中的连接功能及使用频次并不亚于连词。肖任飞(2009)经过统计也得出因果复句关联标记"就、便"使用率最高,"所以"使用率仅居第四,且前三位均为连接副词。周小兵、梁珊珊(2014)

对韩国学生叙述性口语语篇逻辑连接情况调查后发现，使用频次超过10%的最常用连接词中，韩国学生连词"所以""但是"的使用频次远远超过汉语母语者。相反，汉语母语者副词"就（表因果）""就（表时间）"的使用频次远远超过韩国学生。

第三节　韩国学生汉语语篇逻辑关系连接成分偏误分析

一、并列类连接成分偏误

（一）序列连接成分

序列连接成分共出现4例偏误，全部为"首先、其次、……最后/末了"的偏误，具体情况如下：

表 3-26 各水平等级上序列连接成分偏误统计表（次/万字）

	初级	中级	高级	小计	百分比
首先、其次、……最后/末了	0.09	0.00	0.52	0.61	100.00%
小计	0.09	0.00	0.52	0.61	100.00%

具体偏误情况如：

（1）我很喜欢北语的食堂。……我也很喜欢宿舍的床。……<u>最终</u>（L1C）（最后），我对老师和同学们的印象最深。

这一段谈的是作者对北语的印象，前面提到了喜欢的两个方面，第三点应该用序列连接成分"最后"，韩国学生误用为结尾时间连接成分"最终"。

（二）并列连接成分

并列连接成分共出现4例偏误，全部为"首先、其次、……最后/末了"的偏误，具体情况如下：

表 3-27 各水平等级上并列连接成分偏误统计表（次/万字）

	初级	中级	高级	小计	百分比
也	3.45	1.16	0.52	5.13	71.65%
既/又（是）……又/也/更……	0.17	0.23	0.17	0.57	7.96%
不是……而是	0.00	0.58	0.87	1.45	20.25%
一边……一边	0.00	0.00	0.17	0.17	2.37%
小计	3.62	1.97	1.57	7.16	100.00%

从表中可以看出，"也"的偏误占并列类全部偏误的71.65%，可见韩国学

习者"也"的使用存在着严重的问题。当然,"也"的高偏误率与其使用频次明显高于其他连接成分有一定关系。下面分析并列连接成分的具体偏误情况。

1. 错用

(2) 在北京生活我<u>一边</u>(L2C)(既)觉得高兴,一边(也)觉得很累。

"一边……一边……"连接的是两个同时发生的动作,上例中连接的是表示两种状态的形容词,应该用"既……又……"。

(3) 认真学习不是错误的行为,<u>却</u>(L2C)(而是)被别人称赞的行为。

"却"一般放在主语后,谓语前。另外,上例的语义是对两种行为的一个对比,两者具有对立关系,应该用"不是……而是……"。

(4) 我<u>也</u>(L2CW)以后有机会,邀请他来我家过年,让他了解韩国文化。

(5) 我朋友动手术以后,<u>也</u>(L2CW)他每天去医院看我朋友。

"也"作状语时应放在主语后,谓语前,而不是放在状语前或主语前。上述两例位置有误,应改为:

我以后有机会,也邀请他来我家过年,让他了解韩国文化。

我朋友动动手术以后,他也每天去医院看我朋友。

2. 多余

(6) <u>不是</u>(L2D)埃尔莎母亲的教育方法不对,<u>而是</u>(L2D)埃尔莎父亲的教育方法是对的。

上例的两个事件之间没有完全对立的关系,不需要使用"不是……而是……"。

(7) 他的父母一看观众的欢呼就很惊讶,对他的努力也<u>又</u>(L2D)感到很惊讶,终于同意了。

上例表示主语相同,谓语不同,因此下文用"也"即可,"又"使用多余。

(8) 我很感动,因为她<u>也</u>(L2D)跟我外婆一样照顾我。

(9) 他刚来的时候,遇到困难的事,没有一个人<u>也</u>(L2D)帮助他,所以他要帮我。

上述两例中,前文并未出现表示两件事情相同的内容,"也"的使用多余。

3. 缺失

(10) 不是我一个人不能吃,(而是)(L2Q)住在宿舍的人都不能吃。

(11) 北京留在我记忆中的人,不是一个人,(而是)(L2Q)很多!

上述两例的偏误均为成对连接成分"不是……而是……"后半部分"而是"的缺失。

（12）所以我一边（L2Q）小心地扶起她们（一边）问："对不起。你们没事吗？"

上例是"一边……一边……"的缺失，成对关联词语缺失的主要原因可能是母语负迁移。韩语中没有成对的关联词语，韩国学生在运用汉语的成对关联词语时容易顾此失彼。

（三）选择连接成分

选择连接成分共出现5例偏误，全部为"或者"的偏误，具体情况如下：

表3-28 各水平等级上选择连接成分偏误统计表（次/万字）

	初级	中级	高级	小计	百分比
或者……或者	0.09	0.12	0.52	0.73	100.00%
小计	0.09	0.12	0.52	0.73	100.00%

"或者"错用偏误如下：

（13）有时周末去北京的名胜古迹，还是（L3C）（或者）去别的城市。

（14）因为一般著名的故事的题目很大，还是（L3C）（或者）对读者有影响的，但这个小故事的题目很普通。

上述两例偏误均为"或者"误用为"还是"。"或者"跟"还是"都能表示选择，但用法有区别。"或者"表示需要从几种情况中选择一种，一般用于陈述句中，不用于疑问句中。"还是"表选择时一般用于疑问句中，也可以用于陈述句，但这时往往具有"不知"的语意特点。上述两例为陈述句，同时不具备"不知"的特点，应该用"或者"，而不是"还是"。

（四）递进连接成分

递进连接成分共出现4类偏误，具体情况如下：

表3-29 各水平等级上递进连接成分偏误统计表（次/万字）

	初级	中级	高级	小计	百分比
而且	1.46	0.81	1.05	3.32	57.24%
并（且）	0.34	0.81	0.70	1.85	31.90%
不但……而且	0.09	0.00	0.35	0.44	7.59%
又	0.00	0.00	0.17	0.17	2.93%
小计	1.90	1.63	2.27	5.80	100.00%

从表中可以看出，"而且"的偏误占递进连接成分总偏误的57.24%，可见韩国学生使用"而且"存在严重的问题。当然，高偏误率与其使用频次高于其也有一定的关系。递进连接成分的具体偏误情况如下：

1. 错用

（15）那天以后，我骑电动车骑得比较小心，<u>而</u>（L4C）（而且）知道了早上不要睡懒觉。

上例中，后一个分句较前一个分句意思更深一层，其核心语义是递进，"而"主要表示对比或是转折，应该用"而且"。

（16）他也上了语言大学，<u>还有</u>（L4C）（而且）跟我一样的班！

上例中，后一个分句较前一个分句意思更深一层，其核心语义是递进、应该用"而且"，而不是表示补充或者相同的"还有"和"也"。

（17）埃尔莎<u>虽然</u>（L4C）（不但）很机灵，但是（而且）很聪慧。

上例中，"机灵""聪慧"之间是递进关系，不是转折关系，应该用"不但……而且……"。韩国学生误用为"虽然……但是……"。

（18）<u>不但</u>（L4CW）我没想到她送我生日礼物，而且没想到礼物是我想买的熊娃娃。

"不但……而且……"连接的两个小句主语不同时，连接成分放在主语前；两个小句主语相同时，"不但……而且……"放在主语后，谓语前。上例两个小句的主语都是"我"，正确的句子应为：

我不但没想到她给我生日礼物，而且没想到礼物是我想买的熊娃娃。

2. 多余

（19）去年暑假，由于来中国，<u>而且</u>（L4D）我有点儿烦恼，另一方面也有一点儿期望。

（20）因为难分高下，<u>并</u>（L4D）将他俩同时列为第一名。

上述两例连接成分前后的分句之间并没有递进关系，而是顺承关系，无须使用连接成分。

（五）附加连接成分

附加连接成分共出现2类偏误，为"还有""还"的偏误，具体情况如下：

表 3-30 各水平等级上附加连接成分偏误统计表（次/万字）

	初级	中级	高级	小计	百分比
还有	0.26	0.12	0.00	0.38	19.79%
还	0.26	0.58	0.70	1.54	80.21%
小计	0.52	0.70	0.70	1.92	100.00%

从表中可以看出，"还有"的偏误占附加类全部偏误的80.21%，可见韩国学生使用"还有"存在严重的问题。具体偏误情况如下：

1. 错用

（21）初到北京语言大学的时候，这个大学给我的印象很深，<u>还是</u>（L5C）（还）给我留下了很多美好的回忆。

上例中，后一个分句是对前一个分句内容的补充，应该用"还有"。"还是"表选择，可能是二者的形似对韩国学生造成干扰。

（22）我想独立地生活，<u>还</u>（L5CW）我想自由自在地去国外过几年。

"还"一般用于主语之后，而不是主语前，上例应改为：

我想独立地生活，我还想自由自在地去国外过几年。

2. 多余

（23）妈妈一看我，就哭起来。<u>还有</u>（L5D）爸爸一看我，就说："不好意思，我真不知道你生活得这么苦，如果你不愿意，就一起回国吧。"

"还有"的核心语义是"补充+递进"，上例中表示顺接，无须使用。

（六）举例连接成分偏误

举例连接成分共出现 1 例"比如（说）"的偏误，具体情况如下：

表 3-31 各水平等级上举例连接成分偏误统计表（次/万字）

	初级	中级	高级	小计	百分比
比如（说）	0.09	0.00	0.00	0.09	100.00%
小计	0.09	0.00	0.00	0.09	100.00%

该例偏误为多余。

（24）那时候，<u>比如</u>（L6D）有的学生睡懒觉，有的学生去别的地方旅行，有的学生去图书馆学习汉语，有的学生在家里看电影，等等。

"比如"前面一般有总说，然后用"比如"举例分说。上例未出现总说的句子，仅出现时间状语，"比如"多余。

换言类未出现偏误。

（七）总结连接成分偏误

总结连接成分共出现 1 类偏误，为"总（而言）之"的偏误。如：

（25）<u>总结</u>（L8C）（总之），我觉得每个人都可以努力，但不可以过分努力。

"总结"为动词，而不是一个连接成分，上例应该用"总之"。

具体情况如下：

表 3-32 各水平等级上总结连接成分偏误统计表（次/万字）

	初级	中级	高级	小计	百分比
总（而言）之	0.09	0.00	0.17	0.26	100.00%
小计	0.09	0.00	0.17	0.26	100.00%

二、因果类连接成分偏误

（一）纪效连接成分偏误

纪效连接成分共出现 6 类偏误，偏误最多的是"所以（说）"，占纪效连接成分总偏误数的 82.40%。具体情况如下：

表 3-33 各水平等级上纪效连接成分偏误统计表（次/万字）

	初级	中级	高级	小计	百分比
因为	0.34	0.12	0.17	0.63	9.01%
所以（说）	1.98	2.21	1.57	5.76	82.40%
由于	0.09	0.00	0.00	0.09	1.29%
因此	0.34	0.00	0.00	0.34	4.86%
以至于	0.09	0.00	0.00	0.09	1.29%
果然	0.09	0.00	0.00	0.09	1.29%
小计	2.93	2.32	1.74	6.99	100.00%

1. 错用

（26）虽然（L10C）（因为）风景很美，所以我们的眼睛也很愉快。

（27）他们也是北语的学生，所以认识了他们以后经常一起玩，就（L10C）（所以）我的英语实力越来越强。

第一例中，与"所以"相对应的应为"因为"，"虽然"错用。第二例中，"就"应为"所以"。

2. 多余

（28）但是一边有说不出的感情，这个可能是因为由于（L10D）很长时间不能见父母和朋友们。

（29）他们是我的最亲的朋友，所以以至于（L10D）一起旅行我很高兴。

上述两例中，"因为""所以""以至于"均表示原因，无须重复。

3. 缺失

（30）我也有错，（L10Q）（所以）我跟她和解了。

（二）条件连接成分偏误

条件连接成分共出现 5 类偏误，偏误数量最多的"只要……就……"占条件连接成分总偏误数的 42.86%。具体情况如下：

表 3-34 各水平等级上条件连接成分偏误统计表（次/万字）

	初级	中级	高级	小计	百分比
无论	0.17	0.12	0.00	0.29	14.29%
不管	0.09	0.00	0.00	0.09	4.43%
反正	0.09	0.00	0.35	0.44	21.67%
只要……就……	0.00	0.00	0.87	0.87	42.86%
只有……才……	0.00	0.00	0.35	0.35	17.24%
小计	0.34	0.12	1.57	2.03	100.00%

1. 错用

（31）我喜欢骑摩托车，不管是否危险，我还（L5C）（都）喜欢骑摩托车。

"不管"表示无条件时，后续小句一般用"都"，而不是"还"。

（32）比如说有人认为只要努力，才（就）（L11C）能取得成功。

上例前面的小句表示必要条件，后面的小句表示结果，因此应该用"只要……就……"。韩国学生将"就"误用为"才"，可能是对"只要……就……""只有……才……"所表示的充分条件和必要区分不清。

2. 多余

（33）反正（L11D），这样一来，结果是他们俩都取得了第一名。

3. 缺失

（34）（无论）（L11Q）情况如何，都要完成。

（35）只要对生活充满希望，（就）（L11Q）可以得到光彩的人生。

上述两例都是成对使用的连接成分某一部分的缺失。

（三）推论连接成分偏误

表 3-35 各水平等级上推论连接成分偏误统计表（次/万字）

	初级	中级	高级	小计	百分比
既然……就	0.09	0.00	0.00	0.09	34.62%
可想而知	0.00	0.00	0.17	0.17	65.38%
小计	0.09	0.00	0.17	0.26	100.00%

具体情况如下：

1. 错用

（36）既然你还没想好，你也（L13C）（就）来中国学习汉语吧。

"既然"一般与"就"组合，而不是"也"。

2. 多余

（27）母亲才明白。可想而知（L13D），第二天，她就去学校解决午餐的事情了。

"可想而知"一般是依据上文的情况推论出一个结果。上例中仅表示顺承关系，无须用"可想而知"。

（四）比较连接成分偏误

比较连接成分共出现2类偏误，具体情况如下：

表3-36 各水平等级上比较连接成分偏误统计表（次/万字）

	初级	中级	高级	小计	百分比
特别（是）	0.26	0.00	0.00	0.26	42.62%
更（加）	0.00	0.00	0.35	0.35	57.38%
小计	0.26	0.00	0.35	0.61	100.00%

偏误情况如下：

1. 错用

（38）我着急地看看我还有多少钱，再(L14C)（更）失望了，我只有20块钱。

"再"用在形容词前，表示程度增加，一般表示未发生的情况。而上例中的情况已经发生，句末有"了"，因此应该用"更"。

（39）老师也很好，特别(L14C)（特别是）写作老师很亲切。

（40）因为文化、生活、想法都不一样，特别(L14C)（特别是）语言。

上述两例均表示"从同类事物中提出某一项加以说明"，因此应该用"特别是"，可能是韩语的"是"的影响，韩国学生误用为"特别"。

2. 多余

（41）总是不吃饭，做剧烈的运动，虽然减了几公斤，但是不久反而更(L14D)胖了2倍。

"胖了2倍"已经有明确的程度的比较，无须再用"更"。

（五）假设连接成分偏误

假设连接成分共出现2类偏误，具体情况如下：

表3-37 各水平等级上假设连接成分偏误统计表（次/万字）

	初级	中级	高级	小计	百分比
如果……就……	0.09	0.00	0.00	0.09	20.45%
的话	0.00	0.00	0.35	0.35	79.55%
小计	0.09	0.00	0.35	0.44	100.00%

其中全部为多余的偏误。如：

（42）我小时候，如果（L15D）有机会去国外学习。

"如果"表假设时，一般要用一个表结果的小句。上例未出现结果小句。因此"如果"多余。

三、转折连接成分偏误

（一）假设连接成分偏误

转折连接成分共出现5类偏误，偏误最多的是"但（是）"，共有例，占转折连接成分总偏误数的52.65%。具体情况如下：

表3-38 各水平等级上转折连接成分偏误统计表（次/万字）

	初级	中级	高级	小计	百分比
虽然……但是……	0.43	0.23	0.17	0.83	10.00%
但（是）	1.29	1.51	1.57	4.37	52.65%
却	0.17	0.35	1.05	1.57	18.92%
可（是）……	0.34	0.12	0.35	0.81	9.76%
不过……	0.00	0.00	0.17	0.17	2.05%
只是	0.26	0.12	0.17	0.55	6.63%
小计	2.50	2.32	3.48	8.30	100.00%

1. 错用

（43）不过（L16C）（虽然）是这样，但是我们是好朋友。

"不过"与"但是"均表示转折，不需要重复使用。

（44）既然（L16C）（虽然）从朋友那儿听说很多韩国学生在北京读书，但没想到有那么多。

"既然"用于前一小句，一般表示成为现实的或已肯定的前提，后一小句是根据这个前提得出的结论，上例后一小句表转折，前一小句应用"虽然"。

（45）他即使（L16C）（虽然）很善良，（但是）也有缺点。

"即使"表示假设兼让步，因此所表示的情况是假设性的，但上例中表示的是一种事实，因此应该用"虽然"。

（46）大家心中都有一个敬佩的人，也许是医生，也许是邮递员，也许是警察……反而（L20C）（但是）我最敬佩的人是我的班主任聂凤春老师。

"反而"表示跟情理之中或是意料之中的情况相反，一般与"不但不"连用，表示情理上或理论上应当如此，实际情况并非如此，正好相反。上例中并没有出乎意料之意，只是简单地表示转折，应该用"但是"。

（47）那年的雪很大，却（L16CW）那年的冬天非常温暖。

"却"一般用于主语后，谓语前，因此上例应改为：

那年的雪很大，那年的冬天却非常温暖。

2. 多余

（48）他拒绝邀请以后．很多英国人批评了他。但是（L16D）他很难受，默默地去学习。

上例中，"但是"连接的两个小句之间没有转折关系，"但是"多余。

（49）不过，我认识了秀姬以后，中国的留学生活却(L16D)不但不感到寂寞，反而更有意思了。

上例中，"不但不……反而……"已表示出乎意料的转折之义，"却"的使用则属多余。

（50）可是（L16D）这个文章指是期末考试的内容而已，可是给我留下了深刻的印象，懂得了很多东西，以后要节约东西，不浪费，保护环境。

上例中，第一个小句和第二个小句之间的转折关系已经有第二个小句句首的"可是"来表达，第一个小句句首的"可是"多余。

3. 缺失

（51）虽然天气不太好，（但是）（L16Q）我的心情特别好。

（52）虽然个子不高，（但是）（L16Q）长得很帅。

上述两例均属于成对连接成分遗漏后一部分的情况。

（二）对立连接成分偏误

对立连接成分共出现 1 类偏误，为"反而"的偏误，具体情况如下：

表 3-39 各水平等级上对立连接成分偏误统计表（次/万字）

	初级	中级	高级	小计	百分比
反而	0.26	0.12	0.35	0.64	100.00%
小计	0.26	0.12	0.35	0.64	100.00%

偏误为"反而"的错用：

（53）他不痛苦，但（L20C）（反而）很幸福。

（54）妈妈不但不听儿子的建议，却（L20C）（反而）批评了他。

上述两例后一个小句均表示应该 A，实际上却 -A，表示出乎意料，应该用"反而"，而不是用"但"简单地表示转折。

（55）他安慰了我，反而（L20CW）我哭得更厉害。

"反而"一般用于主语后谓语前，上例应为：

他安慰了我，我反而哭得更厉害。

四、小结

表 3-40 各水平等级上逻辑关系连接成分偏误统计表（次/万字）

类型	连接成分	初级	中级	高级	小计	比重	小计
序列	首先、其次、……最后/末了	0.09	0	0.52	0.61	1.70%	1.70%
并列	也	3.45	1.16	0.52	5.13	14.21%	20.28%
	既/又（是）……又/也/更……	0.17	0.23	0.17	0.57	1.58%	
	不是……而是	0	0.58	0.87	1.45	4.02%	
	一边……一边	0	0	0.17	0.17	0.47%	
选择	或者……或者	0.09	0.12	0.52	0.73	2.02%	2.02%
递进	而且	1.46	0.81	1.05	3.32	9.20%	16.02%
	并（且）	0.34	0.81	0.7	1.85	5.13%	
	不但……而且……	0.09	0	0.35	0.44	1.22%	
	又	0	0	0.17	0.17	0.47%	
附加	还有	0.26	0.12	0	0.38	1.05%	5.32%
	还	0.26	0.58	0.7	1.54	4.27%	
举例	比如（说）	0.09	0	0	0.09	0.25%	0.25%
总结	总（而言）之	0.09	0	0.17	0.26	0.72%	0.72%
纪效	因为	0.34	0.12	0.17	0.63	1.75%	19.40%
	所以（说）	1.98	2.21	1.57	5.76	15.96%	
	由于	0.09	0	0	0.09	0.25%	
	因此	0.34	0	0	0.34	0.94%	
	以至于	0.09	0	0	0.09	0.25%	
	果然	0.09	0	0	0.09	0.25%	
条件	无论	0.17	0.12	0	0.29	0.80%	5.65%
	不管	0.09	0	0	0.09	0.25%	
	反正	0.09	0	0.35	0.44	1.22%	
	只要……就……	0	0	0.87	0.87	2.41%	
	只有……才……	0	0	0.35	0.35	0.97%	
推论	既然……就	0.09	0	0	0.09	0.25%	0.72%
	可想而知	0	0	0.17	0.17	0.47%	
比较	特别（是）	0.26	0	0	0.26	0.72%	1.69%
	更（加）	0	0	0.35	0.35	0.97%	
假设	如果……就……	0.09	0	0	0.09	0.25%	1.22%
	的话	0	0	0.35	0.35	0.97%	

续表

类型	连接成分	初级	中级	高级	小计	比重	小计
转折	虽然……但是……	0.43	0.23	0.17	0.83	2.30%	2.30%
	但（是）	1.29	1.51	1.57	4.37	12.11%	22.99%
	却	0.17	0.35	1.05	1.57	4.35%	
	可（是）	0.34	0.12	0.35	0.81	2.24%	
	不过	0	0	0.17	0.17	0.47%	
	只是	0.26	0.12	0.17	0.55	1.52%	
对立	反而	0.26	0.12	0.35	0.64	2.02%	2.02%
小计		12.86	9.31	13.92	36.09	100.00%	100.00%

韩国学生偏误比重居前四位的逻辑关系连接成分类型是转折、并列、纪效、递进，四类连接成分占所有偏误比重分别为 23.10%、19.93%、19.45%、16.14%，共计 78.62%。转折连接成分中，"但（是）"比重最大，所占比重分别为总偏误比重的 12.11%。并列连接成分中，"也"偏误比重最大，占 14.21%。纪效连接成分中，"所以（说）"偏误比重最大，占 15.96%。递进连接成分中，"而且"偏误比重最大，占 9.20%。上述 4 个连接成分的偏误分为错用和多余两大类，其中错用偏误占 23.49%，多余偏误占 76.51%。具体来看，"而且"错用高于多余，其他三类连接成分"也""但是""所以（说）"多余大于错用，具体情况如下表。我们将在下文对其偏误情况进行重点分析。

表 3-41 逻辑关系连接成分偏误居前四位的连词统计表（次/万字）

	错用	比重	多余	比重
但是	0.49	11.45%	3.79	86.24%
也	0.6	11.72%	5.24	86.31%
所以（说）	0.26	4.61%	5.38	94.62%
而且	2.52	79.75%	0.64	16.17%

第四节 韩国学生汉语逻辑关系连接成分习得难度等级考察

一、正误使用相对频率法

与时间关系连接成分一样，我们采用"正误使用相对频率法"来计算韩国学生逻辑关系连接成分的习得难度等级。计算结果如下表：

表 3-42 韩国学生逻辑关系连接成分正误相对频次表（次/万字）

	使用频次	正确使用频次	偏误使用频次	正确使用相对频次	偏误相对频次	正误相对频次之差
首先，其次，……最后/末了	0.9	0.29	0.61	0.3222	0.6778	-0.3556
也	22.55	17.42	5.13	0.7725	0.2275	0.5450
既/又（是）……又/也/更……	3.87	3.3	0.57	0.8527	0.1473	0.7054
不是……而是……	4.38	2.93	1.45	0.6689	0.3311	0.3379
一边……一边……	1.61	1.44	0.17	0.8944	0.1056	0.7888
或者……或者……	1.62	0.89	0.73	0.5494	0.4506	0.0988
而且	11.7	8.38	3.32	0.7162	0.2838	0.4325
并（且）	3	1.15	1.85	0.3833	0.6167	-0.2333
不但……而且	1.04	0.6	0.44	0.5769	0.4231	0.1538
又	0.27	0.1	0.17	0.3704	0.6296	-0.2593
还有	15.53	15.15	0.38	0.9755	0.0245	0.9511
还	1.76	0.22	1.54	0.1250	0.8750	-0.7500
比如（说）	3.27	3.18	0.09	0.9725	0.0275	0.9450
总（而言）之	0.75	0.49	0.26	0.6533	0.3467	0.3067
因为	23.65	23.02	0.63	0.9734	0.0266	0.9467
所以（说）	42.69	36.93	5.76	0.8651	0.1349	0.7301
由于	1.47	1.38	0.09	0.9388	0.0612	0.8776
因此	2.59	2.25	0.34	0.8687	0.1313	0.7375
以至于	0.13	0.04	0.09	0.3077	0.6923	-0.3846
果然	0.5	0.41	0.09	0.8200	0.1800	0.6400
无论	1.06	0.77	0.29	0.7264	0.2736	0.4528
不管	1.42	1.33	0.09	0.9366	0.0634	0.8732
反正	0.83	0.39	0.44	0.4699	0.5301	-0.0602
只要……就……	1.36	0.49	0.87	0.3603	0.6397	-0.2794
只有……才……	0.38	0.03	0.35	0.0789	0.9211	-0.8421
既然……就……	0.15	0.06	0.09	0.4000	0.6000	-0.2000
可想而知	0.69	0.52	0.17	0.7536	0.2464	0.5072
特别（是）	0.72	0.46	0.26	0.6389	0.3611	0.2778
更（加）	3.23	2.88	0.35	0.8916	0.1084	0.7833
如果……就……	11.9	11.81	0.09	0.9924	0.0076	0.9849
的话	9.06	8.71	0.35	0.9614	0.0386	0.9227
虽然……但是……	5.88	5.05	0.83	0.8588	0.1412	0.7177
但（是）	46.67	42.3	4.37	0.9064	0.0936	0.8127
却	5.49	3.92	1.57	0.7140	0.2860	0.4281
可（是）	8.99	8.18	0.81	0.9099	0.0901	0.8198
不过	1.49	1.32	0.17	0.8859	0.1141	0.7718
只是	1.07	0.52	0.55	0.4860	0.5140	-0.0280
没想到	1.4	1.31	0.09	0.9357	0.0643	0.8714
反而	1.47	0.83	0.64	0.5646	0.4354	0.1293

二、讨论

上表中的逻辑关系连接成分按正误使用相对频率的数值可分为"正误使用相对频率=1""0＜正误使用相对频率＜1""正误使用相对频率＜0"三类。"正误使用相对频率=1"未出现偏误用例，由于类别较多，又可分为两类，一类为中介语语料中两个阶段以上有正确用例，说明其掌握情况更好，列为习得难度等级的一级；一类为中介语语料一个阶段有正确用例的，列为习得难度等级的二级。正误使用相对频率若小于1，说明出现了偏误，其难度等级有所提高，分为两类，"0＜正误使用相对频率＜1"列为三级，"正误使用相对频率＜0"列为四级。除了上表中列出的逻辑关系连接成分，有些类型在母语语料中出现，但在中介语语料中未出现，参考"初现率"标准，这类词视为未习得，我们将其列为习得难度等级的五级。最后，一部分逻辑关系连接成分在汉语母语语料和中介语语料中均未出现，说明其使用频次很低，留学生极少接触，因此习得难度等级最高，列为六级。具体情况如下表：

表3-43 韩国学生逻辑关系连接成分难度等级表（次/万字）

分级条件	难度等级	逻辑关系连接成分
正误使用相对频率=1（中介语语料两个阶段以上有正确用例）	一级（22个）	第一、第二、……第n，同时，是……还是……，再说/再讲，甚至，于是（乎），尤其（是），要是……就……，忽然（间），蓦地/突然（间）/猛然间，其实，说实话，不是……就是……，这样一来，哪怕……也……，即使，当然，
正误使用相对频率=1（中介语语料一个阶段有正确用例）	二级（32个）	（其）一、（其）二、……（其）n，（另）一方面，例如，此外，另外，不只，与其……不如……，拿……来讲/说，之所以……是因为……，因而，免得，也就是说，（这/那）就是说，总的来说/讲，真的，的确，结果，难怪，再，假如，假设，否则（的话），然而，岂料/不料，谁知，实际上，至少，就算，就是，即便，（与此/和这）相反，尽管
0＜正误使用相对频率＜1	三级（30个）	也，既/又（是）……又/也/更，一边……一边……，或者……或者……，还有，比如（说），因为，所以（说），由于，因此，果然，不管，可想而知，更（加），如果……就……，的话，虽然……但是……，但（是），可（是），不过，没想到，不是……而是……，或者……或者……，而且，不但……而且……，总（而言）之，特别（是），却，反而，无论
正误使用相对频率＜0	四级（10个）	首先，其次、……最后/末了，并（且），又，还，以至于，只要……就……，只有……才……，既然……就……，只是
汉语母语者使用而韩国学生未使用的	五级（26个）	一面……一面……，除了……就是……，以及，或者说，具体地说，是的，是啊，原来，终于，果真，怪不得，以致，一旦，省得，（由此）看来，显然，那么，最，要不是（的话），要不然，忽地，确切地说，别说……就连……，（反）倒，倒是，至于

续表

分级条件	难度等级	逻辑关系连接成分
汉语母语者和韩国学生均未使用的	六级（65个）	甲、乙……癸，相应地，与此同时，无独有偶，也……也……，况且，又有，再加上，加之，再加之，再则，再有，进一步，进而，推而广之，更有甚者，就是……也……，尚且……何况……，另，（再）补充一句/点，除此之外，连同，比方（说），换言之，换句话说，具体而言，总括起来说，概括起来说，总的看（来），一句话，一言以蔽之，综上所述，确实，果不其然，无怪乎，因之，唯有……才……，除非……才……，为此，以便，以免，可见，足见，显而易见，毫无问题，不用说，很明显，无疑，毫无疑问/义，同样（地），假若……就……，事实上，退一步说，自然，诚然，固然，相反的，反过来说，反之，相比之下，与此相比，对比之下，相形之下，顺便说几句，附带一提，顺便说一下

第五节　韩国学生"而且"的偏误成因及教学对策

通过对中介语语料的统计发现，韩国学生"而且"的偏误均为错用成"还有"，因此，我们对其偏误成因进行了考察，并提出相应的教学建议。

一、"而且"错用为"还有"的偏误成因

学界普遍认为，"还有"表示在原有内容上补充新的内容，前后内容属于并列关系。语篇上，"还有"具有连缀语篇和保持/补救话轮的功能。"而且"的核心语义为"递进，表示更深一层的意思。"韩国学生"还有"误用的主要原因有：母语负迁移、对"还有"前后内容的关系意义理解不到位、汉语教材英文释义不准确、教材讲解和练习不到位等。我们具体从这几个方面进行分析。

（一）母语的影响

韩国词典对"还有"的释义如下：

【副词】그리고；또한

그리고〕还有，及；而且；然后

（1）그는 자리에서 일어났다．그리고 창문을 열었다．

他站起来然后打开了窗户。

（2）서울，도쿄 그리고 베이징．

首尔、东京和北京。

（3）이 글자는 잘못 썼다．그리고 문장부호도 틀렸다．

这个字写错了，还有标点符号用得也不对。

〔또한〕还有，同样；并且，而且

(4) 그책은흥미도있거니와또한교훈적이었습니다.
那本书有意思，并且有教育意义。
(5) 그녀는학력도좋고또한실력도있어요.
她学历好并且有实力。
(6) 바느질도잘하고또한음식도잘한다.
针线活做得好，而且饭菜也做得好。

通过考察韩语词典对"而且"的释义，可知"还有"在韩国语中属于接续副词，可以用来连接名词、动词词组和小句。其中连接小句时可以表示并列关系，比如"这个字写错了，还有标点符号也用得不对。"也可以表示递进关系，如"针线活做得好，而且饭菜也做得好。"我们注意到，"还有"在韩国语例句的相应中文翻译为"而且"或"并且"。词典的不准确释义造成韩国学生"而且""还有"的混淆。

（二）语内迁移

综合工具书和汉语本体研究对"还有"与"而且"的研究，我们从词性、语义、句法、语用几个方面对两个词的差异进行辨析，探讨其对韩国学生习得两个词语的影响。

就现有的工具书来说，除了张谊生（2000年）《现代汉语虚词》在"并列连词"部分收录了"还有"外，《现代汉语词典》（第6版）、《现代汉语八百词》（2005年）、《现代汉语虚词词典》（2007）中都未收录。国际汉语教育领域，《新汉语水平考试大纲》（2010）也不包含"还有"，说明很多工具书并没有将"还有"列为独立的词。一些篇章研究的论著将"还有"作为一种连接成分，如郑贵友（2002）将"还有"列为并列连接成分中的补充类；廖秋忠（1986）将其列为篇章逻辑关系连接成分的附加类；冯胜利（2003：54）将"还有"列为重要的口语连词。《现代韩中中韩词典》（2004）、《汉韩学习词典》（2011）、《汉语国际教育用音节汉字词汇等级划分》（2010）等出现了"还有"的词条。

盛银花（2007）将"还有"分为短语和连词两类，其中连词又包括词间连词与句间连词。李文山（2008）将"还有"分成三类：短语结构"还有$_1$"、连词"还有$_2$"和副词"还有$_3$"。"还有$_1$"固守在谓语动词的位置上；"还有$_2$"是连词，可以连接并列关系的名词成分；"还有$_3$"是连接性副词，用于会话片段之间的衔接。我们考察的是作为语篇逻辑关系连接成分的"还有$_3$"。

表 3-44 "而且"与"还有"的词性差异

		词性	例句
而且		连词	他不但著作很多，而且有很高的水平。
还有	还有₁	短语结构	我还有个问题不明白。
	还有₂	连词	陈姨太，你去把他大哥，还有克明，给我一起喊来！（巴金《家》）
	还有₃	副词	去叫几个人来抬老太爷到小客厅！还有，丁医生就要来了，吩咐下号房留心！（茅盾《子夜》）

关于"而且"的用法，朱四美（2008）对查阅了《汉语大词典》等共计14本词典对"而且"的解释，列出了"而且"在这14本词典的5个义项：①表示意思更进一层，②表示并列和相互补充，③连接两个意思一致的形容词，④连接两个并列的动词或副词，⑤连接两个相同或意义相关的动词词组。其中③④⑤与其说是义项，不如说是"而且"的句法功能。因此，14部词典中仅有《汉语大词典》和《现代汉语虚词用法小词典》增加了"而且"的"表示并列和相互补充"的义项。其例句为："他脸上黑而且瘦，已经不成样子。"未见作为篇章连接成分连接小句的例子。作为篇章连接成分，"而且"的义项为"表示意思更进一层。"两个词语具体的语义差异如下表：

表 3-45 "而且"与"还有"的语义差异

	语义
而且	递进：表示意思更进一层
还有	补充＋递进：表示在原有内容之外补充新的内容。后一句是对前一句的继续和补充，在内容上倾向于比前一句更详细、更深入。

李文山（2008）指出，"还有"具有连接语篇的功能，往往出现在一个独立语段的开头，可以看作是话语标记，主要用来引出补充性话题。由于"还有"也有并列的附加义，而"而且"也可以连接并列成分，因此韩国学生容易将二者混淆。但"还有"的核心语义是"补充"，而"而且"的核心语义是"递进"，韩国学生的偏误在于该表达"递进"义时误用了表达"补充"义的"而且"。

（三）教材的影响

我们选取当前有代表性的6套综合教材《汉语教程》《新实用汉语课本》《发展汉语》《当代中文》《成功之路》《博雅汉语》进行了考察。

表 3-46　6套教材对"而且""还有"的释义

	《汉语教程》	《新实用汉语》	《发展汉语》	《当代中文》	《成功之路》	《博雅汉语》
而且	"不但……而且……"同时呈现		"不但……而且……"同时呈现	"不但……而且……"同时呈现	"不但……而且……"同时呈现	"不但……而且……"同时呈现
还有	无	"还+有"作为短语进行讲解	无	无	无	无

结果发现，6套教材均将"不但……而且……"作为一对关联词语整体呈现，并未将"还有"作为一个词语列出。除了《新实用汉语》将"还有"作为短语来讲解，第一册中关于"还有$_1$"的解释是：副词"还"加上动词"有"，表示有所补充，没有涉及词间连词"还有$_2$"和句间连词"还有$_3$"的语法意义和语篇功能。汉语学习者只能了解"还有"的意义，却不了解其功能，更不了解它与相近词在具体的语境使用上的差别。

在例句设置上，《新实用汉语》第三册和第四册的课文中出现了词间连词"还有$_2$"和句间连词"还有$_3$"。但是，教材并没有将其作为一个需要继续补充说明的语言点。

二、"还有""而且"的教学建议

（一）将"还有"作为一个词列入教学大纲和考试大纲

据考察，大多数汉语本体的工具书未将"还有"列入词条，《新汉语水平考试大纲》，教学大纲是教材编写的指南和准绳，同时，考试大纲是教学的指南针、风向标。教学大纲及考试大纲未列入的语言点，一般很难成为教材编写与教师教学的关注点。而学习者在运用汉语进行表达时又出现了较多的偏误，因此，教材大纲和考试大纲应该吸收语言习得研究的最新成果，将"还有"作为一个词条进行收录。

（二）改进教材对"而且""还有"的讲解

1. 科学安排呈现顺序

由于"而且"的语义较为简单，建议教材可先呈现"而且"，然后呈现"还有"。对于"还有"的三个语义，建议按照其词汇化的顺序逐步呈现。高顺全（2011）

通过研究表明,留学生对汉语某些多义副词的多个义项的习得顺序与其语法化顺序基本吻合。因为人类认知的共通性,一般都是由实到虚。从具体到抽象。"还有$_2$""还有$_3$"也是副词"还"与动词"有"组合的短语词汇化的结果。李文山(2008)对其词汇化的路径做了如下描述:

还有$_1$＞还有$_2$＞还有$_3$

　　[词汇化]
还＋有————还有

　　　[语法化]
还有————还有

教材也可按"还有$_1$＞还有$_2$＞还有$_3$"的顺序对其用法进行呈现。其实,"还有$_1$"的理解基于对"还"的理解,因此,出现具体内容如下表:

表3-47 "而且""还有"的呈现顺序建议

次序	词语	用法
1	而且	表示递进
2	还有$_1$	第一次呈现副词"还"时,与"有"共现。
3	还有$_2$	连接词或短语
4	还有$_3$	表示补充说明,作为话题标记放在新话题前。

2. 甄选典型教材例句并进行辨析

"而且"可以单用,也可以与"不但"连用,建议先出现"不但……而且……"的例句,再去掉"不但",单独呈现"而且"。如:

(7)他不但会说英文,而且说得很流利。

(8)他会说英文,而且说得很流利。

其次呈现"还有$_1$""还有$_2$"的例句。如:

(9)今天我们有两节综合课,还有两节口语课。(还有$_1$)

(10)你把笔、本子,还有课本拿出来!(还有$_2$)

最后呈现"还有$_3$"的例句。如:

(11)明天我们学习新课。还有,我们要听写今天学过的生词,请大家记得复习。(还有$_3$)

呈现"还有$_3$"时,"而且"教材中已出现,可对两个词语进行辨析。

3. 精心设计教材练习

"而且"和"还有"最典型的区别是语义,其用法和位置基本一致,因此,练习可紧扣语义的差别进行设计。

(三)教师应对二者的区别予以重视

由于教学大纲、考试大纲的修订及教材的改进需要时日,而课堂教学随时都可以改进,更具时效性。教师不必拘泥于教材,而应根据学生在平时的课堂表现和课后作业中表现出来的偏误及时予以纠正,同时查阅相关资料,进一步研读相关文献,弄清学生易混淆词的异同,有针对性地进行讲解。

第六节 韩国学生"所以(说)""但是"的偏误成因及教学对策

一、偏误成因

对韩国学生中介语语料逻辑连接成分的调查结果显示,因果和转折关系连接成分"所以"和"但是"的使用频次位于榜首,其偏误主要是冗余。此类情况的出现原因有二。

(一)母语的影响

韩汉小句和句间连接形式不同。汉语多用无标形式,口语中多"流水句"(吕叔湘,1979),而韩语多靠连接词尾和接续词(韩国国立国语院,2010)。韩国语的连接词尾"고"既表时间关系,又表因果关系(韩国国立国语院2010)。具体语义和用法如下:

其一,表示同一主体的两个动作,一前一后的发生。汉语常用"…,然后…"的形式来表示。如:

(1)他先做作业,然后看电视。

그는 먼저 숙제를 텔레비전을 보고 그리고

其二,表示两动作先后发生,前一动作又是引起后一动作的原因、根据。如:

(2)나도 그가 일하는 솜씨를 보고 여간 놀라지 않았다.

我看到他干活的技巧,所以大吃一惊。

受母语影响,韩国学生对"所以"和"然后"的差异认识不足,极易将两者互换使用。Ellis(1985)认为母语和目标语的差异与学习难度相关。韩语中的"고"在汉语中分化为"所以"和"然后"两个形式,学习者难以区分两种形式的具体使用条件,难度等级较大。而"然后"在现代汉语中已经虚化称话语标记,有话题设立、顺接、转换、话题链修补以及话轮接续功能(马国彦2010)。同样虚化成话语标记的连接成分还有"但是"。马国彦(2010)指出:

"然后"虚化成表示话语单位之间或言语行为之间在顺序上的顺向关联,"但是"表示逆向关联。受母语影响,加上所学关联词不多,而"所以"和"但是"作为显性的连接成分较为醒目,韩国学生更偏向于使用明显的连词标记。在表达顺向关联时应该用"然后"时误用为"所以",表达逆向关联时泛化"但是",从而造成"所以"和"但是"的冗余。

据张文贤等(2001)统计,汉语中因果连词"所以",转折连词"但是"的使用频次远高于其他因果连词和转折连词,是典型的因果和转折连词。它们语义唯一,因此心理语言距离小,心理典型性强,容易迁移。此外,韩语中关系标记跟汉语的"所以""但是"一样,处于两个分句中间,符合"联系项居中原则"(储泽祥、陶伏平,2008),标记性弱,分布位置一致,更易迁移,因此韩国学生频频连用"所以"和"但是"类连词(转引自周小兵、梁珊珊2014)。

(二)教学以及认知难度的影响

梁珊珊、杨峥琳(2016)考察了8套中国出版的通用汉语教材(四套综合教材,四套口语教材)和6套针对韩国学生的汉语教材初级阶段的语法讲解、词表和课文,发现大部分教材都出现了"因为……,所以……"和"虽然……,但是……"的语法讲解。但面向韩国学生的教材也将这两套标记与韩语因果、转折连接词尾或接续词相等同,并未进行韩汉对比。练习设计也局限在复句内,虽有教材进行了句间练习,但仅强调了其使用的条件,凸显了其作为显性衔接手段的作用,却未说明其不必使用的情况。语篇中,显性标记自然比零标记更容易被识别,一级复句标记"所以""但是"类标记又比其他层级复句标记更凸显,更易引起注意。而且教材中有关连接标记的练习又极大地增加了韩国学生对汉语显性标记的输入频率,诱导学生使用泛化。

二、逻辑关系连接成分教学建议

翟汛(2003)曾提出:"在口头语言中,关联词语省略的情况特别多。……中高级阶段的学生应该对此有所了解。只有既能正确地使用关联词语,又能够在省略关联词语的情况下,正确地组织复句或语段,才是真正掌握了关联词语的用法。而后者正是对外汉语口语教学重视不够的地方。……关联词语在什么情况下可以出现,什么情况下不该出现,什么情况下应该出现,对外国学生来说是真正的难点。"其实,不仅是口语中,由于汉语意合的特点,书面语中连接成分的使用频次也低于韩语(卢智暎,2009)。因此,对韩国学生进行语篇逻辑关系连接成分教学时，教师应特别重视培养学生使用显性和隐性标记的能力，而不仅是理解分句间逻辑关系的能力。在中高级阶段应弱化"仅连词具有连接作用的"意识，增加副词连接以及意合法等其他连接方式的训练，以减弱母语负迁移的影响，使语篇达到自然流畅的效果。

在课堂实践中发现，翻译对比练习能让韩国学生注意到韩汉句间连接的不同，尤其是零标记和时间标记的使用。建议对韩汉语教师和教材补充语篇翻译对比类练习，并且针对韩国学生常见偏误进行专门讲解，如语篇中表对立对等的"而"和"但是"的区别，各连接标记语气的不同以及对语篇主题的凸显程度的不同等。另外，可以从成双成对的逻辑关系连接成分的搭配特点、逻辑关系连接成分在句中的隐现条件、逻辑关系连接成分的句法分布、同类逻辑关系连接成分的辨析等4个方面来把握其教学。

第四章　韩国学生汉语标点符号习得研究

第一节　汉语标点符号分类

一、点号

（一）句末点号

1. 句号

句号的形式为"。"。

表示陈述语气的，标注为 [。B1]。如：

（1）她摸到了躺椅上的一只小单放机，摁了开关 [。B1]（除特殊说明，本节语料均选自笔者自建的汉语母语者语料库。）

表示较缓和的祈使语气和感叹语气的，标注为 [。B2]。如：

（2）黑孩，拉风箱吧 [。B2]（祈使语气）

（3）好，好，好极了，组织部正缺干部，你来得好 [。B2]（感叹语气）

2. 问号

问号的形式是"？"，表示疑问、反问、设问等疑问语气 [？ B3]。如：

（4）他把汽车开得那么快，我敢爬出驾驶室爬到后面去吗 [？ B3]（疑问语气）

（5）难道徐灵不愿意叫徐想姑也不成吗 [？ B3]（反问语气）

（6）过去的长堤街哪里有这么多不三不四的脚呢 [？ B3]（设问语气）

3. 叹号

叹号的形式是"！"。

表示感叹语气，标注为 [！ B4]。如：

（7）睁开你那只独眼看看 [！ B4]

表示强烈的祈使语气，标注为 [！ B5]。如：

（8）而且希望你把丢下的歌儿唱起来［！ B5］

表示反问语气，标注为［！ B6］。如：

（9）谁哑巴啦［！ B6］谁像你们，专看人家脸黑脸白。

（二）句内点号

1. 逗号

逗号的形式为","。

复句内各分句之间的停顿，标注为 [, B7]。如：

（10）你最好回家让你参立个字据 [, B7] 打死了别让我赔儿子。

较长的主语之后，标注为 [, B8]。如：

（11）所有的山所有的云 [, B8] 都让我联想起了熟悉的人。

句首的状语之后，标注为 [, B9]。如：

（12）可当我看清打我的那个身强力壮的大汉时 [, B9] 他们五人已经跨上自行车骑走了。

较长的宾语之前，标注为 [, B10]。如：

（13）孩子发现 [, B10] 老铁匠的脸色像炒焦了的小麦，鼻子尖像颗熟透了的山楂。

带句内语气词的主语（或其他成分）之后，或带句内语气词的并列成分之间，标注为 [, B11]。如：

（14）她呀 [, B11] 还在"北京话"哪！

表示语气较缓和的命令、祈使，标注为 [, B11-1]。如：

（15）看 [, B11-1] 还有手表哪，比指甲盖还小哩！

（16）刘世吾笑了笑，叫韩常新："来 [, B11-1] 看看报上登的这个象棋残局，该先挪车呢还是先跳马？"

较长的主语、宾语、状语或定语中间，标注为 [, B12]。如：

（17）一堆男 [, B12] 一堆女，像两个对垒的阵营。（较长的主语之间）

（18）姑娘说，吃伙房愿意 [, B12] 睡桥洞不愿意。（较长的宾语之间）

较长的谓语中间，标注为 [, B13]。如：

（19）然后倒退几步，抬起手掌打着眼罩 [, B13] 看着桥墩与桥面相接处那道石缝，他放心了。

前置的谓语之后或后置的状语、定语之前，标注为 [, B14]。如：

（20）林震说着他早已准备好的话，说得很不自然 [, B14] 正像小学生第一次见老师一样。（后置的状语之前）

复指成分（包括重叠复指）或插说成分前后，标注为 [, B15]。如：

（21）台儿沟，无论从哪方面讲 [, B15] 都不具备挽住火车在它身边留步的力量。（插说成分前后）

（22）所谓徐灵就是徐想姑啊 [, B15] 一个乡下姑娘啊，凭什么啊！（复指成分前）

用于前后引语之间，标注为 [, B15-1]。如：

（23）"看看，"徐红梅叫道 [, B15-1] "还不承认！"

语气缓和的感叹语、称谓语和呼唤语之后，标注为 [, B16]。如：

（24）哼 [, B16] 后来与韩常新也不知说过多少次，老韩也不搭理，反倒向我进行教育说，应该尊重领导，加强团结。（语气缓和的感叹语之后）

（25）小林 [, B16] 你谈谈王清泉的情况吧。（称谓语之后）

（26）喂 [, B16] 你有香烟吗？（呼唤语之后）

某些序次语（"第"字头、"其"字头及"首先"类序次语）之后，标注为 [, B17]。如：

（27）而我们呢，组织部呢，却正在发愁：第一 [, B17] 某支部组织委员工作马大哈，谈不清新党员的历史情况。第二 [, B17] 组织部压了百十几个等着批准的新党员，没时间审查。第三 [, B17] 新党员需经常委会批准，常委委员一听开会批准党员就请假。第四 [, B17] 公安局长参加常委会批准党员的时候老是打瞌睡……

用在连接成分后，标注为 [, B17-1]。如：

（28）"没事，这孩子没有吃不了的苦。再说 [, B17-1] 还有我们呢，谅他不敢太过火的。"

（29）这时昆山放下了自己的衣角，他不断地眨着眼睛，像是在试验着自己的目光。然后 [, B17-1] 我看到晚霞已经升起来了。

句子附属成分（对句子的某些成分或整个句子进行解释、强调、举例说明等）之前，标注为 [, B18]。如：

（30）你退缩了，你不信任党和国家了 [, B18] 是吗？

（31）我父亲为我和哥哥弄了一张借书证，从那时起我开始喜欢阅读小说了 [, B18] 尤其是长篇小说。

对上文的肯定或否定的回答，标注为 [, B18-1]。如：

（32）林震杂乱地叙述他去麻袋厂的见闻，韩常新脚尖打着地不住地说："是的 [, B18-1] 我知道。"

（33）人们也许以为，这位年轻的教师就会这样平稳地、满足而快乐地度过自己的青年时代。不 [, B18-1] 孩子般单纯的林震, 也有自己的心事。

2. 顿号

顿号用于并列词语之间, 标注为 [、B19]。如:

(34) 他仿佛看见了系蝴蝶结的李琳琳 [、B19] 爱画水彩画的刘小毛和常常把铅笔头含在嘴里的孟飞, ……他猛把头从信纸上抬起来, 所看见的却是电话、吸墨纸和玻璃板。

用于序次语之后, 标注为 [、B19-1]。例如:

(35) 这说明: 一 [、B19-1] 建党工作不仅与生产工作不会发生矛盾, 而且大大推动了生产, 任何借口生产忙而忽视建党工作的作法是错误的。二 [、B19-1] ……但同时必须指出, 麻袋厂支部的建党工作, 也仍然存在着一定的缺点。

相邻两数字连用为缩略形式, 宜用顿号, 标注为 [、B19-2]。例如:

(36) 王清泉个人是做了处理了, 但是如何保证不再有第二 [、B19-2] 第三个王清泉出现呢?

用于需要停顿的重复词语之间, 标注为 [、B19-3]。例如:

(37) 林震茫然地站起, 来回踱着步子, 他想着 [、B19-3]。想着, 好像有许多话要说, 慢慢地, 又没有了。

(38) "你 [、B19-3]。你, " 小石匠气得脸色煞白。

3. 分号

分号表示复句内部并列关系分句之间及非并列关系的多重复句中第一层分句之间的停顿, 标注为 [; B20]。如:

(39) 剥落吧它又并不完全剥落, 东鳞西爪的 [; B20]。剩下的鳞爪还异常地牢固, 拿刀都刮不干净。

4. 冒号

冒号用于总说性或提示性词语(如"说""例如""证明"等)之后, 表示提示下文, 标注为 [: B21]。如:

(40) 徐灵的脚指甲总是保持着光滑滋润, 流光溢彩的状态, 这一点实在让徐红梅心里堵得慌 [: B21] 所谓徐灵就是徐想姑啊, 一个乡下姑娘啊, 凭什么啊!

用于书信、讲话稿中称谓语或称呼语之后, 标注为 [: B22]。如:

(41) 林老师 [: B22] 您身体好吗; 我们特别特别想您, 女同学都哭了, 后来就不哭了, 后来我们作算术, 题目特别特别难, 我们费了半天劲, 中于算

191

出来了……

二、标号

（一）引号

引号有双引号（""）和单引号（''）两种。当引号中还需要使用引号时，外面一层用双引号，里面一层用单引号。双引号及单引号在双引号内的用法主要有两种。

其一，标示语段中直接引用的内容，标注为["B23]。如：

（42）赵慧文说：["B23] 经常也不在，就没有管它。"

其二，标示语段中需要特别指出的成分，标注为["B24] 或 ['B24]。如：

（43）她不用常说的["B24] 爱人"，而强调地说着["B24] 丈夫"。

（44）按他自己的说法，他知道什么是['B24] 是'，什么是['B24] 非'，还知道'是'一定战胜'非'，又知道'是'不是一下子战胜'非'，他什么都知道，什么都见过——党的工作给人的经验本来很多。

（二）括号

括号的形式为"（）"，标示注释内容或补充说明，标注为 [（B25]。如：

（45）这两个是我们的铁匠 [（B25] 他指着两个棕色的人，这两个人一个高，一个低，一个老，一个少），负责修理石匠们秃了尖的钢钻子之类。

（三）破折号

破折号的形式为"——"，标示注释内容或补充说明，标注为[——B26]。如：

（46）秃钻子被打出了尖，颜色暗淡下来[——B26] 先是殷红，继而是银白。

（四）省略号

省略号的形式为"……"，标示语意未尽、列举或重复词语的省略，标注为 [……B27]。如：

（47）当林震从院里的垂柳上摘下一颗多汁的嫩芽时，他稍微有点怅惘，因为春天来得那么快，而他，却没做出什么有意义的事情来迎接这个美妙的季节 [……B27]

其二，标示上下文的省略，标注为 [……B27-1]。如：

（48）回来以后，韩常新用流利的行书示范地写了一个"麻袋厂发展工作简况"，内容是这样的：

（49）[……B27-1]本季度（1956年1月至3月）麻袋厂支部基本上贯彻了积极慎重发展新党员的方针，在建党工作上取得了一定的成绩。（52）[……B27-1]你全不念三载共枕，如去如雨，一片恩情，当作粪土。奴为你夏夜打扇，冬夜暖足，怀中的香瓜腹中的火炉 [……B27-1]

其三，标示说话时断断续续，标注为 [……B27-2]。如：

（50）刘世吾大笑起来，说："老韩 [……B27-2] 这家伙 [……B27-2] 真高明 [……B27-2]"笑完了，又长出一口气。

（五）书名号

书名号的形式为"《》"，标示书名、篇名、刊物名、报纸名、文件名及电影、电视等各类用声音、图像等表现的作品的名字，标注为 [《B28]。如：

（51）五月中旬，[《B28]北京日报》以显明的标题登出揭发王清泉官僚主义作风的群众来信。（报纸名）

（52）然后晚上来找我吧，我们听美丽的 [《B28]意大利随想曲》。（歌曲名）

第二节 韩国学生汉语标点符号正确使用情况

一、正确使用整体情况

以《标点符号用法》为判别正误的标准，两位有十年以上汉语教学经验的专业教师对30万字左右的中介语语料中标点符号正误使用情况进行穷尽式考察和标示。标示分为"正确""错用""缺失""多余"四类。"正确"即标点符号使用正确，"错用"即标点A错用为标点B，"缺失"即该用某类标点而未用，"多余"即不该用某类标点而用了，四种类型无交叉。由于各水平阶段的语料字数有差异，为了便于对比，所有用例以平均每万字为单位进行换算，具体情况见下表。

表 4-1 各水平等级上 28 类标点符号正确使用情况表（次/万字）

	编码	初级	中级	高级	平均值	比重	汉语母语者	比重
句号	B1	212.3	226.79	267.57	235.55	39.04%	248.48	24.22%
	B2	13.15	12.44	23.59	16.39	2.72%	10.54	1.03%
问号	B3	15.34	31.33	17.38	21.35	3.54%	46.72	4.55%
叹号	B4	14.37	12.2	17.38	14.65	2.43%	18.28	1.78%
	B5	0.73	4.78	5.95	3.82	0.63%	4.35	0.42%
	B6	0	0.24	0.48	0.24	0.04%	0.97	0.09%

续表

	编码	初级	中级	高级	平均值	比重	汉语母语者	比重
逗号	B7	88.14	122.9	106.74	105.93	17.56%	276.92	26.99%
	B8	8.28	10.28	13.34	10.63	1.76%	19.15	1.87%
	B9	52.59	74.6	84.82	70.67	11.71%	37.92	3.69%
	B10	3.17	4.06	8.58	5.27	0.87%	4.35	0.42%
	B11	2.68	3.11	3.34	3.04	0.50%	1.35	0.13%
	B11-1	0	0	0	0.00	0.00%	2.22	0.22%
	B12	1.95	0.72	1.19	1.29	0.21%	5.51	0.54%
	B13	47.24	73.44	68.57	63.08	10.46%	133.58	13.02%
	B14	0	0.24	0.24	0.16	0.03%	0.97	0.09%
	B15	5.6	5.26	5.24	5.37	0.89%	2.61	0.25%
	B15-1	0	0	0	0.00	0.00%	3.68	0.36%
	B16	7.3	8.13	15.96	10.46	1.73%	14.99	1.46%
	B17	0	0.49	0.96	0.48	0.08%	1.16	0.11%
	B17-1	0	0	0	0.00	0.00%	3.10	0.30%
	B18	4.14	9.09	15.96	9.73	1.61%	0.87	0.08%
	B18-1	0	0	0	0.00	0.00%	4.45	0.43%
顿号	B19	6.33	18.41	15.01	13.25	2.20%	13.25	1.29%
	B19-1	0	0	0	0.00	0.00%	0.19	0.02%
	B19-2	0	0	0	0.00	0.00%	0.19	0.02%
	B19-3	0	0	0	0.00	0.00%	0.39	0.04%
分号	B20	0	0	0	0.00	0.00%	3.97	0.39%
冒号	B21	3.9	0.48	8.82	4.40	0.73%	48.94	4.77%
	B22	0	0	0	0.00	0.00%	0.10	0.01%
引号	B23	2.19	3.11	5	3.43	0.57%	83.38	8.13%
	B24	0	0	0.73	0.24	0.04%	10.06	0.98%
括号	B25	0.73	1.67	1.19	1.20	0.20%	1.45	0.14%
破折号	B26	0.24	0.24	1.43	0.64	0.11%	2.22	0.22%
	B26-1	0	0	0	0.00	0.00%	0.29	0.03%
	B26-2	0	0	0	0.00	0.00%	0.10	0.01%
	B26-3	0	0	0	0.00	0.00%	0.19	0.02%
	B26-4	0	0	0	0.00	0.00%	0.10	0.01%
省略号	B27	1.21	1.2	3.1	1.84	0.30%	15.48	1.51%
	B27-1	0	0	0	0.00	0.00%	0.39	0.04%
	B27-2	0	0	0	0.00	0.00%	0.39	0.04%
	B27-3	0	0	0	0.00	0.00%	0.29	0.03%
书名号	B28	0	0	0.73	0.24	0.04%	2.61	0.25%
	合计	493.53	634.3	698.3	603.36	100.00%	1026.14	100.00%
	百分比	19.15%	24.62%	27.10%				

对韩国学生三个阶段的标点符号使用情况统计结果表明[①]：

第一，方差分析显示，$F(27, 56)=371.71$，$p=0.000 < 0.05$，正确使用频次的主效应显著。

第二，多重比较发现，B1、B7、B9、B13显著高于其他24类逗号用法，（$p < 0.05$）。4类用法之间 [, B9]、B13之间差异不显著（$p > 0.05$），其他用法之间差异显著（$p < 0.05$）。28类用法正确使用频次呈现"B1 > B7 > B9、B13 >其他24类用法"的趋势。前4类占所有正确用例比重分别为38.70%、17.40%、11.61%、10.31%，共计78.02%。

第三，三个水平段之间差异不显著（$p > 0.05$），正确用例为初级（493.53例）<中级（634.3例）<高级（698.3例），正确种类为初级（22类）<中级（25类）<高级（27类）。说明随着汉语水平的提高，正确用例总量及正确用法种类有所增加，韩国学生的标点符号用法越来越丰富，断句意识逐步增强。

初级阶段出现的标点符号用法比较有限，B6、B14、B17、B26、B28均未出现正确用例，这五类用法在中高级阶段的使用频次及正确频次均较少，仅占所用正确用例的0.29%。

对韩国学生和汉语母语者标点符号正确使用情况进行对比后发现：

第一，从使用频次上看，除了B2、B9、B10、B11、B15、B18在中介语语料中三个阶段的平均使用频次高于母语语料中的使用频次，其他类型的标点符号在母语语料中的使用频次高于中介语语料的平均使用频次。其中B9代表用在句首状语后的逗号，中介语语料多为叙述文，涉及的表时间和地点的状语较多，因此使用频次较大。B15代表用在复指成分（包括重叠复指）和插说成分前后的逗号，母语语料中表示重复的语句较多，这类用法的使用频次高于中介语。

第二，从类型分布上看，韩国学生正确使用的标点符号为27类，汉语母语者为42类，为韩国学生的1.5倍。特别是标号的用法，中介语语料使用频次仅为7.59，而汉语母语者的使用频次为116.95，后者为前者的15倍。

具体所占比重方面，中介语句号和逗号所占比重分别为41.76%和47.41%，共计89.17%。而所有标号所占比重仅为1.26%，由此可见，韩国学生标点符号的使用类型较为集中单一，主要集中在逗号、句号等最常用的标点符号上。

---

① 数据统计均采用SPSS22.0统计软件，下同。

二、韩国学生点号正确使用情况

（一）句末点号

1. 句号

一是用于句子末尾，表示陈述语气时，标注为[。B1]。如：

（1）这一年让我回忆起我小时候的生活[。B1]

（2）两年以前，我母亲因病住院的时候，他一连几天没睡，照看我母亲[。B1]

二是表示较缓和的祈使语气和感叹语气时，标注为[。B2]。如：

（3）你一定要好好学习，将来争取当官吧[。B1]

（4）他真是我一生中最难忘的、影响最大的一个人[。B1]

上述两例句末分别用句号表示较缓和的祈使语气和感叹语气。

2. 问号

问号用于句子末尾，表示疑问语气（包括反问、设问等疑问类型），标注为[？B3]。如：

（5）到底，妈妈给了我什么样的影响呢[？ B3]

（6）我看着她哭泣的背影，我的心也在流泪，难道我们再也不能见面了吗[？ B3]

（7）我想了想，对我影响最大的人究竟是谁[？ B3]忽然想起来了好几个人，其中有我的父母，知心朋友，我所尊敬的老师等。

上述三例句末分别用问号表示一般疑问、反问及设问语气。

问号叠用的情况在三个分数段均未出现。

2. 叹号

叹号用于句子末尾，主要表示感叹语气，有时也可表示强烈的祈使语气、反问语气等，标注为[！B4]。如：

（8）每个月，我必须要生活费，你们给我送钱的时候，多么辛苦啊[！ B4]

（9）祝您身体健康[！ B4]

用于句子末尾，表示强烈的祈使语气等，标注为[！ B5]。如：

（10）请你们放心吧[！ B5]

用于句子末尾，表示强烈的反问语气等，标注为[！ B6]。如：

（11）如果我不来中国的话，怎么了解中国呢[！ B6]

第一例、第二例的叹号表示感叹语气，第三例、第四例分别表示强烈的祈使语气和反问语气。

用于拟声词后、叠用叹号、问号叹号叠用在三个分数段均未出现。

（二）句内点号

1. 逗号

复句内各分句之间的停顿，除了有时用分号，一般都用逗号。韩国学生中出现的复句类型非常丰富。如：

（12）我快要期中考试了 [, B7] 所以最近学习比较忙。（因果复句）

（13）如果考试成绩不好的话 [, B7] 我不能上三年级。（假设复句）

（14）虽然说现在外语实力很强的人才可谓车载斗量 [, B7] 但像我一样精通汉语和英语的人还是比较少见。（转折复句）

（15）她不但打我 [, B7] 而且打得很重。（递进复句）

（16）他认为最重要的不是结果 [, B7] 而是过程。（并列复句）

（17）而我有苦难时才向你们问好 [, B7] 然后说说不满意的事情或者心里的压力。（承接复句）

（18）我相信只要努力 [, B7] 未来的困难就都可以解决。（条件复句）

（19）我复学以后组织了一个学习小组 [, B7] 目的是学习当今中国政治、经济情况。（目的复句）

（20）我的父亲是个技术工人，性格很温柔 [, B7] 不知道对男的这样的说法是不是合适。（解说复句）

逗号用于下列各种语法位置：一是较长的主语之后，标注为 [, B8]。如：

（21）我突然跟女朋友分手 [, B8] 对你们来说肯定是很大的冲击。

二是句首的状语之后，标注为 [, B9]。如：

（22）刚刚来北京的时候 [, B9] 人生地不熟，可我慢慢就习惯了，请你别担心。

三是较长的宾语之前，标注为 [, B10]。如：

（23）但当时韩国农民普遍认为 [, B10] 女孩子不用学习。

（24）我认为 [, B10] 我的父亲是世界上最好的爸爸。

四是带句内语气词的主语（或其他成分）之后，或带句内语气词的并列成分之间，标注为 [, B11]。如：

（25）我呢 [, B11] 期中考试还没有结束，整天都在图书馆看书。

（26）我在北京有很多朋友，中国朋友呀 [, B11] 韩国朋友呀 [, B11] 日本朋友呀 [, B11] 等等。

例（25）为带语气词"呢"的主语"我"之后用逗号，例（26）为带语气词"呀"的并列成分之间用逗号。

五是较长的主语、宾语、定语、状语中间，标注为 [, B12]。如：

（27）家里的经济情况也好 [, B12] 妹妹的事也好 [, B12] 姐姐的事也好，都告诉我，跟我商量吧。

（28）我才知道爱是什么 [, B12] 我是什么人。

（29）为了父母高兴 [, B12] 为了漂亮的生活 [, B12] 为了充满希望的未来，我要努力学习，坚持不懈地努力。

上述三例的逗号分别用在较长的主语之间、宾语之间和状语之间。

六是较长的谓语中间，标注为 [, B13]。如：

（30）但他到现在一直坚持早上五点左右起床 [, B13] 起床以后打扫院子 [, B13] 跑跑步 [, B13] 吃早饭以后看书等。

逗号用于下列各种停顿处：一是复指成分或插说成分前后，标注为 [, B15]。如：

（31）2007年冬天圣诞节，[, B15] 那天是我的一生中第一次在国外过节日。

（32）我们第一次碰到是我刚上大学的时候，换句话说，[, B15] 我刚上大学的时候有一个我们系的聚会。那时候，我一看就她喜欢上了。

第一例中的"那天"复指"2007年冬天圣诞节"，前面用逗号。第二例的插说成分"换句话说"前后用逗号。

二是语气缓和的感叹语、呼唤语、称谓语之后，标注为 [, B16]。如：

（33）啊 [, B16] 对呀！这就是在世界上最漂亮的脸，这代表着为我们的操劳！

（34）爸爸、妈妈 [, B16] 你们记住，我什么事情都很好，不要担心。

第一例为语气缓和的感叹语"啊"后用逗号，第二例为称谓语"爸爸、妈妈"之后用逗号。

三是某些序次语（"第"字头、"其"字头及"首先"类序次语）之后，标注为 [, B17]。如：

（35）首先 [, B17] 我真的没想到趁这考试的机会给父母写信，我自从到中国以后，很想给父母用中文来写信。其次 [, B17] 我要跟父母说这两句话："谢谢"和"对不起"。

（36）其实原因是很多。第一 [, B17] 他的公司根本不愿意我跟着一起学习，……

第二 [，B17] 在韩国生活时我也在公司工作，而且我进公司只有一年，所以停职不太容易。

第一例在"首先""其次"后、第二例在"第一""第二"后用逗号停顿。

四是句子附属成分（对句子的某些成分或整个句子进行解释、强调、举例说明等）之后，标注为 [，B18]。如：

（37）虽然现在我们不能在一起，但我工作以后一定一起住 [，B18] 好吗？

（38）您是我家的家长，应该想到您注意自己的健康是为了我们大家好 [，B18] 是不是？

（39）你们老是担心我出事 [，B18] 特别是我妈。

2. 顿号

仅出现并列词语之间的例子，标注为 [、B19]。如：

（40）还有我希望过得快乐 [、B19] 幸福。

（41）爸爸 [、B19] 妈妈过得怎么样？

（42）我非常喜欢中国菜 [、B19] 中国茶 [、B19] 中国人，甚至喜欢中国的狗。

3. 分号

表示复句内部并列关系的分句（尤其当分句内部还有逗号时）或非并列关系的多重复句中第一层分句之间的停顿，标注为 [；B20]。如：

（43）你是个学生，所以应该像个学生那样做才行 [；B20] 我是一名工作人员，所以该这么做才成。

（44）还记得，我使着性子要离开您，要远渡重洋随丈夫到这里来时，您常常自己偷偷流泪 [；B20] 还记得，您为了让我欢欢喜喜地离开而强作欢笑 [；B20] 还记得，您亲手为我连着几个晚上赶织的毛衣 [；B20] 还记得……

中介语未出现用于分项列举的各项之间的分号。

4. 冒号

总说性或提示性词语（如"说""例如""证明"等）之后，表示提示。下文或是用在需要说明的词语之后，表示注释和说明，标注为 [：B21]。如：

（45）他说 [：B21] "如果不了解中国，我国就没有发展前途。"

（46）第二个 [：B21] 我的罪已经赦免了。我的负罪感现在一点也没有了。

第三个 [：B21] 我的事业很亨通。我碰到困难的事情的时候，他经常在我的身边帮助我解决一些问题。

第四个 [：B21] 对我的婚姻生活很有帮助。我跟我爱人之间的感情越来越深。

书信中称谓语或称呼语之后。由于语料中的作文是给父母写信,冒号的这类用法使用频率较高,标注为 [：B22]。如:

(47) 尊敬的爸爸、妈妈 [：B22]

三、标号正确使用情况

(一) 引号

引号标示语段中直接引用的内容或需要特别指出的成分,形式有双引号(" ")和单引号 (' ') 两种。左侧的为前引号,右侧的为后引号。

标示语段中直接引用的内容,标注为 ["B23]。

(48) 古人说得好: ["B23] 谁言寸草心,报得三春晖?"

(49) 一个人不管做什么事情,都一定要抱着 ["B23] 岂能尽如人意,但求无愧于心"的态度去做。

引号中需要使用引号时,外面一层用双引号,里面一层用单引号,如:

(50) 他经常跟学生们说:"我这一生里总是以 ['B23] 三人之行,必有我师'这个警句为我的原则。"这件事使我很受感动。

标示语段中具有特殊含义而需要特别指出的成分,或是需要着重论述或强调的内容,标注为 ["B24]。

(51) ["B24] 美",除了这一个字以外,再也没法描绘桂林的风景了。

(52) 这次我买了一种药,买下来以后很放心,好像吃了 ["B24] 定心丸"。

(二) 括号

韩国学生汉语记叙文语料中出现的均为圆括号,标示注释内容或补充说明,标注为 [（B25]。

(53) 但现在这里的上海人 [（B25] 也有很多外地人) 都穿得花花绿绿的,而且各种各样的汽车在马路上飞驰着。

(54) 记得初三我准备联合考试 [（B25] 在韩国入高中的考试) 的时候有了女朋友,于是成绩一天不如一天。

(三) 破折号

语料中的破折号仅用于标示注释内容或补充说明,标注为 [——B26]。

(55) 你们的女儿在这么高的地方观望上海这座四通八达的城市,不知我的爱父母的心能否到达你们住的地方 [——B26] 釜山。

(56) 在我的心灵受到这种冲击之时,聪明、贤惠的姐姐正好发现了我 [——

B26] 失去目标的我。

（四）省略号

标示列举或重复词语的省略，或是语意未尽，标注为 [……B27]。

（57）到今天为止我跟很多人见过面，朋友、老师、同事、家族亲属 [……B27] 还有读过很多关于人物的书。

（58）在街上，有人问路，我不敢马上回答。虽然头脑里已经想好了，但是说不出来，只能说"嗯 [……B27]"

（59）那时我真不知道该说什么，愣了一会儿，只好跟她说实话了："妈妈，其实最近我没学习，经常出去玩 [……B27]"

第一例中省略号标示列举的省略，第二例分别用以标示重复词语"嗯"的省略。最后一例用省略号表示语意未尽。

标示引文的省略在中介语语料中未出现。

（五）书名号

韩国学生中介语语料中书名号用例极少，均为标示篇名，标注为[《B28]。如：

（60）正考的是作文。考试题目是 [《B28] 一封写给父母的信》（篇名），所以我趁这个机会写信给您。

第三节 韩国学生汉语标点符号偏误分析

一、标点符号偏误整体情况

标点符号偏误分为错误、空缺、多余三类，分别以 [BC]、[BQ]、[BD] 三类代码标示，下面以逗号为例进行说明。

[BC，]：逗号错用标记，用于标示使用错误的逗号。把逗号移至 [BC] 中 BC 的后面，并在 [BC] 前填写正确的标点符号。

[BQ，]：逗号缺失标记，用于标示应用逗号而未用的情况。把 [BQ] 插入缺失逗号之处，并在 [BQ] 中 BQ 的后面填写所缺的逗号。

[BD，]：逗号多余标记，用于标示不应用逗号而用了的情况。把多余的逗号移至 [BD] 中 BD 的后面。

表 4-2 韩国学生 28 类标点符号用法三类偏误统计表（次/万字）

类型＼水平	错用	缺失	多余	所占比重（%）
B1	196.27	25.81	6.96	30.52
B2	6.95	2.15	0	1.21
B3	9.39	3.38	0	1.70
B4	10.34	4.34	0	1.96
B5	0.24	1.2	0	0.19
B6	0.96	0	0	0.13
B7	88.46	44.41	2.68	18.06
B8	7.46	4.33	0.72	1.67
B9	6.47	36.39	2.38	6.03
B10	1.94	4.83	4.05	1.44
B11	5.29	2.17	0	0.99
B12	0.97	0.24	0	0.16
B13	43.08	16.67	0.24	7.99
B14	0.24	0	0	0.03
B15	2.16	1.7	0	0.51
B16	17.79	23.83	0	5.55
B17	0.71	0.49	0	0.16
B18	14.12	14.58	0	3.82
B19	69.13	2.9	2.41	9.92
B20	2.16	0	0	0.29
B21	11.09	10.61	0.95	3.02
B22	8.86	7.22	0	2.14
B23	2.42	8.42	1.21	1.61
B24	0	0.48	0	0.06
B25	0	0.24	0	0.03
B26	1.44	0.24	0.49	0.29
B27	0	0	0	0.00
B28	0.48	0	3.37	0.51
合计	508.42	216.63	25.46	99.99
百分比（%）	196.27	25.81	6.96	19.15

对标点符号三类偏误频次进行方差分析的结果显示，$F(2，81)=4.99$，$p=0.009 < 0.05$，标点符号偏误的主效应显著。多重比较发现，错用与缺失、多余之间的差异显著（$p < 0.05$），缺失与多余之间差异不显著（$p > 0.05$）。标点符号的 3 类偏误呈现"错用＞缺失＞多余"的趋势，所占比重依次为 54.27%、42.79%、2.94%。韩国学生使用标点符号最大的问题是标点符号的混用，其次为该用标点时未用，不该用标点却用了的情况最少，与杨文兵、文雁（2015）的统计结果一致。下面分别对三类偏误进行分析。

二、标点错用

表 4-3 韩国学生 28 类标点符号用法错用统计表（次 / 万字）

类型＼水平	初级	中级	高级	小计	所占比重(%)
B1	76.56	71.1	48.61	196.27	38.60%
B2	0.49	4.31	2.15	6.95	1.37%
B3	4.38	3.11	1.9	9.39	1.85%
B4	4.38	2.63	3.33	10.34	2.03%
B5	0	0	0.24	0.24	0.05%
B6	0.24	0.48	0.24	0.96	0.19%
B7	31.9	26.78	29.78	88.46	17.40%
B8	3.17	1.91	2.38	7.46	1.47%
B9	1.46	1.2	3.81	6.47	1.27%
B10	1.46	0.24	0.24	1.94	0.38%
B11	2.19	2.39	0.71	5.29	1.04%
B12	0.73	0	0.24	0.97	0.19%
B13	17.77	15.31	10	43.08	8.47%
B14	0.24	0	0	0.24	0.05%
B15	0.97	0.24	0.95	2.16	0.42%
B16	6.57	5.5	5.72	17.79	3.50%
B17	0	0	0.71	0.71	0.14%
B18	2.19	5.5	6.43	14.12	2.78%
B19	19.48	24.87	24.78	69.13	13.60%
B20	0.73	0.72	0.71	2.16	0.42%
B21	5.6	2.39	3.1	11.09	2.18%
B22	1.7	4.78	2.38	8.86	1.74%
B23	1.22	0.72	0.48	2.42	0.48%
B24	0	0	0	0	0.00%
B25	0	0	0	0	0.00%
B26	0.49	0	0.95	1.44	0.28%
B27	0	0	0	0	0.00%
B28	0	0.24	0.24	0.48	0.09%
合计	183.92	174.42	150.08	508.42	100.00%
百分比（%）	76.56	71.1	48.61	196.27	38.60%

对 28 类标点符号用法错用频次的方差分析结果显示，$F(27, 56)=56.84$，$p=0.000<0.05$，错用的主效应显著。多重比较发现，B1、B7、B19、B13 显著高于其他 24 类标点符号用法（$p<0.05$），四者之间差异显著（$p<0.05$），其他 24 类用法之间差异不显著（$p>0.05$），错用频次呈现"B1＞B7＞B19＞B13＞其他 24 类用法"的趋势，前 4 类所占比重分别为 38.60%、

17.40%、13.60%、8.47%，共计 78.07%。

（一）点号错用

1. 句号错用

B1 错用，即陈述句末尾该用句号时用了其他标点。

B1 错用为逗号、顿号、叹号、问号、实心圆点及位置错误，所占比重分别为 52.39%、2.45%、0.25%、1.35%、42.21%、1.35%。

一是错用为逗号，标注为 [B1C，]。如：

（1）我大学毕业以后，没有工作，在家里游手好闲。[B1C，] 你每天早上写信给我，一边忠告我，一边安慰我。

使用句号主要根据语段前后有较大停顿。若句子已表达一个完整的主题，应使用句号，上例使用逗号使语段层次不清，影响表达效果。

（2）他说："你是个学生，所以应该像个学生那样做才行，我是一名工作人员，所以该这么做才成。[B1C，]"他的话在我的心里留下了深刻的印象。

上例引文完整且独立使用，引号内句末应该用句号。

二是错用为顿号，标注为 [B1C、]。如：

（3）我已经长大了，可还是一想起我妈的话，心情就不好。[B1C、]

上例已表达一个完整的主题，应使用句号。句号与顿号的用法不易混淆，这类偏误原因可能是留学生书写的随意性导致。

三是错用为叹号，标注为 [B1C！]。如：

（4）他们是很好的朋友，每天一起出去玩，去食堂吃中国菜。[B1C！]

句号一般用在强烈的感叹语气末尾，上例表示陈述语气，应该用句号，偏误原因为韩国学生对叹号的使用规则掌握不准确。

四是错用为问号，标注为 [B1C？]。如：

（5）最近特别想爸爸 [BQ，] 妈妈，[BC，] 不知道为什么。[B1C？]

《标点符号用法》附录 B 指出，使用问号的依据为疑问语气，而不是疑问词。如果句子中含有疑问词的语段，但句子本身并没有表示疑问语气时，句末不用问号。上述两例偏误原因在于韩国学生对问号的使用规则掌握不准确，误将疑问词等同于疑问语气，从而错用了问号。

五是错用为实心圆点，标注为 [B1C.]。如：

（6）去银行的时候，下大雨，我很辛苦。[B1C.] 星期五晚上，一个不认识的号码给我打电话。[B1C.]

此类偏误比重较大,主要原因是韩语的负迁移。韩语中的句号写作实心圆点,而不是汉语的空心圆圈,因此韩国学生容易句末句号写成实心圆点。

六是位置错误,标注为 [B1CW]。双引号内的引文完整且独立使用,句末句号应放在引号内,留学生放在引号外,从而造成位置错误。如:

(7)妈妈常对我们说这句话:"钱不是最重要的东西,更重要的是信用、勤劳。[B1CW]"

B2 错用,即表缓和的祈使语气、感叹语气的句号错用为其他标点。

一是错用为逗号,标注为 [B2C,]。如:

(8)你一定要减肥,少吃点儿。[B2C,] 我们一起爬山吧!

第一例表示较缓和的祈使语气,表达完整的句意,其后开始一个新的话题,应该用句号。

二是位置错误,标注为 [B2CW]。如:

(9)他说:"我的儿子在哪儿?快来,……回家吧。"[B2CW]

句号应放在引文内,韩国学生放在引号外。

2. 问号错用

B3 错用,即表疑问、反问、设问等疑问语气的问号错用为其他标点符号。

一是错用为逗号,标注为? [B3C,]。如:

(10)对,下星期天我跟同学们打算去故宫,你们也去过了吧?[B3C,] 因为最近天气非常好,而且考试也结束了。

二是错用为句号,标注为? [B3C。]。如:

(11)那么,怎么分析好坏呢?[B3C。]

三是问号错用为叹号,标注为 [B3C!]。如:

(12)对我影响最大的人是谁呢?[B3C!] 就是我的爸爸。

3. 叹号错用

B4 错用,即表感叹语气的叹号错用为其他标点符号。

一是叹号错用为逗号,标注为 [B4C,]。如:

(13)爸爸、妈妈,现在想起来,当时你们有多痛苦![B4C,] 直到那时,才知道爸爸、妈妈为什么偏袒弟弟。

二是叹号错用为句号,标注为 [B4C。]。如:

(14)祝您身体健康、事业顺利![B4C。]

三是叹号错用为顿号,标注为 [B4C、]。如:

(15)最后我祝你们身体健康![B4C、]

205

四是叹号错用为问号，标注为 [B4C？]。如：

（16）爸，我对您的请求只有这个而已。全家人都在担心您呢！[B4C？]

表示强烈祈使语气及反问语气的 B5、B6 的偏误在语料中未出现。

4. 逗号错用

B7 错用，即复句内各分句之间的逗号错用为其他标点符号。根据《标点符号用法》中对逗号基本用法的说明，应使用逗号的情况主要分为两大类，一类是复句内复句内各分句之间的停顿，除了有时用分号，一般用逗号。其中包括有因果复句、转折复句、递进复句、假设复句、承接复句、条件复句、并列复句、解说复句、目的复句共计 10 类。

B7 错用为句号、顿号、叹号、实心圆点，所占比重分别为 83.46%、5.26%、0.25%、11.03%。

一是错用为句号，标注为 [B7C。]。如：

（17）我当时刚刚高中毕业，而且没考上大学，[B7C。]所以心里有点儿难过。（因果复句）

（18）当时我跟司机先生谈了很长时间的话，[B7C。]但他认不出来我是外国人。（转折复句）

（19）韩国的知识青年应该了解急速变化过程中的世界，[B7C。]而且对这样的变化做好准备。（递进复句）

（20）如果你们给她机会，[B7C。]她肯定会成为一个很可爱的儿媳。（假设复句）

（21）我们去预订的宾馆打开了行李，[B7C。]然后去餐厅吃饭了。（递进复句）

（22）一个人，不管做什么事情，[B7C。]都一定要抱着"岂能尽如人意，但求无愧于心"的态度去做。（条件复句）

（23）对我个人来说，给我影响最大的人不是政治家，也不是思想家、艺术家，[B7C。]而是一个非常平凡的人——我的母亲。（并列复句）

（24）但是练习完的时间每周都不一样，[B7C。]有的时候 4 点半结束，有的时候 9 点才结束。（解说复句）

（25）1988 年，我复学以后组织了一个学习小组，[B7C。]目的是学习当今中国政治、经济情况。（目的复句）

错用句号占 B7 错用的 83.46%，8 类复句均出现此类偏误。这类偏误的主要原因是学习者对文意的理解不到位，单纯以句子长短作为判断文意完整的依据，而不是根据上下文的意义。

二是错用为顿号，标注为 [B7C、]。如：

（26）但是我最尊重他，[B7C、] 因为他为了我们家族，一辈子辛辛苦苦工作。（因果复句）

（27）我已经长大了，[B7C、] 可还是一想起我妈的话，心情就不好了。（转折复句）

（28）上课的时候，玩游戏、聊天、看电影，[B7C、] 甚至不去上课在宿舍睡觉。（递进复句）

（29）妈妈如果太伤心了，[B7C、] 我该怎么办才好呢？（假设复句）

（30）我小的时候，不明白这句话的意思，[B7C、] 后来当然知道了。（承接复句）

复句中逗号与顿号在功能上不易混淆，偏误的原因是学习者书写的随意性。

三是错用为叹号，标注为 [B7C！]。如：

（31）还有我最近常常参加运动，因为快到夏天了吧，[B8 1C！] 所以很担心怎么穿衣服！（因果复句）

上例虽然有语气词"吧"，但并不表示强烈的感叹语气，同时位于因果复句的两个分句之间，应该用逗号。

四是错用为实心圆点，标注为 [B7C.]。如：

（32）在韩国的时候我没吃过中国菜，[B7C.] 所以想吃中国菜。（因果复句）

（33）本来我的酒量不大，[B7C.] 但是那天喝了很多酒。（转折复句）

（34）就这样经过表姐2年多的细心指教，我终于把韩国话和韩国字基本都学会了，[B7C.] 而且能够给给中国的母亲用韩国字写信。（递进复句）

（35）如果我一个人来到北京，[B7C.] 我什么都不做，所以真的很感激我的朋友。（假设复句）

（36）我们不想打扰这位老人，[B7C.] 于是去餐车吃饭了。（承接复句）

（37）我和朋友最喜欢彗星这个人，[B7C.] 她的朋友最喜欢珉宇这个人。（并列复句）

这类偏误所占比重为11.03%，且覆盖很多类型的复句。主要原因是韩国学生书写的随意性。

B8错用，即较长的主语之后的逗号错用，偏误用例全部为逗号错用为句号，标注为 [B8C。]。如：

（38）普通人中我所尊敬、影响我的，[B8C。] 就是我的妈妈！

主谓之间用句号隔开，使得句子的文意支离破碎，应该用逗号。韩国学生误将句子长短作为判定使用句号的依据，从而导致偏误。

B9错用，即句首状语后的逗号错用为其他标点符号。

一是错用为句号，标注为 [B9C。]。如：

（39）去旅行的前一天，[B9C。] 我们一起去赶集。

单纯的状语并不能表达一个完整的语义，其后应使用逗号。

二是错用为顿号，标注为 [B9C、]。如：

（40）我去中国以后，[B9C、] 每天努力地学习汉语，因为我不能辜负父母对我的信任。

此处逗号与顿号功能上不易混淆，偏误成因可能是韩国学生的书写随意性。

三是错用为实心原点，标注为 [B9C.]。如：

（41）毕业以后，面临着找工作的情况，[B9C.] 我觉得我的汉语太差，所以我非得去辅习班重新学汉语不可。

此类偏误为书写偏误，主要原因可能是韩国学生对书写不够重视。

B10错用，即较长的宾语之前的逗号错用为其他标点符号。

一是错用为句号，标注为 [B10C。]。如：

（42）咱们想一想，[B10C。] 以前的东西现在还留着什么呢？语言、衣服、文化、生活，甚至我们的思想。

二是错用为顿号，标注为 [B10C、]。如：

（43）但我记得，[B10C、] 对我影响 [C] 最大的一个人就是我的父亲。

三是错用为实心原点，标注为，[B11C.]。

（44）我觉得，[B10C.] 学习方法比学习能力更重要。

B11错用，即带句内语气词的主语（或其他成分）之后，或带句内语气词的并列成分之间的逗号错用为其他标点符号。

一是错用为句号，标注为 [B11C。]。如：

（45）你们身体好吗？我呢，[B11C。] 挺好的。

二是错用为顿号，标注为 [B11C、]。如：

（46）我在北京有很多朋友：中国朋友呀，[B11C、] 韩国朋友呀，[B11C、] 日本朋友呀等等，他们都对我非常好。

偏误成因是过度泛化。韩国学生误以为并列成分之间应该用顿号，加上语气词后应该用逗号而非顿号。

B12错用，即较长的主语、宾语、状语或定语中间的逗号错用为其他标点符号。

一是错用为句号，标注为 [B12C。]。如：

（47）为了漂亮的生活，[B12C。] 为了充满希望的未来，我要努力学习，坚持不懈地努力。

上述两例分别为较长的宾语、状语之间的逗号错用为句号。

二是错用为顿号，标注为 [B12C、]。如：

（48）那天晚上我出现了问题，就是消化不良，肚子疼，[B12C、] 拉肚子，不能睡觉，来来回回跑卫生间。

三是错用为实心原点，标注为 [B12C.]。如：

（49）我能看到有的人打排球，[B12C.] 有的人打网球等等。

B13 错用，即较长的谓语中间的逗号错用为其他标点符号。

一是错用为句号，标注为 [B13C。]。如：

（50）我自己觉得我是失败的人，所以对什么事情都没有兴趣，[B13C。] 总是在家里，[B13C。] 不出去，[B13C。] 不说话。

二是错用为顿号，标注为 [B13C、]。如：

（51）因为这个事情，我学习很努力，[B13C、] 不怕跟中国人聊天儿。

三是错用为实心原点，标注为 [B13C.]。如：

（52）那时我 17 岁了，[B13C.] 很喜欢出去玩，不想认真学习。

B14 错用，即前置的谓语之后或后置的状语、定语之前的逗号错用为其他标点符号。

一是错用为句号，标注为 [B14C。]。如：

（53）我现在在语言学院学习，[B14C。] 为了增强中文能力，特别是口语能力。

二是错用为实心原点，标注为 [B14C.]。如：

（54）我朋友说我的初恋三天前死了，[B14C.] 因为白血病。

B15 错用，即复指成分（包括重叠复指）或插说成分前后的逗号错用为其他标点符号。

一是错用为句号，标注为 [B15C。]。如：

（55）2007 年冬天圣诞节，[B15C。] 那天是我的一生中第一次在国外过节日。

二是错用为顿号，标注为 [B15C、]。如：

（56）半年以前发生的这件事，[B15C、] 是我最难过的事，所以我到现在还一直想见她。

三是错用为叹号，标注为 [B15C！]。如：

（57）对了，[B15C！] 我的新同屋来了，这次是个印尼姐姐。

B16 错用，即语气缓和的感叹语、称谓语和呼唤语之后的逗号错用为其他标点符号。

一是错用为句号，标注为 [B16C。]。如：

（58）妈妈，[B16C。] 我想去爷爷家看看他。

二是错用为叹号，标注为，[B16C！]。如：

（59）爸，[B16C！] 我已长大了，二十三岁了，一年以后我也跟你一样是个进入社会的人。

B17 错用，即某些序次语（"第"字头、"其"字头及"首先"类序次语）之后的逗号错用为其他标点符号。偏误全部为错用为冒号，标注为 [B17C：]。如：

（60）第三个，[B17C：] 我的事业很亨通。

B18 错用，即句子附属成分（对句子的某些成分或整个句子进行解释、强调、举例说明等）之后的逗号错用为其他标点符号。

一是错用为句号，标注为 [B18C。]。如：

（61）我对这里的生活大部分都感到满意，[B18C。] 尤其是对在这儿认识的老师和同学们感到很谢谢。

二是错用为实心圆点，标注为 [B18C.]。如：

（62）现在我变了很多，[B18C.] 比如说，我的同学都很年轻，我也感受到了更多年轻、更多自信、更多快乐。

5. 顿号错用

B19 错用，即用于并列词语之间的顿号错用为其他标点符号。B19 错用为逗号、句号、实心圆点，所占比重分别为 95.47%、1.74%、2.79%。

一是错用为逗号，标注为 [B19C，]。如：

（63）这时，我意识到为了提高汉语水平，在学习时一定要努力多听、[B19C，] 多说、[B19C，] 多读。

二是错用为句号，标注为 [B19C。]。如：

（64）突然我想起我的妈妈、[B19C。] 我的家乡话来。

6. 分号错用

B20 错用，即表示复句内部并列关系分句之间及非并列关系的多重复句中第一层分句之间停顿的分号错用为其他标点符号。偏误用例全部为错用为逗号，标注为 [B20C，]。如：

（65）你是个学生，所以应该像个学生那样做才行；[B20C，] 我是一名工作人员，所以该这么做才成。

上述两例复句均为并列复句，分句内部有逗号，应使用分号。

下例为非并列关系的多重复句中第一层分句（主要是选择、转折等关系）之间的停顿，分号错用为逗号。

（66）有要做的事时，他告诉我，这件事应该做，还是不应该做；[B20C，]应该做的话，怎么做最好，他都详细地说明了。

7. 冒号错用

B21错用，即总说性或提示性词语（如"说""例如""证明"等）之后的冒号错用为其他标点。

一是错用为句号，标注为[B21C。]。如：

（67）老师对我说：[B21C，]"学历史，你选择得很好，而且学历史很有意义，一定要学习的东西就是历史。"

二是错用为分号，标注为[B21C；]。如：

（68）假如有人问我：[B21C；] "在你的一生中，对你影响最大的人是哪位？"

三是错用为句号，标注为[B21C。]。如：

（69）爸妈，我在这里很好：[B21C。] 好玩，好吃，好学习，好运动，一切都很好。

四是错用为实心圆点，标注为[B21C.]。如：

（70）她回国之前，给我打了个电话：[B21C.] "谢谢你，你说得真不错！有机会的话，回国再见面吧。"

B22错用，即用于书信、讲话稿中称谓语或称呼语之后的冒号错用为其他标点。

一是错用为句号，标注为[B22C。]。如：

（71）亲爱的爸爸、妈妈：[B22C。]

最近天气越来越暖和，已到春天了。

二是错用为顿号，标注为[B22C、]。如：

（72）爸爸、妈妈：[B22C、]

你们过得怎么样？身体还好吧。

三是错用为叹号，标注为[B22C！]。如：

（73）亲爱的爸爸和妈妈：[B22C！]

你们好！

上述例句均为书信第一行的称谓语后，汉语中一般用冒号，韩国学生误用句号、顿号和叹号。

（二）标号错用

1. 引号错用

B23 错用，即标示语段中直接引用的内容的引号错用。

双引号错用为单引号，标注为"[B23C'｝。如：

（74）我看17号楼以后自己一直想："[B23C'] 如果新学期开始的话，我真想住在17号楼。'

B24 错用，即标示语段中需要特别指出的成分的引号错用。

双引号错用为单引号，标注为"[B24C']。如：

（75）因为他们给我留下了很深刻的印象，也告诉了我 "[B24C'] 情义'这个词的含义。

2. 破折号错用

B26 错用，即标示注释内容或补充说明的破折号错用。

错用为"—"，破折号的长度占据两格，韩国学生仅占一格，此为书写形式偏误。标注为——[B26C—]。如：

（76）对我来说，他是使我坚持我的志愿——[B26C—] 在中国学习中医的唯一的人。

3. 省略号错用

B27 错用，即标示语义未尽、列举或重复词语省略的省略号偏误。

一是错用为逗号，标注为 [B27C,]。如：

（77）现在你去中国我很开心！以后我不用跟你吵架了。哈哈哈……[B27C,] 一路平安！

二是错用为"…"，省略号应写成六点，韩国学生写成三点，此为书写形式偏误，标注为 [B27C…]。如：

（78）我在北京已经3年多了，发生了很多事情，有时候很高兴，有时候很伤心，有时候很生气……[B27C…]

其原因可能是教学的影响及母语负迁移。胡建刚（2003）认为，某些教材将省略号写成三点，教师板书不规范，容易对学习者造成误导。同时，韩语省略号为三个点，容易造成母语负迁移。

4. 书名号错用

B28 错用，即标示书名、篇名、刊物名、报纸名、文件名及电影、电视等各类用声音、图像等表现的作品的名字的书名号错用。

错用为双引号，标注为[B28C"]。如：

（79）正考的是作文，考试题目是《[B28C"]一封写给父母的信》[BC"]，所以我趁这个机会写信给您。

上例是篇名，该用书名号时韩国学生误用为双引号。

三、标点缺失

表 4-4 韩国学生 28 类标点符号用法缺失统计表（次/万字）

类型＼水平	初级	中级	高级	小计	所占比重(%)
B1	13.15	7.18	5.48	25.81	11.91%
B2	0.24	1.91	0	2.15	0.99%
B3	2.43	0.24	0.71	3.38	1.56%
B4	2.19	0.72	1.43	4.34	2.00%
B5	0.24	0.72	0.24	1.2	0.55%
B6	0	0	0	0	0.00%
B7	24.59	13.39	6.43	44.41	20.50%
B8	1.95	1.67	0.71	4.33	2.00%
B9	17.29	12.19	6.91	36.39	16.80%
B10	2.92	0.72	1.19	4.83	2.23%
B11	0.97	1.2	0	2.17	1.00%
B12	0.24	0	0	0.24	0.11%
B13	9.25	7.42	0	16.67	7.70%
B14	0	0	0	0	0.00%
B15	1.7	0	0	1.7	0.78%
B16	9.98	7.89	5.96	23.83	11.00%
B17	0.49	0	0	0.49	0.23%
B18	0.73	7.89	5.96	14.58	6.73%
B19	1.7	1.2	0	2.9	1.34%
B20	0	0	0	0	0.00%
B21	5.6	2.15	2.86	10.61	4.90%
B22	2.68	2.63	1.91	7.22	3.33%
B23	3.89	1.91	2.62	8.42	3.89%
B24	0	0.48	0	0.48	0.22%
B25	0.24	0	0	0.24	0.11%
B26	0	0	0.24	0.24	0.11%
B27	0	0	0	0	0.00%
B28	0	0	0	0	0.00%
合计	102.47	71.51	42.65	216.63	100.00%
百分比（%）	13.15	7.18	5.48	25.81	11.91%

方差分析表明，$F(27, 56)=7.04$，$p=0.000 < 0.05$，缺失的主效应显著。多重比较发现，B1、B7、B9、B16、B13 与其他 23 类差异显著（$p < 0.05$），缺失频次呈现"B7、B9、B1、B16、B13 ＞其他 23 类用法"的趋势，前 5 类所占比重分别为 20.50%、16.80%、11.91%、11.00%、7.70%，共计 78.07%。

（一）点号缺失

1. 句号缺失

B1 缺失，即陈述句末尾该用句号未用，标注为 [B1Q。] 如：

（80）果然还没到科技大学，电池就完全用完了 [B1Q。] 我家在六道口，我只好亲自把电动车拉到家。

B2 缺失，标注为 [B2Q。]。如：

（81）爸爸一直对我说："这次留学你应该学习好，玩好，还有非提高自己的生活能力不可 [B2Q。]"

2. 问号缺失

B3 缺失，即该用问号时未用。所有用例均为表疑问语气的问号错用为逗号，标注为 [B3Q?]。如：

（82）最近天气越来越热，你们那儿也是这样吧 [B3Q？]

3. 叹号缺失

B4 缺失，即表示感叹语气时该用叹号而未用。标注为 [B4Q！]。如：

（83）祝你们永远健康，永远幸福 [B4Q！]

B5 缺失，即表示强烈的祈使语气时该用叹号而未用，仅出现 1 例，标注为 [B5Q！]。如：

（84）我的哥哥生气地对一个中国人说："不要插队 [B5Q！]"

4. 逗号缺失

B7 缺失，即复句内各分句之间该用逗号而未用，标注为 [B7Q,]。如：

（85）因为我们还是学生 [B7Q,] 所以每个月妈妈给我三百块。（因果复句）

（86）九月一号我应该报名 [B7Q,] 但是我不知道怎么做。（转折复句）

（87）但是那个地方比较冷 [B7Q,] 而且我穿得太少，所以骑马没那么有意思。（递进复句）

（88）如果没有他的帮助 [B7Q,] 我不能到北语学习。（假设复句）

（89）你的东西放在你的房间 [B7Q,] 然后我们在宿舍一层见面吧。（承接复句）

（90）不论是高中朋友还是大学朋友[B7Q,]都不如当时的朋友。（条件复句）
（91）但是这个人不是朋友[B7Q,]而是我的男朋友！（并列复句）
（92）跟我聊天儿的三个人中[B7Q,]其中一个人是不能参加考试，一个人期中成绩比我的成绩差，最后一个人旷课十八次。（解说复句）

B8缺失，即较长的主语之后该用逗号而未用，标注为[B8Q,]。如：
（93）目前大部分的韩国人，特别是跟我同年龄的人[B8Q,]没有故乡。

B9缺失，即句首的状语之后该用逗号而未用，标注为[B9Q,]。如：
（94）在同屋的帮助下[B9Q,]我说汉语的水平越来越高。

B10缺失，即较长的宾语之前该用逗号而未用，标注为[B10Q,]。如：
（95）他告诉我[B10Q,]如果能让人喜欢你，这可以算是人生一大成功。

B11缺失，即带句内语气词的主语（或其他成分之后）之后该用逗号而未用，标注为[B11Q,]。如：
（96）可是现在呢[B11Q,]我跟他们一样，不管别人，骑电动车骑得很快了。

B12缺失，即较长的主语、宾语、状语或定语中间该用逗号而未用，标注为[B12Q,]。如：
（97）我们七个人喝的酒，啤酒20多瓶[B12Q,]白酒15瓶多。
（98）那天晚上我出现了问题，就是消化不良，肚子疼，拉肚子，不能睡觉[B12Q,]来来回回跑卫生间。

B13缺失，即较长的谓语之间该用逗号而未用，标注为[B13Q,]。例如：
（99）我每天在SKYPE陪她聊天[B13Q,]安慰她，分担她的痛苦。

B15缺失，即复指成分（包括重叠复指）或插说成分前后该用逗号而未用，标注为[B15Q]。如：
（100）亲爱的爸爸、妈妈：
你们好，是我[B15Q,]×××。
"×××"是"我"的复指成分，之间应该用逗号隔开。
（101）2003年的时候，也就是说[B15Q,]我高中二年级的时候，发生了一件难忘的事。
上例中，"也就是说"是插说成分，其后应该用逗号。

B16缺失，即语气缓和的感叹语、称谓语或呼唤语之后该用逗号而未用，标注为，[B16Q]。如：
（102）他们说："哈哈[B16Q,]我们要举行晚会，所以瞒着你啊！"

—215—

（103）爸爸、妈妈 [B16Q,] 我是老大，会给弟弟做榜样，而且想成为对社会有用的人。

第一句为感叹语，第二句为称谓语，其后应该用逗号隔开。

B17 缺失，即某些次序语之后该用逗号而未用，标注为 [B17Q]。如：

（104）其次 [B17Q,] 我要跟父母说这两句话："谢谢"和"对不起"。

次序语"其次"之后应该用逗号。

B18 缺失，即句子附属成分之前该用逗号而未用，标注为 [B18Q]。如：

（105）你怕把很多钱花在你身上 [B18Q,] 是不是？

（106）目前大部分的韩国人 [B18Q,] 特别是跟我同龄的人，没有故乡。

第一例是对前一个句子表达的语义进行确认，第二例是用"特别是"对主语"韩国人"进一步解释和说明，前面应该使用逗号。

5. 顿号缺失

B19 缺失，即用于并列词语之间的逗号该用而未用，标注为 [B19Q、]。如：

（107）他从小学习孔、孟 [B19Q、] 朱熹的学问，成为韩国历史上最有名的大儒。

6. 冒号缺失

B21 缺失，即用于提示性词语之后的冒号该用而未用，标注为 [B21Q：]。如：

（108）妈妈常对我们说这句话 [B21Q：]"钱不是最重要的东西，更重要的是信用、勤劳。"

B22 缺失，即用于书信中称谓语之后的冒号该用而未用，标注为 [B22Q、]。如：

（109）亲爱的爸爸妈妈 [B22Q：]

好久没给你们写信了。你们怎么样？

（二）标号缺失

1. 引号缺失

B23 缺失，即标示语段中直接饮用的内容的双引号该用而未用，标注为 [B23Q""]。如：

（110）我有一点儿生气，可是我很累，所以对他们说：[B23Q"] 我们先去语言大学的宿舍。"

（111）他经常对学生们说："我这一生里总是以 [B24Q '] 三人之行，必有我师 [B24Q '] 这个警句为我的原则。"

第一例为引用说话人内容的双引号缺失，第二例为双引号内的引文该用单引号而未用。

B24 缺失,即标示语段中需要特别指出的成分的双引号缺失,标注为 [B24Q"]。如:

(112)父亲经常强调"诚实",所以 [B24Q"]诚实"成为我的座右铭了。

"诚实"是语段中特别指出和强调的部分,应该用双引号标明。

2. 括号缺失

B25 缺失,即标示注释内容或补充说明的括号该用而未用,标注为[B25Q( )]。如:

(113)我的中文是在台湾学习的,而且我的英文也是很强的。这些 [B34Q( ]我的英文和中文能力)] 在找工作过程中,一定会起到积极作用。

"我的英文和中文能力"是对"这些"的注释说明,应该用括号。

3. 破折号缺失

B26 缺失,即标示注释内容或补充说明的破折号该用而未用,标注为 [B26Q——]。如:

(114)我去了亚洲最高的塔 [B26Q——]"东方明珠",在这里我仿佛能看到你们了。

"东方明珠"是对"亚洲最高的塔"的注释,作为正文,应该用破折号。

4. 省略号缺失

B27 缺失,即标示标示重复词语省略的省略号该用而未用,标注为 [B27Q……]。如:

(115)老师说"大家好"的时候,我高兴地说"你好"了,因为当时只认识一个汉语词语,就是"你好"。哈哈哈 [B27Q……]

四、标点多余

表 4-5 韩国学生 28 类标点符号用法多余统计表(次/万字)

类型\水平	初级	中级	高级	小计	所占比重(%)
B1	1.95	2.63	2.38	6.96	27.34%
B2	0	0	0	0	0.00%
B3	0	0	0	0	0.00%
B4	0	0	0	0	0.00%
B5	0	0	0	0	0.00%
B6	0	0	0	0	0.00%
B7	2.68	0	0	2.68	10.53%

续表

类型＼水平	初级	中级	高级	小计	所占比重(%)
B8	0	0.48	0.24	0.72	2.83%
B9	0	1.43	0.95	2.38	9.35%
B10	0	1.43	2.62	4.05	15.91%
B11	0	0	0	0	0.00%
B12	0	0	0	0	0.00%
B13	0	0.24	0	0.24	0.94%
B14	0	0	0	0	0.00%
B15	0	0	0	0	0.00%
B16	0	0	0	0	0.00%
B17	0	0	0	0	0.00%
B18	0	0	0	0	0.00%
B19	1.22	0.48	0.71	2.41	9.47%
B20	0	0	0	0	0.00%
B21	0.24	0	0.71	0.95	3.73%
B22	0	0	0	0	0.00%
B23	0.73	0	0.48	1.21	4.75%
B24	0	0	0	0	0.00%
B25	0	0	0	0	0.00%
B26	0.49	0	0	0.49	1.92%
B27	0	0	0	0	0.00%
B28	0	1.67	1.7	3.37	13.24%
合计	7.31	8.36	9.79	25.46	100.00%
百分比(%)	1.95	2.63	2.38	6.96	27.34%

对28类标点符号用法多余的方差分析结果显示，$F(27,56)=4.12$，$p=0.000<0.05$，28类标点符号用法多余的主效应显著。多重比较发现，B1与其他27类之间差异显著（$p<0.05$）[，B10]、B28与B7、B9、B19差异不显著，（$p<0.05$），与其他25类用法之间差异显著。多余频次呈现"B1＞B10、B28、B7、B19、B9＞其他22类用法"的趋势，前6类所占比重分别为27.34%、15.91%、13.24%、10.53%、9.47%、9.35%，共计76.34%。

（一）点号多余

1. 句号多余

B1多余，即不该用句号时用了句号，所有偏误均为陈述句的句号多余，标注为[B1D。]。

其一，省略号后多余。省略号之后通常不用点号。

（116）到今天为止我跟很多人见过面，朋友、老师、同事、家族亲属……[B1D。] 读过很多跟人物有关的书。

其二，单句中间多余。

（117）早晨祷告会的最后是我特别喜欢的 [BD。] 祷告时间。

其三，信件署名后多余。作品、书信、文件等后面注明的时间、地点、署名等文字之后一般都不用标点符号。韩国学生用了句号，因此句号多余。

（118）那今天我就写到这儿。 再见！
身体健康、万事如意！ 女儿××[B1D。]

2.问号多余

B3多余，即不该用问号时用了问号，标注为 [B3D？]。如：

（119）我知道你们非常担心我学得好不好，和同学的关系又怎么样，吃得怎么样 [B3D？] 等等。

3.逗号多余

B7多余，即复句中的分句不该用逗号时用了逗号，标注为 [B7D，]。如：

（120）但是他说："你一定要跟我一起去，这是很重要的事情。"[B7D，] 所以我只好跟他一起去了不知道的地方。（因果复句）

（121）我问老板："你们最拿手的菜是什么？"[B7D，] 老板反而问我……（转折复句）

（122）老板反而问我："你不是外国人吗？为什么说中文说得不错呀？"[B7D，] 我告诉他："我刚来北京。"（承接复句）

（123）这时候，一个中国女孩过来，然后问我："你是韩国人吗？"[B7D，] "你今天有时间的话帮帮我。"（因果复句）

上述例句中，引号内已使用句末点号如句号、问号，引号外不用标点符号，使用逗号造成多余。

B8多余，即主语之后不该用逗号而用了逗号，标注为 [B8D，]，如：

（124）那是因为儿子 [B8D，] 打破了家里的窗户。

较长的主语前使用逗号是为了减轻认知负担，而上述两例中的主语并不长，使用逗号断开反而影响文意的连贯，因此无须使用逗号。

B9多余，即句子状语之后不该用逗号而用逗号，标注为 [B9D，]。如：

（125）后来我跟她常常见面，有时候 [B9 D，] 一起学习，有时候 [B9 D，] 一起吃饭，有时候 [B9 D，] 一起出去玩儿。

上述两例的状语较短，为确保文意的连贯，无须使用逗号断开。

B10 多余，即宾语之前不该用逗号而用逗号，标注为 [B10D,]。如：

（126）一个人是 [B10D,] 跟我差不多年龄的姑娘。

为减轻认知负担，较长的宾语之前需要使用逗号。而上述两例的宾语不长，无须断开。

4. 顿号多余

B19 多余，即不该用顿号而使用顿号，标注为 [B19D、]。如：

（127）刚到北京后我非要办签证、报名、缴费 [B19D、] 等。

第一例、第二例中，并列成分之间全部用顿号，最后一个并列成分后分用了"什么的""等"，"等"类词前不用顿号，韩国学生误加顿号，造成多余。

（128）再过两 [B19D、] 三个月我就回国了。妈、爸，我也好想你们。

相邻或相近两数字连用表示概数通常不用顿号。若相邻两数字连用为缩略形式，宜用顿号。

5. 冒号多余

B21 多余，标注为 [B21D：]

（129）老师说 [B21D：] "大家好"的时候，我高兴地说 [B21D：] "你好。"

上述两例用引号标示语段中直接引用的内容，并没有总说性或是提示性词语，因此无须使用冒号。

（二）标号多余

1. 引号多余

B23 多余，即语段中未出现直接引用的内容，韩国学生用了引号，造成多余，标注为 [B23D"]。如：

（130）信里说，[B23D"] 她知道我是马大哈，所以帮我整理我的行李了。

该例"说"后的内容为说话内容的转述，而不是原文引用，因此不需要用双引号。

（131）[B23D"] 爸爸、妈妈，你们好！收到这封信以后你们一定感到很意外。[B23D"] 这次写信，是作为前几天已过的父母节的礼物。

这段话节选自留学生写给父母的一封信，整封信都是对父母说的话，信的内容不需要用引号。

B24 多余，即语段中未出现需要特别指出的成分，韩国学生使用引号，造成多余，标注为 [B24D"]。如：

（132）因为11月有一个特别重要的考试，这就是[B24D"]高考"。

2. 破折号多余

B26多余，即语段中未出现需要标示注释、补充说明的内容，韩国学生却使用了破折号，造成多余，标注为[B26Q——]。如：

（133）对我影响最大的一个人[B26D——]是我姐姐。

3. 书名号多余

B28多余，即语段中未出现需要标示的书名、篇名等，韩国学生却使用了书名号，造成多余。标注为[B28D《]。如：

（134）[B28D《]记对我影响最大的一个人[BD》]

作为作文的标题，不需要使用书名号。

第四节 韩国学生汉语标点符号习得难度等级考察

一、正确使用相对频率及正确率推导法

正确使用相对频率的计算方法为：各类用法的正确使用相对频率＝各类用法的正确使用频次/28类标点符号用法的应出现频次之和。

某些标点符号用法的正确使用相对频率较高，但其偏误使用频次较大，正确率较低，习得难度较大。由于正确使用相对频率并不能完全正确地反映习得顺序，我们同时参考正确率作为推导习得顺序的依据，采纳Pica（1984）的"正确率＝正确使用次数/（所有应使用的语境次数＋不需使用的语境次数）"的计算方法：

某类标点符号用法在某水平段的正确使用率＝该类标点符号用法在该水平段的正确使用频次/该类标点符号用法在该水平段应使用频次＋该类标点符号用法在该水平段的多余频次。

表4-6 28类标点用法正确使用相对频率及正确率情况表（次/万字）

	正确使用频次	偏误频次	总使用频次	正确使用相对频率（%）	初级阶段正确率（%）	中级阶段正确率（%）	高级阶段正确率（%）	总正确率（%）
B1	706.68	229.04	935.72	27.4262	71.13	72.42	82.57	75.52
B2	49.18	9.1	58.28	1.9087	94.74	66.67	91.68	84.39
B3	64.05	12.77	76.82	2.4858	69.26	90.37	86.90	83.38
B4	43.95	14.68	58.63	1.7057	68.62	78.46	78.50	74.96
B5	11.46	1.44	12.9	0.4448	75.26	86.91	92.53	88.84

续表

	正确使用频次	偏误频次	总使用频次	正确使用相对频率（%）	初级阶段正确率（%）	中级阶段正确率（%）	高级阶段正确率（%）	总正确率（%）
B6	0.72	0.96	1.68	0.0279	0.00	33.33	66.67	42.86
B7	317.78	135.55	453.33	12.3330	59.44	75.48	74.66	70.10
B8	31.9	12.51	44.41	1.2380	61.84	70.46	79.98	71.83
B9	212.01	45.24	257.25	8.2281	73.72	83.43	87.90	82.41
B10	15.81	10.82	26.63	0.6136	41.99	62.85	67.93	59.37
B11	9.13	7.46	16.59	0.3543	45.89	46.49	82.47	55.03
B12	3.86	1.21	5.07	0.1498	66.78	100.00	83.22	76.13
B13	189.25	59.99	249.24	7.3448	63.61	76.17	82.99	75.93
B14	0.48	0.24	0.72	0.0186	0.00	100.00	100.00	66.67
B15	16.1	3.86	19.96	0.6248	67.63	95.64	84.65	80.66
B16	31.39	41.62	73.01	1.2182	30.60	37.78	57.74	42.99
B17	1.45	1.2	2.65	0.0563	0.00	100.00	57.49	54.72
B18	29.19	28.7	57.89	1.1329	58.64	40.44	56.30	50.42
B19	39.75	74.44	114.19	1.5427	22.03	40.96	37.05	34.81
B20	0	2.16	2.16	0.0000	0.00	0.00	0.00	0.00
B21	13.2	22.65	35.85	0.5123	24.64	9.56	49.36	36.82
B22	16.04	16.08	32.12	0.6225	30.81	55.09	53.82	49.94
B23	10.3	12.05	22.35	0.3997	27.27	54.18	58.28	46.09
B24	0.73	0.48	1.21	0.0283	100.00	0.00	0.00	60.33
B25	3.59	0.24	3.83	0.1393	75.26	100.00	100.00	93.73
B26	1.91	2.17	4.08	0.0741	19.67	100.00	54.58	46.81
B27	5.51	0	5.51	0.2138	100.00	100.00	100.00	100.00
B28	0.73	3.85	4.58	0.0283	0.00	0.00	27.24	15.94
合计	1826.25	750.51	2576.66	70.8728	71.13	72.42	82.57	70.87

正确使用相对频率的排序由高到低依次为：B1＞B7＞B9＞B13＞B3＞B2＞B4＞B19＞B8＞B16＞B18＞B22＞B15＞B10＞B21＞B5＞B23＞B11＞B27＞B12＞B25＞B26＞B17＞B24＝B28＞B6＞B14＞B20

正确率的排序由高到低依次为：B27＞B25＞B5＞B2＞B3＞B9＞B15＞B13＞B12＞B1＞B4＞B8＞B7＞B14＞B24＞B10＞B11＞B17＞B18＞B22＞B26＞B23＞B16＞B6＞B21＞B19＞B28＞B20

二、蕴含量表法

（一）转换数据

28类标点符号用法在3个水平等级上的平均正确率为70.87%（见表4-7）。

因此，我们以 0.70 为习得标准，将正确率进行转化，正确率＜ 0.7 的转化为 0，正确率≥ 0.7 的转化为 1，将正确率转化为（0，1）二分变量，并对蕴含矩阵进行排序，形成蕴含量表。

表 4-7 韩国学生 28 类标点符号用法蕴含量表（以 70% 为标准的二位量表）

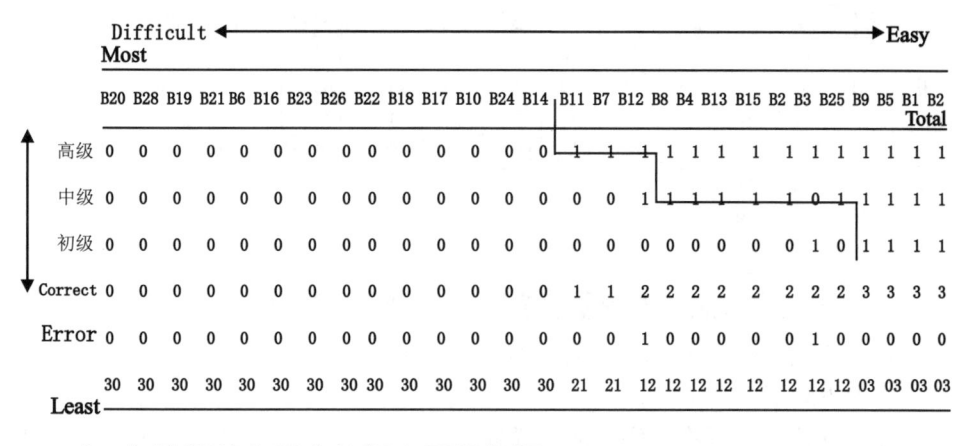

	B20	B28	B19	B21	B6	B16	B23	B26	B22	B18	B17	B10	B24	B14	B11	B7	B12	B8	B4	B13	B15	B2	B3	B25	B9	B1	B2	Total
高级	0	0	0	0	0	0	0	0	0	0	0	0	0	0	1	1	1	1	1	1	1	1	1	1	1	1	1	
中级	0	0	0	0	0	0	0	0	0	0	0	0	0	0	1	1	1	1	1	1	1	0	1	1	1	1	1	
初级	0	0	0	0	0	0	0	0	0	0	0	0	0	0	0	0	0	0	0	0	0	1	0	1	1	1	1	
Correct	0	0	0	0	0	0	0	0	0	0	0	0	0	0	1	1	2	2	2	2	2	2	2	2	3	3	3	
Error	0	0	0	0	0	0	0	0	0	0	0	0	0	0	1	0	0	0	0	0	0	1	0	0	0	0	0	
	30	30	30	30	30	30	30	30	30	30	30	30	30	30	21	21	12	12	12	12	12	12	12	12	03	03	03	03

Difficult ← Most ... Easy → Least

（二）计算蕴含量表的相应系数指标

A. 伽特曼再生系数：Crep =1 － 偏误数值 /（类型数目 × 学时等级数目）=1 － 2/（3 × 28）=0.976

B. 最小边缘再生系数：MMrep= 最大边缘值 /（类型数目 × 学时等级数目）= 74/（28 × 3）=0.881

C. 再生修正百分比指标：%Improvement=Crep － MMrep=0.976 － 0.881=0.095

D. 可分级系数：Cscal=%Improvement /（1 － MMrep）=0.095/（1 － 0.881）= 0.798

蕴含量表的伽特曼再生系数（Guttman Coefficient of Reproducibility，Crep）为 0.976，可分级系数（Coefficient of Scalability，Cscal）为 0.798，大于统计学意义上规定的有效临界值 0.9、0.6，该蕴含量表有效。

依据蕴含量表，28 类标点符号用法的习得情况大致为：

最易习得的标点符号用法：B1、B9、B5、B27

较易习得的标点符号用法：B25、B2、B3、B15、B13、B4、B8、B7、B12、B11

较难习得或未习得的标点符号用法：B14、B24、B10、B17、B18、B22、B6、B14、B16、B19、B20、B21、B23、B26

三、讨论

我们将正确使用相对频率、正确率、蕴含量表三类统计方法分别标示为Ⅰ、Ⅱ、Ⅲ，并将三类统计方法得出的习得顺序用数字排序，结果如下表：

表 4-8 28类标点符号用法习得难度排序表

	B1	B2	B3	B4	B5	B6	B7	B8	B9	B10	B11	B12	B13	B14	B15
Ⅰ	1	6	5	7	16	26	2	9	3	14	18	20	4	27	13
Ⅱ	10	4	5	11	3	24	13	12	6	16	17	9	8	14	7
Ⅲ	2	7	6	10	3	24	13	11	4	17	14	12	9	15	8

	B15	B16	B17	B18	B19	B20	B21	B22	B23	B24	B25	B26	B27	B28
Ⅰ	13	10	23	11	8	28	15	12	17	24	21	22	19	24
Ⅱ	7	23	18	19	26	28	25	20	22	15	2	21	1	27
Ⅲ	8	23	18	19	26	28	25	20	22	16	5	21	1	27

（一）正确率法与蕴含量表法得出的顺序基本一致

B1正确率不高，但在三个阶段的正确率均高于70%，正确使用相对频率居首位，习得难度不大。

正确使用相对频率顺序与前两者有差异，主要原因是某些标点符号用法正确使用相对频率大，正确率却不高，如B7、B19、B16、B18、B22、B21。某些标点符号用法正确率较高，正确使用相对频率较小，如B27、B25、B5、B12。习得顺序需要综合考虑正确率和正确使用相对频率，两者都较高的最早习得，一个高一个低的较难习得，两者都低的最难习得。

（二）"初现率"标准

"初现率标准"是以某一个语言项目在中介语中第一次"有系统"的和非"公式化"的出现和使用作为标准来确定其习得过程的开始。Kawaguchi（1996）、Kopcke（1987）、Clahsen（1988）和Huter（1998）用三个语法环境作为初现率标准。"（转引自张燕吟2003）因此，平均每万字使用量在3个以下的标点符号用法基本可以界定为未习得，如B6、B14、B17、B20、B24。

（三）标点符号各类用法所在句子的长度、句法复杂度及交际需求

B1、B4、B7、B16、B19偏误数量较大，但据我们对教材《成功之路》及《新汉语水平考试大纲》的考察，其所属句子在初级阶段均已出现。标点教学顺序宜跟相应的句法教学顺序相匹配，而不宜拘泥于正确率。

为此，我们系统地考察了标点符号的28类用法在《成功之路》全套汉语教材中的呈现情况。由于教材正文作为学生学习的范本，具有较强的引导和示范作用，具体如下表：

表 4-9《成功之路》综合课教材标点符号呈现情况表

标点	编码	用法	具体位置	例句
句号	B1	表示陈述语气。	起步 1.1 P2	我叫大卫。
	B2	表示较缓和的祈使语气和感叹语气。	顺利 1.1 P3	我和安妮要去东门对面的饭馆吃饭，你也来吧。（祈使语气）
			起步 2.22 P97	他挺胖的。（感叹语气）
			提高 1.5 P88	当我们自己投入竞争时，不妨把我们的孩子留在儿童乐园里吧。
问号	B3	表示疑问、反问、设问等疑问语气。	起步 1.1 P2	他是法国人吗？（疑问）
			起步 1.8 P70	大卫的书呢？都在书架上。（设问）
			顺利 1.5 P65	你怎么不给我打个电话啊？（反问）
		表示选择问	起步 1.9 P79	你喝什么？茶还是咖啡？（选择问）
叹号	B4	表示感叹语气。	起步 1.12 P109	太好了！
			起步 1.1 P3	你们好！
			起步 2.13 P2	喂！是小明吗？
	B5	表示强烈的祈使语气。	起步 1.4 P34	请进！
			顺利 1.5 P65	你看看表，现在都几点了！
	B6	表示反问语气。	顺利 1.11	美爱：听说，去九寨沟要坐十几个小时的汽车，很辛苦吧？ 大卫：可不是！不过，为了看到九寨沟美丽的景色，辛苦点儿没什么。
逗号	B7	用于复句内各分句之间的停顿。	起步 1.1 P3	她也是加拿大人，她叫安妮。她不是学生，她是丁老师。
	B8	用于较长的主语之后。	顺利 1.20 P102	对男人来说，喝着啤酒看世界杯，是最快乐的事。
			提高 1.2 P20	在工作中经常有不顺心的事情，令人苦恼。
	B9	用于句首的状语之后。	顺利 1.11 P149	下次我去的时候，你跟我一起去玩儿玩儿，怎么样？
	B10	用于较长的宾语之前。	起步 2.23 P129	天气预报说，明天阴，有 5,6 级大风，气温比今天更低。
			顺利 1.18 P79	我还发现，你越来越能吃了。
			进步 2.18	他这时才发现，原来这份工作是那么适合自己。

225

续表

标点	编码	用法	具体位置	例句
逗号	B11	用于带句内语气词的主语（或其他成分）之后	提高 1.4 P62	人嘛，要有经济头脑，谁像你这个样子，整天糊里糊涂的。
	B12	用于较长的主语、宾语中间。	起步 1.4 P34	我们班有22个学生，15个男生，7个女生。（宾语之间）
			提高 2.10 P44	又比如你接到公司交下来的一个工作，从制定计划、安排人员、联系运作，到检查成果、达成目标，看着成绩从无到有，是最快乐的。
	B13	用于较长的谓语中。	起步 1.1P2	我叫山本，是日本人。
	B14	用于前置的谓语之后或后置的状语、定语之前。		
	B15	用于复指成分（包括重叠复指）或插说成分前后。	起步 1.6 P62	请问，现在几点？
			起步 2.16 P34	看，同学们有的在操场跑步，有的在体育馆游泳；有的在打篮球，有的在踢足球。
			顺利 2.19	看来，你的性格也变得活泼可爱了。
			起步 1.17	大卫，我介绍一下儿，这是我公司的同事田中。
			顺利 2.17	对了，学校的运动会你报名了吗？
			进步 2.17	可是我，他的妈妈，看到的却是一套衣服。（复指成分）
			进步 2.18	尽然你能在应聘时得到我的认可，我相信，你也一定有能力在工作中得到客户的认可。（插说成分）
			提高 1.4	他急忙笑着说："不好意思，不好意思。"（重叠复指）
	B16	用于语气缓和的感叹语、称谓语和呼唤语之后。	起步 1.1P22	马丁，这是什么？（称谓语）
			起步 1.16 P33	喂，山本，你在做什么？（呼唤语）
			顺利 2.13 P6	咦，山田，听山本说，你回国看你妈妈了，什么时候回来的？（感叹语）
			提高 1.4	嘿，这个小老头儿，警惕性还真高。

续表

标点	编码	用法	具体位置	例句
逗号	B17	用于某些序次语（"第"字头、"其"字头及"首先"类序次语）之后。	提高 2.9 P24	我说： 第一，"一"作名字很特别。…… 第二，简单。…… 第三，内涵丰富。…… 第四，"一"作名字还具有开放性。……
			提高 2.11 P62	首先，我喜欢开玩笑。 其次，17岁以来，我只对一个女孩儿着迷过。
	B18	用于句子的附属成分之后，对句子的某些成分或整个句子进行解释、强调、举例说明等。	起步 1.10 P91 顺利 2.18 P80	四块一斤，怎么样？ 你可以换成室内运动，像打羽毛球、打乒乓球一、游泳什么的。
		引文中间的"某某说"后用逗号	提高 1.3 P40	"每次回北京我都在想，得尽快离开。"69岁的著名动物学专家潘文石教授说，"别人在我这个年纪都在家休息了，而我还是像个精力充沛的孩子一样，喜欢野外生活。"
顿号	B19	用于并列词语之间。	起步 1.3 P23	四口人：爸爸、妈妈、姐姐和我。
分号	B20	表示复句内部并列关系分句之间及非并列关系的多重复句中第一层分句之间的停顿。	起步 1.1 P3	她叫林月，是中国学生；他叫李小明，也是中国人。（并列）
冒号	B21	用于总说性或提示性词语（如"说""例如""证明"等）之后，表示提示下文。	起步 1.3 P23	大卫：山本，你家有几口人？ 山本：四口人：爸爸、妈妈、姐姐和我。
	B22	用于书信、讲话稿中称谓语或称呼语之后。	起步 1.3 P24	安妮： 你好！（称谓语）

续表

标点	编码	用法	具体位置	例句
引号	B23	标示语段中直接引用的内容。	起步 2.16 P33	我们班的同学都在旁边喊"加油"呢!
			进步 1.6 P69	有人说:"你们听说过这样一句话吗?'握着老婆的手,就像左手握右手,一点儿感觉都没有。'"(双引号内单引号)
			跨越篇 1.1 P2	他在一首诗里这样写道:"始知锁向金笼听,不及林间自在啼。"
	B24	标示语段中需要特别指出的成分。	顺利 1.4 P41	好啊,不过不用你请客,咱们"AA 制"。
		标示需要着重论述或强调的内容。	起步 2.28 P158	我们"十一"放假,我让他们"十一"来。
括号	B25	标示注释内容或补充说明。	提高 2.9 P26	"一"后面还是比较容易加字的,比如:一鸣(一鸣惊人)、一马(一马当先)、一帆(一帆风顺)、一言(一言九鼎)。
			提高 2.14 P128	可以说,除非在这十年间发生战争(不过,在我看来这种可能性微乎其微),否则中国经济持续稳定地发展一定是未来的大趋势。
破折号	B26	标示注释内容或补充说明。	进步 1.3 P30	那是我旅行到桂林的时候,正赶上中国最大的节日——春节。
			进步 2.20 P95	职业介绍所帮我找了一份家庭服务工作——陪一个单身老太太聊天儿。
		标示总结上文或提示下文	提高 2.8 P6	雪化了,就有路了——那么,就把冷雪交给阳光去处理吧。
		标示声音的延长	冲刺 1.2 P41	祖父一出现,孙儿便用嗲得发颤的拉长的声音互换"爷爷——",惹得老人热泪盈眶。
省略号	B27	标示语意未尽、列举或重复词语的省略。	起步 1.17	山本!……对不起,你有客人。
			顺利 1.2 P20	可以,请等一会儿……
			顺利 1.10 P136	请告诉我您的姓名、护照号码、地址和联系电话……
		标示说话时断断续续	进步 1.14	陶……陶校长,你打我两下吧!

续表

标点	编码	用法	具体位置	例句
书名号	B28	标示书名、篇名、刊物名、报纸名、文件名等。		
		标示影片名	起步 2.24 P119	我会唱《朋友》这首歌，唱得不太好。
			顺利 2.20	报纸上说，电影院正在放《英雄》，这是一部有名的功夫片。

（四）习得难度等级

综合考虑三种统计方法的结果及初现率、标点符号所属句子长度及句法复杂度：B2、B3、B9、B13 正确使用相对频率和正确率较高，B1、B4、B5、B7、B16、B19 所属句子的句法比较简单，这 9 类用法难度等级为一级。

B8、B11、B15 的正确使用相对频率和正确率居中，B18、B21、B22、B27、B25、B12 或是正确使用相对频率居中，或是正确率居中，这 9 类用法列为难度等级为二级。

B23、B24、B26 正确率及使用率不高，B6、B14、B17、B20、B28 使用不足，基本未习得。这 10 类用法难度等级为三级。

母语语料中出现而中介语语料未出现的标点符号用法 B11-1、B15-1、B17-1、B18-1、B19-1、B19-2、B19-3、B26-1、B26-2、B26-3、B26-4、B27-1、B27-2、B27-3、B27-4 难度等级为四级。

标点符号用法未涵盖、《标点符号用法》中列出的 12 类标点的其他用法则可以列为第四阶段。《成功之路》（全 15 本）全套教材的课文中未出现着重号、连接号、间隔号、专名号、分隔号的用法，难度等级为五级。

标点符号用法的教学可参考以下顺序进行：

初级阶段（一年级）：

B1（表陈述语气的句号）

B2（表较缓和的祈使语气和感叹语气的句号）

B3（表疑问、反问、设问等语气的问号）

B4（表感叹语气的叹号）

B5（表强烈祈使语气的叹号）

B7（表复句内各分句之间的停顿的逗号）

B9（状语之后的逗号）

B13（较长的谓语中间的逗号）

B16（语气缓和的感叹语、称谓语和呼唤语之后的逗号）

B19（并列成分之后的顿号）

中级阶段（二年级上）：

B8（较长的主语之后的逗号）

B10（较长的宾语之前的逗号）

B11（带句内语气词的主语等句子成分之后，或带句内语气词的并列成分之间的逗号）

B12（用于较长的主语、宾语、状语或定语之间的逗号）

B15（包括重叠复指在内的复指成分或插说成分前后的逗号）

B18（对句子的某些成分或整个句子进行解释、强调、举例说明等句子附属成分之前的逗号）

B21（总说性或提示性词语之后，表示提示下文的冒号）

B22（书信、讲话稿中称谓语或称呼语之后的冒号）

B25（标示注释内容或补充说明的括号）

中级阶段（二年级下）：

B27（标示语意未尽、列举或重复词语的省略的省略号）

B6（表示反问语气的叹号）

B14（前置的谓语之后或后置的状语、定语之前的逗号）

B17（某些次序语之后的逗号）

B20（表示复句内部并列关系分句之间及非并列关系的多重复句中第一层分句之间的停顿的句号）

B23（标示语段中直接引用的内容的引号）

B24（标示语段中需要特别指出的成分的引号）

B26（标示注释内容或补充说明的破折号）

B28（标示书名、篇名、刊物名、报纸名、文件名及电影、电视等各类用声音、图像等表现的作品的名字的书名号）

高级阶段（三年级上）：

B11-1（表示较缓和的命令、祈使语气的逗号）

B15-1（用于前后引语之间的逗号）

B17-1（用于连接成分后的逗号）

B18-1（用于对上文的肯定或否定的回答的逗号）
B19-1（某些序次语之后的顿号）
B19-2（相邻两数字连用为缩略形式时的顿号）。
B19-3（需要停顿的重复词语之间的顿号）。
B26-1（标示声音的延长的破折号）。
B26-2（标示话语的中断或间隔的破折号）
B26-3（标示插入语的破折号）
B26-4（标示话题的转换的破折号）
B27-1（标示上下文省略的省略号）
B27-2（标示说话时断断续续的省略号）

第五节　韩国学生汉语标点符号偏误成因及教学对策

一、标点符号偏误成因

（一）学生的因素

1. 文意理解不到位

标点符号的正确使用前提是对文意的理解，韩国学生对文意的理解不够到位，从而导致标点错用。句子已表达完整的意思，应该用句号，韩国学生错用为逗号。复句内的分句一般用逗号隔开，韩国学生错用为句号。逗号与句号的区分是难点。

2. 对标点符号使用规则掌握不准确

句号错用为叹号、问号，主要原因是对标点符号的使用规则掌握不到位。使用叹号一般要求强烈的感叹语气，陈述语气应该用句号。问号使用的依据是句子包含疑问语气，而不是使用疑问词，韩国学生以为出现疑问词就需要使用问号，从而导致错用。《标点符号用法》附录 B（2001）指出："当引文完整且独立使用，引号内句末点号应保留，而不是放在引号外。"标点多余的主要原因是韩国学生未掌握标点符号的使用规则。省略号处于段末，后面一般不用点号。用作标题的作文题目不需要加书名号。表示列举的"等"之前不需要使用顿号。《标点符号用法》附录 B（2001）指出："并列成分之间用顿号，末尾的并列成分之后用'等''等等'之类词语时，'等'类词前不用顿号或其他点号。"

3. 对标点符号书写不够重视

问号、逗号错写为顿号，逗号、顿号错用为实心圆点，混用的标点功能上差别较大，主要原因为韩国学生对标点书写不够重视，书写不规范导致。

（二）语言的影响

主要原因是母语负迁移。句号错用为实心圆点的原因是母语负迁移，韩语中的句号一般写作实心圆点。顿号错用为逗号，主要原因是韩语横写的时候一般用逗号替代顿号，根据 Eckman（1977:197）的标记差异假设（Markedness Differential Hypothesis）："a. 目的语中那些与母语不同，而且比母语标记性高的部分更难学习。b. 学习目的语中那些与母语不同且比母语标记性高的部分的相对困难程度与标记性的相对程度一致。c. 目的语中那些与母语不同，但标记性成分低于母语的部分不是学习的难点。"

因此，孙文访（2012）指出："标记差异假设则认为目的语和母语不同的部分不都是学习的难点，学习难点的确定关键要看两者不同的部分中那一部分标记更高，如果不同的部分中目的语的标记高于母语则是学习的难点，如果不同的部分中目的语的标记低于母语则不是学习的难点。"

具体就标点符号而言，汉语的逗号与韩语的逗号有差别，在汉语中必须区分逗号和顿号，而在韩语中仅用逗号即可。因此，两种语言中有差异的部分，汉语的标记比韩语的标记程度高，因此，汉语中的顿号和逗号的区分及用法对韩国学生来说是难点。

韩语的连接词尾比较发达，加上某些词尾就可对复句内分句之间的文意进行表达，无须像汉语一样使用标点符号。另外在书写句子时常用空格对分句进行隔断，复句内各分句之间的逗号使用量比汉语少，导致复句中逗号的缺失。

汉语单句的各种语法位置，如长主语后、句首状语后、长宾语前、长谓语中间一般用逗号断开。韩语是黏着语，主语、谓语、宾语、状语等句子成分后面都会带相应的助词，而不用标点符号，造成单句各类语法位置的逗号缺失。

根据标记差异假设，汉语复句内分句之间、单句的各种位置的逗号是有标记的，而韩语是无标记的，因此对韩国学生来说难度较大，容易造成缺失。

第四章　韩国学生汉语标点符号习得研究

（三）教学体系

1. 大纲缺乏相应内容

我们考察了汉语教学大纲，共计九种[①]，《等级标准》（修订版）在三级中规定学生在写作中"掌握标点符号的基本用法"。《专业教学大纲》《教学大纲》（长期进修）、《教学大纲》（短期强化）三类大纲仅在"写"这一单项言语能力方面均对标点符号的使用正确率做出了要求，并未列出标点符号教学的具体内容。《中高级阶段课程规范》仅在中级阶段《汉语写作课课程规范》的教学目标、教学要求及考核标准里简单提到要正确使用中文标点符号。其他四种大纲均未提标点符号。在这九类教学大纲中，根本未涉及句号使用条件的相关内容。

由此可见，教学大纲对标点符号或是只字未提，或是一笔带过。与之形成鲜明对比的是，汉字、词汇、语音、语法等语言要素在九种大纲中都设置了专门的内容。九类大纲全部未涉及标点符号的种类、具体用法的内容。在句号偏误中，复句内逗号错用为句号、单句内逗号错用为句号两类偏误占总偏误的65.45%，其原因在于韩国学生未掌握逗号的具体使用条件，该用逗号时用了句号。而教学大纲中对标点符号用法内容的缺失使教师、学生不仅教学无所依，也无法树立标点符号的教学意识。

通过对三类考试大纲《新汉语水平考试大纲》（HSK1-6级）、《新中小学汉语水平考试大纲》（YCT1-4级）、《商务汉语考试大纲》的考察发现，其未出现标点符号的内容。

综上，无论是教学大纲还是考试大纲，标点符号都属于一个真空地带，未

[①] 《汉语水平等级标准和语法等级大纲》（修订版），国家汉办编制，高等教育出版社 1996 年版（简称《等级标准》）；《国家汉语能力标准》，国家汉办编制，外语教学与研究出版社 2007 年版（简称《能力标准》）；《国际汉语教学通用课程大纲》，国家汉办编制，外语教学与研究出版社 2008 年版（简称《课程大纲》）；《高等学校外国留学生汉语言专业教学大纲》，国家汉办编制，北京语言大学出版社 2002 年版（简称《专业教学大纲》）；《高等学校外国留学生汉语教学大纲》（长期进修），国家汉办编制，北京语言大学出版社 2002 年版（简称《教学大纲》长期进修）；《高等学校外国留学生汉语教学大纲》（短期强化），国家汉办编制，北京语言大学出版社 2002 年版（简称《教学大纲》（短期强化）；《对外汉语教学初级阶段课程规范》，王钟华主编，北京语言大学出版社 1999 年版（简称《初级阶段课程规范》）；《对外汉语教学中高级阶段课程规范》，陈田顺主编，北京语言大学出版社 1999 年版（简称《高级阶段课程规范》）；《对外汉语初级阶段教学大纲》，杨寄洲编，北京语言大学出版社 2005 年版（简称《初级阶段教学大纲》）。

—233—

涉及标点符号教学内容，从而造成学生句号偏误的出现。

2. 教材对标点符号未进行系统介绍

我们考察了有代表性的综合课教材5部[①]，《成功之路》（成功篇1）列举了省略号的3种用法。

对4种7本汉语写作教材[②]的考察发现，仅《汉语强化教程初级写作》和《发展汉语高级汉语写作（上）》介绍了句号，具体情况如下表：

表 4-10 汉语写作教材标点符号教学情况表

教材名称	适应对象	出现位置	出现形式	习题形式	习题数量
《汉语强化教程 初级写作》	初级	第一课	句号用法介绍	给短文加标点	四篇短文
《发展汉语高级汉语写作（上）》	高级	第一单元总说，后面分六个单元分别介绍	总说为标点符号及基本用法说明，分说结合例句详细说明	总说：给短文加标点、读拼音写短文加标点 分说：在句子中加标点	总说：短文两篇 分说：句子五个

彭静雯（2014）对韩国光州孔子学院日常使用的4种12本教材进行了考察，仅有《新HSK一册必过（6级）》的第一章简单地介绍了标点符号的书写形式和使用功能，未设计相应练习。

综上所述，对外汉语的综合教材几乎未涉及句号的内容，写作教材对标点符号的内容有所体现，但由于教学对象倾向于中级汉语水平的学生，初级汉语水平学生学无所依；大部分以列表形式做介绍，配以简单例句或辅以例文，教学内容过少；练习主要采用给语句、语段加标点，形式单一，数量较少，复现率低。更未对句号与逗号的差异进行区分，从而造成留学生句号使用偏误。

3. 教师缺乏标点符号教学意识

我们通过问卷星对66名一线汉语教师进行了调查，结果发现，由于大纲、

[①] 《汉语教程》（修订版），杨寄洲主编，北京语言大学出版社2006年版；《博雅汉语》，李晓琪主编，北京大学出版社2006年版；《发展汉语》，李泉主编，北京语言大学出版社2006年版；《成功之路》，邱军主编，北京语言大学出版社2008年版；《新实用汉语课本》，刘珣主编，北京语言大学出版社2009年版。

[②] 《汉语强化教程初级写作》，陈贤纯编著，北京语言大学出版社2005年版；《发展汉语高级汉语写作（上、下）》，岑玉珍编著，北京语言大学出版社2006年版；《外国留学生汉语写作指导》，乔惠芳、赵建华编著，北京大学出版社1995年版；《汉语写作教程》（初级、中级A种本），鹿士义、王洁编著，北京语言大学出版社2002年版。

教材、测试均未对标点符号提出具体要求，仅有 12.12% 在教学中讲解标点符号用法，在课堂上对学生出现的标点符号偏误进行修改，在考试评分时会参考学生标点符号使用及书写情况。仅有 39.39% 的教师认为很有必要在对外汉语教学中进行标点符号教学，说明大部分教师对标点符号的作用还不够重视。笔者在听课时发现，部分教师对逗号及句号的使用条件了解不够，课件及课堂板书中标点难免有误，从而带来错误的示范。对于学生在练习、作文、考试中出现的句号偏误，绝大多数教师选择视而不见。

二、标点符号教学建议

（一）将标点符号列入教学大纲和考试大纲

对 66 名教师的调查结果显示，92.42% 的教师认为标点符号教学的最大困难在于教材、教学大纲、考试大纲未涉及标点符号的内容。50% 的教师认为标点符号应纳入对外汉语教学体系。其他语言要素如语音、汉字、词汇、语法均有相应的大纲，标点符号是书面语的有机组成部分，应编写专门的汉语标点符号等级大纲，参照已有研究中各类标点符号不同用法的使用频次、正确率及其他语言要素的难度等级，列出标点符号的难度等级表。

语言测试对教学有极大的反馈作用。应与其他语言要素一样，各类考试大纲要将各类标点符号的具体使用提出要求，要将标点符号纳入评估体系。

（二）将标点符号纳入教材编写内容

根据我们对一线教师的调查，83.33% 的教师认为教材应增加标点符号教学的内容。由于教材是教师教、学生学的范本，首先，其标点符号使用要规范。其次，与书面表达密切相关的综合课教材和写作教材的编写应当吸收标点符号本体研究、习得研究的相关成果，循序渐进、分阶段地逐步渗透各类标点符号的不同用法，并在课后设置形式多样的练习。我们根据标点符号习得难度等级提出了分级教学建议，教材编写可依据上文的五个难度层级，将标点符号的类型、书写、功能纳入教材内容。

（三）教师应重视标点符号教学

课堂教学的主体是教师。调查中，74.24% 的教师认为汉语教师应重视标点符号教学。因此，教师首先要树立标点符号教学意识，对各类标点符号的各种用法及其条件了然于胸，并能区分易混淆标点如句号与逗号的差异。调查显示，仅有 34.85% 的教师认为个人的教学课件、板书中的标点符号使用及书写非常规范，31.82%的教师非常了解汉语标点符号的各种用法，说明大多数教师对标点符号的用法不甚明了，对标点符号的书写和使用不够重视。

其次，教师应明确标点教学重点、难点，区分汉语标点与学生母语标点的差异，以便在教学时有针对性地对不同母语背景的学习者进行讲解，对其出现的偏误进行解释。调查显示，仅有9.09%的教师了解汉外标点符号对比的知识，因此在教学中很难根据学生的母语背景进行有针对性的标点符号教学。

再次，教师应就地取材，安排标点教学，并设计形式多样的标点符号练习。调查显示，仅有3.03%的教师设计标点符号练习。教师可以以教材为范本，设计教材课文标点练习，引导学生将练习结果与课文进行对比，发现偏误，探寻成因。

具体就韩国学生的句号教学来说，逗号与句号互相错用的偏误较多，应作为教学的重点。教学中对句号与逗号的区别进行辨析，对逗号、句号在单句中和复句中的各种使用位置进行详细讲解，以提高韩国学生标点符号使用水平。

在分班考试及成绩考试中，标点符号应作为测试内容的一个重要组成部分。同时，在平时与书面语相关的作业中，教师应将标点符号作为考核内容，以引起师生的重视。

汉语标点符号是汉语书面语表达的重要组成部分，标点符号使用与否、使用哪种符号，直接关乎意义表达得是否正确、准确与清晰。汉语学习者的书面表达必须以掌握汉语标点符号的使用规则为前提。但标点符号的教学至今未见以教学等级的形式呈现在汉语教学和水平考试的大纲中。在国际汉语教学的新形势下，应进一步加大汉语标点符号的教学和研究的深度和广度。标点符号教学和考试大纲的制定离不开对不同母语背景汉语学习者标点符号使用和习得情况的考察。希望本书对韩国学生标点符号使用情况的考察和分析及教学等级建议，能够为其他母语者汉语标点符号的习得研究和面向留学生的汉语标点符号教学大纲的研制提供参考。

第五章　结语

第一节　主要结论、创新与不足

一、主要结论

我们从语篇指称、语篇连接成分、标点符号三个方面考察了韩国学生汉语语篇衔接手段的习得情况，排列习得难度等级，并分析其表现成因，最后提出相应的教学建议。本书主要解决了以下问题。

（一）考察了韩国学生汉语语篇衔接手段的正确使用情况，与汉语母语者的使用情况进行了对比，并分析了原因

1. 语篇指称正确使用情况

从使用频次上看，韩国学生使用的第一/二人称代词高于第三人称代词，而汉语母语者恰好相反，主要原因是韩国学生的语料多为介绍"我"的经历或是跟"我"相关的人、事和观点，而母语者语料绝大部分为小说，多为叙述他人的经历，多用第三人称代词"他"。另外，其差异可能跟汉语学习者书面语作文的"口语化"有关。

语体造成的差异在具体的小类使用频次分布中有比较广泛的体现。比如时间指示代词和地点指示代词在初中级阶段的叙述文中使用较多，在高级阶段的议论文中使用较少，而母语者语料为小说，因此使用频次低于初中级阶段，而高于高级阶段。统称词则相反，在初中级阶段使用较少，高级阶段的论述中使用较多，母语语料则高于初中级阶段，低于高级阶段。说明语体对指称形式的分布仍存在一定影响。

同形表达式、局部同形表达式的使用频次为母语高于中介语，而省略的频次则为母语低于初中级阶段，高于高级阶段。原因在于母语的负迁移，韩国语的省略比汉语更多，因此在汉语中需要使用更丰富的形式指称时，韩国学生倾

向于使用更简省的形式。同义词的使用频次为母语高于中介语，主要原因可能是韩国学生同义词储备量有限，同时对同义词词义的区别不是很有把握，因此不善于或是说回避使用同义词来进行指称。

先行语充当主语的指称形式在中介语和母语语料中比重最大，验证了"向心理论"（centering theory）。不同实体在语法角色中的突显度等级顺序如下：主语＞直接宾语＞间接宾语＞补语＞修饰语。我们对突显度等级序列补充为：主语＞宾语＞修饰语＞兼语。对先行语和指称形式的占位进行考察统计后发现，先行语为主语在两类语料中比重最大，验证了"中心理论"。不同实体在语法角色中的突显度等级顺序如下：主语＞宾语＞补语＞修饰语＞兼语。先行语与指称形式的占位及指称形式选择的倾向性如下：

表 5-1 先行语与指称形式的占位及指称形式选择的倾向性

	高可及性 ←　　　　　　　　　　　　　　　　　　　　→ 低可及性			
	主语－主语	宾语—宾语	主语—宾语 主语—定语/兼语 宾语—主语 定语/兼语—主语	宾语—定语/兼语 定语/兼语—定语 定语/兼语—定语/兼语
母语	E（省略）＞ZD（指代词）＞NP（名词性成分）	E（省略）＞ZD（指代词）＞NP（名词性成分）	ZD（指代词）＞E（省略）＞NP（名词性成分）	NP（名词性成分）＞ZD（指代词）＞E（省略）

从类型上看，随着汉语水平的提高，韩国学生语篇指称形式逐渐丰富，汉语母语者使用的语篇指称形式较韩国学生更为丰富。

17类语篇指称形式中，韩国学生和汉语母语者使用频次、所占比重居前五位的均为H1（完全同形式表达式）、H2（局部同形式表达式）、H5（第一/二人称代词）、H6（第三人称代词）、H11（先行语为主语的承前省略），具体排序有所不同，其中汉语母语者为H1（完全同形式表达式）＞H11（先行语为主语的承前省略）＞H6（第三人称代词）＞H2（局部同形式表达式）＞H5（第一/二人称代词），韩国学生为H5（第一/二人称代词）＞H11（先行语为主语的承前省略）＞H1（完全同形式表达式）＞H6（第三人称代词）＞H2（局部同形式表达式）。韩国学生正确使用频率较高、比重较大的部分与汉语母语者基本一致，证实了汉语和韩语两种语言类型相对接近，都是同时注重主语和主题的语言。

2. 语篇时间关系连接成分正确使用情况

使用频次上，跟汉语母语者相比，韩国学生的时间关系连接成分使用较为频繁。特别是最常用的 10 类时间关系连接成分中，其使用高频词均高于汉语母语者，说明韩国学生更倾向于运用显性的时间表达方式，有过度依赖于时间关系连接成分的倾向。

具体类型上，韩国学生使用频次最高的时间连接成分为"那（个）时（候）"，主要原因在于母语负迁移。指示词"这""那"的使用不仅反映时间距离，也反映心理距离。汉语属于融合型语言，在叙述故事时，为了营造让听话者身临其境的感觉，倾向于使用"这（个）时（候）"来指称说话者和听话者都较远的一个时间。而韩语属于对立型语言，认为发生的事情距离现实较远，就使用远指代词"那（个）时（候）"，因此韩国学生使用后者的频次高于前者，母语者恰恰相反。

类型分布上，韩国学生时间关系连接成分的正确使用类型比汉语母语者少 7 类，时间关系连接成分的使用呈现出单一化倾向。使用频率最高的时间连接成分为："那（个）时（候）""然后""（在 X）之/以后"。主要存在的问题有：同一种连接成分反复出现，缺乏变化；表时间的空间词语运用相对较少；一些相对书面语的时间关系连接成分运用较少或回避使用。

3. 语篇逻辑关系连接成分正确使用情况

使用频次上，21 类逻辑关系连接成分中，有 12 类的使用频次为中介语高于母语。中介语逻辑关系连接成分的使用总频次为汉语母语者的 2.5 倍左右，韩国学生的逻辑关系连接成分使用更为频繁。汉语小句连接多用意合法，不需要使用关联标记，而韩国语小句间的连接主要依靠连接词尾和接续词，母语负迁移导致韩国学生过度使用逻辑关系连接成分。

具体类型上，21 类逻辑关系连接成分中，有 15 类的使用类型为母语多于中介语。据统计，韩国学习者使用频率在 1% 以下的连接成分有 9 类，而汉语母语者仅 6 类，与汉语母语者比，韩国学生逻辑关系连接成分使用较为集中，种类较为单一。

纵向考察发现，韩国学生使用频次居前七位的逻辑关系连接成分，除了纪效连接成分，其他 6 类连接成分的使用频次随着水平的提高而逐步增加，且三个阶段的平均使用量均高于汉语母语者。由此可见，韩国学生到了高级阶段，所掌握的逻辑关系连接成分日渐丰富，使用频次也有所提高，使用总频次约为汉语母语者的 2.6 倍。但使用类型仍集中于转折、假设、纪效、并列，说明韩国学生汉语水平虽然有所提高，但逻辑关系连接成分的使用依旧较为集中单一。

对中介语语料和汉语母语语料中使用频次居前十位的连接成分的统计发现，"还有""如果……就……""……的话""虽然……但是……"在中介语中使用频次居于前十,"又""却""还""更(加)"在母语中居于前十。韩国学生最常用的连接词中,"所以"约为汉语母语者的 7 倍,"但是"约为汉语母语者的 5 倍。韩国学生最常用的逻辑关系连接成分为连词,而汉语母语者使用的副词比例更大。

4. 标点符号正确使用情况

使用频次上看,除了 B2、B9、B10、B11、B15、B18 的使用频次高于母语语料中的使用频次,其他类型的标点符号在母语语料中的使用频次高于中介语语料的平均使用频次。

具体类型上,韩国学生正确使用的标点符号为 27 类,母语者为 42 类,为韩国学生的 1.5 倍。特别是标号的用法,中介语语料使用频次仅为 7.59,而母语者的使用频次为 116.95,后者为前者的 15 倍。

具体所占比重方面,中介语句号和逗号所占比重共计 89.17%。而所有标号所占比重仅为 1.26%。由此可见,韩国学生标点符号的使用频次低于母语者,使用类型较为集中单一,主要集中在逗号、句号等最常用的标点符号上,标号使用严重不足。

纵向考察发现,韩国学生标点符号正确使用频次为初级(493.53 例)<中级(634.3 例)<高级(698.3 例),正确种类为初级(22 类)<中级(25 类)<高级(27 类)。随着汉语水平的提高,正确用例总量及正确用法种类有所增加,韩国学生的标点符号用法越来越丰富,断句意识逐步增强。但类型和频次都低于汉语母语者,说明其句读意识有待加强,句读能力有待提高。

(二)考察了韩国学生汉语语篇衔接手段偏误并分析了其成因

1. 语篇指称偏误及成因

17 类语篇指称偏误的主效应显著,H11(先行语为主语的承前省略)、H5(第一/二人称代词)、H6(第三人称代词)、H15(先行语为主语的蒙后省略)显著高于其他 13 类标点符号用法,错用频次呈现"H11(先行语为主语的承前省略)>H5(第一/二人称代词)>H6(第三人称代词)>H15(先行语为主语的蒙后省略)>其他 13 类用法"的趋势,前 4 类所占比重共计 94.10%。三个水平段排序趋于一致,即使到了高级阶段,这四类语篇指称仍存在较大问题。

韩国学生语篇指称最突出的问题是主语省略不足,即该省略主语时误用为代词,其次是主语省略过度,即该用代词时误用为省略,第三人称代词的偏误主要是该用代词时误用为同形表达式。主要原因有:

母语负迁移方面，汉语和韩国语都属于注重主题的语言，但韩国语的省略比汉语的多，特别是主语的省略，从而造成韩国学生省略过度。

学习策略方面，主语省略不足偏误比重较大，可能是韩国学生缺乏语篇意识，为了追求单个句子的完整性，忽视了整个语篇的连贯性。另外，留学生发现汉语的省略比韩国语少，以为不省略是汉语的常用表达方式而过度泛化。

对教材的考察和对教师的调查发现，教学对语篇指称讲解及练习不足，教师缺乏语篇指称知识、语篇指称教学意识和技巧是重要的偏误成因。

2. 语篇时间关系连接成分偏误及成因

韩国学生时间关系连接成分偏误主要为错用，其中错用比重最大的为"后来""然后""以后"的混用即"最后"和"终于"的混用。偏误原因有：

母语负迁移方面，在韩语中，"然后"有汉语的"然后"的语义和用法，同时还有"以后"作后置成分的用法，韩国学生容易将汉语的"以后"误用为然后。韩语中"最后"没有连接两个小句的用法，而汉语则可以。韩语的"终于"又承担了"最后"用来连接两个小句的功能，留学生容易在表达"最后出现某种结果"的语义时用"终于"替代"最后"，而不考虑结果是否是说话者所希望的，从而造成偏误。

语内迁移方面，由于"然后""以后""后来"三个词在语义、语法、语用方面同中有异，从而对学习者造成干扰。

教材方面，对6套综合教材的考察发现，教材存在的问题有：对三个词语的外语释义趋同，对三个词语的编排顺序与大纲不一致，部分教材未对这三个词设置例句进行用法说明，注释讲解和辨析严重缺失，同时练习设置题型单一，题量不足。

3. 语篇逻辑关系连接成分偏误及成因

韩国学生偏误比重居前的逻辑关系连接成分类型是转折、并列、纪效、递进。其中"但（是）""也""所以（说）""而且"偏误比重最大，"而且"错用高于多余，其他三类连接成分多余大于错用。

韩国学生"而且"的偏误均为错用成"还有"，误用的主要原因有：

母语负迁移方面，"还有"在韩国语中属于接续副词，连接小句时可以表示并列关系，也可以表示递进关系，韩国学生极易将韩语"还有"表示递进的语义迁移到汉语中。

语内迁移方面，"而且"的核心语义是"递进"，"还有"的语义为"补充+递进"，二者有交叉重合之处，容易对学生造成干扰。

教材方面，对6套综合教材的考察发现，大多数教材未将"还有"列为词条，对其讲解和练习不到位，使得学生学无所依，从而产生偏误。

韩国学生"所以（说）""但是"使用多余的主要原因有：

一是母语负迁移的影响。韩国语的连接词尾"고"既表时间关系，又表因果关系，在汉语中分化为"所以（说）"和"然后"两个形式，韩国学生极易将"所以"和"然后"互换使用。而"然后"在现代汉语中已经虚化成话语标记，表示话语单位之间或言语行为之间在顺序上的顺向关联，同样虚化成话语标记的连接成分还有"但是"，表示逆向关联。韩国学生在表达顺向关联时应该用"然后"，误用为"所以"，表达逆向关联时泛化"但是"，从而造成"所以"和"但是"的冗余。

"所以""但是"的使用频次远高于其他因果连词和转折连词，由于它们语义唯一，心理语言距离小，心理典型性强，容易迁移。韩语中关系标记跟汉语的"所以""但是"一样，处于两个分句中间，符合"联系项居中原则"，标记性弱，而且分布位置一致，所以更容易迁移。

二是教材以及认知难度的影响。大部分教材都出现了"因为……，所以……"和"虽然……，但是……"的语法讲解。面向韩国学生的教材也将其与韩语因果、转折连接词尾或接续词相等同，并未进行韩汉对比。练习设计仅强调了其使用的条件，凸显了其作为显性衔接手段的作用，却未说明其不必使用的情况。语篇中，作为显性标记和一级复句标记，"所以""但是"教其他复句标记更凸显，更易引起注意。教材中有关连接标记的练习又极大地增加了韩国学生对汉语显性标记的输入频率，诱发其对"所以""但是"使用泛化。

4. 标点符号偏误及成因

一是对标点符号三类偏误频次进行方差分析的结果显示，标点符号偏误的主效应显著。多重比较发现，错用与缺失、多余之间的差异显著，缺失与多余之间差异不显著。标点符号的3类偏误呈现"错用＞缺失＞多余"的趋势。

二是标点符号错用的主效应显著，错用频次呈现"B1（表陈述语气的句号）＞B7（表复句内各分句之间的停顿的逗号）＞B19（并列成分之后的顿号）＞B13（较长的谓语中间的逗号）＞其他24类用法"的趋势，前4类所占比重共计78.07%。B1、B7、B13正确用例和偏误用例均在前四位之内，应当作为标点符号教学的重点和难点。

错用的主要原因有学生对文意理解不到位，对标点符号使用规则掌握不准确，对标点符号书写不够重视以及母语负迁移。

三是标点符号缺失的主效应显著，缺失频次呈现"B7（表复句内各分句之间的停顿的逗号）、B9（状语之后的逗号）、B1（表陈述语气的句号）、B16（语气缓和的感叹语、称谓语和呼唤语之后的逗号）、B13（较长的谓语中间的逗号）＞其他23类用法"的趋势，前5类所占比重共计78.07%。

标点缺失的主要原因是母语负迁移。韩语是黏着语，连接词尾比较发达，复句内各分句之间及汉语单句的各种语法位置有时不用标点，造成逗号缺失。

四是标点符号多余的主效应显著，多余频次呈现"B1（表陈述语气的句号）＞B10（较长的宾语之前的逗号）、B28（标示书名、篇名、刊物名、报纸名、文件名及电影、电视等各类用声音、图像等表现的作品的名字的书名号）、B7（表复句内各分句之间的停顿的逗号）、B19（并列成分之间的顿号）、B9（状语之后的逗号）＞其他22类用法"的趋势，前6类所占比重共计76.34%。

标点多余的主要原因是韩国学生未掌握标点符号的使用规则。省略号处于段末时其后不用点号，用作标题的作文题目不需要加书名号，"等"表示列举其前无须使用顿号。逗号的过度泛化导致不该断句时用了逗号，影响文意连贯。

（三）考察了韩国学生四类汉语语篇衔接手段的习得难度等级

1. 语篇指称习得难度等级

将正确使用相对频率法、正确率法和蕴含量表法三种方法得出的语篇指称排列顺序的序数相加，得到一个综合值，按区间对语篇指称的难度等级进行排序，结果如下：

表 5-2 韩国学生语篇指称习得难度等级表

分级条件	难度等级	语篇指称类型
序数总和＜20	一级（5类）	H1（同形表达式）、H2（局部同形表达式）、H4（同义词）、H5（第一/二人称代词）、H13（先行语为定语的承前省略）
序数总和 20-30	二级（4类）	H3（统称词）、H7（其他人称代词）、H8（一般名词指示代词）、H6（第三人称代词）
序数总和＞30	三级（8类）	H11（先行语为主语的承前省略）、H9（时间指示代词）、H17（先行语为定语的蒙后省略）、H14（先行语为兼语的承前省略）、H15（先行语为主语的蒙后省略）、H12（先行语为宾语的承前省略）、H10（地点指示代词）、H16（先行语为宾语的蒙后省略）

2. 语篇时间关系连接成分习得难度等级

首先统计时间关系连接成分按正误使用相对频率的数值，然后按数值分为两类，同时参考时间关系连接成分在汉语母语者语料库和中介语语料库中的出现情况，共分为四级，难度等级如下表：

表 5-3 韩国学生时间关系连接成分习得难度等级表

分级条件	难度等级	时间关系连接成分
正误使用相对频率 =1	一级（26 个）	这（个）时（候）、此时、当日（天）、这/那（一）天、这+时量短语、那+时量短语、最初、首先、起初、开始时、开始（的时候）、先、原来、事先、过去、从前、当初、接着、跟着、不久、（不）一会儿、好久、从此、（与此）同时、最终
正误使用相对频率＜1	二级（11 个）	那（个）时（候）、当时、本来、（在 X）之/以前、（在 X）之/以后、然后、后来、随后、此后、最后、终于
汉语母语者使用而韩国学生未使用	三级（10 个）	最早（的时候）、事后、继而、顿时、瞬间、刹那间、很快（地）、半天、此后、立即、一会儿工夫
汉语母语者和韩国学生均未使用	四级（22 个）	最先；起先；先前；原先；此前；事前；以往；早先；尔后/而后；其后；随即；继之；说时迟，那时快；霎时；顷刻之间；片刻；不多时；稍后；良久；曾几何时；久而久之……；当即；

3. 语篇时间逻辑连接成分习得难度等级

首先统计逻辑关系连接成分按正误使用相对频率的数值，然后按数值分为两类，同时参考逻辑关系连接成分在汉语母语者语料库和中介语语料库中的出现情况，共分为六级，难度等级如下表：

表 5-4 韩国学生逻辑关系连接成分习得难度等级表

分级条件	难度等级	逻辑关系连接成分
正误使用相对频率 =1（中介语语料两个阶段以上有正确用例）	一级（22 个）	第一、第二、……第 n，同时，是……还是……，再说/再讲，甚至，于是（乎），尤其（是），要是……就……，忽然（间），蓦地/突然（间）/猛然间，其实，说实话，不是……就是……，这样一来，哪怕……也……，即使，当然
正误使用相对频率 =1（中介语语料一个阶段有正确用例）	二级（32 个）	（其）一、（其）二、……（其）n，（另）一方面，例如，此外，另外，不只，与其……不如……，拿……来讲/说，之所以……是因为……，因而，免得，也就是说，（这/那）就是说，总的来说/讲，真的，的确，结果，难怪，再，假如，假设，否则（的话），然而，岂料/不料，谁知，实际上，至少，就算，就是，即便，（与此/和这）相反，尽管

—244

续表

分级条件	难度等级	逻辑关系连接成分
0＜正误使用相对频率＜1	三级（30个）	也，既/又（是）……又/也/更……，一边……一边……，或者……或者……，还有，比如（说），因为，所以（说），由于，因此，果然，不管，可想而知，更（加），如果……就……，的话，虽然……但是……，但（是），可（是），不过，没想到，不是……而是……，或者……或者……，而且，不但……而且，总（而言）之，特别（是），却，反而，无论
正误使用相对频率＜0	四级（10个）	首先、其次、……最后/末了，并（且），又，还，以至于，只要……就……，只有……才……，既然……就……，只是
汉语母语者使用而韩国学生未使用的	五级（26个）	一面……一面……，除了……就是……，以及，或者说，具体地说，是的，是啊，原来，终于，果真，怪不得，以致，一旦，省得，（由此）看来，显然，那么，最，要不是（的话），要不然，忽地，确切地说，别说……就连……，（反）倒，倒是，至于
汉语母语者和韩国学生均未使用的	六级（66个）	甲、乙、……癸，相应地，与此同时，无独有偶，也……也……，况且，又有，再加上，加之，再加之，再则，再有，进一步，进而，推而广之，更有甚者，就是……也……，尚且……何况……，另，（再）补充一句/点，除此之外，连同，比方（说），换言之，换句话说，具体而言，总括起来说，概括起来说，总的看（来），一句话，一言以蔽之，综上所述，确实，果不其然，无怪乎，因之，唯有……才……，除非……才……，为此，以便，以免，可见，足见，显而易见，毫无问题，不用说，很明显，无疑，毫无疑问/义，同样（地），假若……就……，事实上，退一步说，自然，诚然，固然，相反的，反过来说，反之，相比之下，与此相比，对比之下，相形之下，顺便说几句，附带一提，顺便说一下

4. 标点符号习得难度等级考察

综合运用正确使用相对频率法、正确率法和蕴含量表法三种方法，同时参考初现率，对标点符号的难度等级进行排序。具体情况如下表：

表 5-5 韩国学生标点符号习得难度等级表

分级条件	难度等级	标点符号用法
综合正确使用相对频率和正确率推导法、蕴含量表法、初现率及标点符号各类用法所在句子的长度、句法复杂度、交际需求	一级（10类）	B1（表陈述语气的句号） B2（表较缓和的祈使语气和感叹语气的句号） B3（表疑问、反问、设问等语气的问号） B4（表感叹语气的叹号） B5（表强烈祈使语气的叹号） B7（表复句内各分句之间的停顿的逗号） B9（状语之后的逗号） B13（较长的谓语中间的逗号） B16（语气缓和的感叹语、称谓语和呼唤语之后的逗号） B19（并列成分之后的顿号）
	二级（10类）	B8（较长的主语之后的逗号） B10（较长的宾语之前的逗号） B11（带句内语气词的主语等句子成分之后，或带句内语气词的并列成分之间的逗号） B12（用于较长的主语、宾语、状语或定语之间的逗号） B15（包括重叠复指在内的复指成分或插说成分前后的逗号） B18（对句子的某些成分或整个句子进行解释、强调、举例说明等句子附属成分之前的逗号） B21（总说性或提示性词语之后，表示提示下文的冒号） B22（书信、讲话稿中称谓语或称呼语之后的冒号） B25（标示注释内容或补充说明的括号） B27（标示语意未尽、列举或重复词语的省略的省略号）
	三级（8类）	B6（表示反问语气的叹号） B14（前置的谓语之后或后置的状语、定语之前的逗号） B17（某些次序语之后的逗号） B20（表示复句内部并列关系分句之间及非并列关系的多重复句中第一层分句之间的停顿的句号） B23（标示语段中直接引用的内容的引号） B24（标示语段中需要特别指出的成分的引号） B26（标示注释内容或补充说明的破折号） B28（标示书名、篇名、刊物名、报纸名、文件名及电影、电视等各类用声音、图像等表现的作品的名字的书名号）

续表

分级条件	难度等级	标点符号用法
汉语母语者使用而韩国学生未使用	四级（14类）	B11-1（表示较缓和的命令、祈使语气的逗号） B15-1（用于前后引语之间的逗号） B17-1（用于连接成分后的逗号） B18-1（用于对上文的肯定或否定的回答的逗号） B19-1（某些序次语之后的顿号） B19-2（相邻两数字连用为缩略形式时的顿号） B19-3（需要停顿的重复词语之间的顿号） B26-1（标示声音的延长的破折号） B26-2（标示话语的中断或间隔的破折号） B26-3（标示插入语的破折号） B26-4（标示话题的转换的破折号） B27-1（标示上下文省略的省略号） B27-2（标示说话时断断续续的省略号）
汉语母语者和韩国学生均未使用	五级	《标点符号用法》中出现的其他用法

（四）结合对中介语语料的考察及表现成因分析，对汉语语篇衔接手段的教学提出了建议

1. 加强语篇衔接手段本体研究和汉外对比研究

本体研究是对外汉语教学的理论基石。面向汉语国际教育的语篇衔接手段教学首先要解决"教什么"的问题，语篇衔接手段的具体分类以及各种形式的使用条件，都需要借鉴本体研究的成果。语篇指称各类形式的使用制约因素并未完全厘清，还有待研究出更具有操作性的使用条件。由于母语负迁移在偏误成因中所起作用较大，应该最大限度地吸收汉外语篇衔接手段对比研究的成果为教学所用，使教学有的放矢，防患于未然。

2. 将语篇衔接手段纳入教学大纲和考试大纲

在汉语作为第二语言教学体系中赋予语篇衔接手段与语音、汉字、词汇、语法等同等重要的地位，教学大纲和考试大纲要吸收本体研究和汉语习得研究的最新成果，将语篇衔接手段作为一个系统列为大纲的不可缺少的组成部分。同时在教学大纲、考试大纲、教材编写以及具体的课堂教学、练习和测试中得到体现，自上而下地加强学习者对不同语篇衔接手段类型及其具体使用条件的认识，语篇衔接手段的教学效果才能彻底改观。

语篇衔接手段的各种形式在大纲中的排列顺序应参照习得研究的最新成果，

本书对语篇指称、语篇连接成分、标点符号三类衔接手段的习得难度等级排列可以作为大纲排序的一个参考。

3. 精心设计教材内容的讲解及课后练习

教材对语篇各种衔接手段的下属类型进行编排时，应该吸收习得研究的最新成果，遵循由易到难、由简到繁的原则。同时甄选典型语篇进行示范，尽可能全面详尽对其用法分阶段、有梯度地进行讲解。

在练习的设计方面，建议遵循以下三个原则：

一是针对性原则。教材可针对语篇衔接手段的汉外差异、不同衔接手段小类内部的差异，针对易混淆的两个小类设计相应的练习。

二是多样性原则。练习形式应该丰富多样。对语篇指称可采取用不同语篇指称形式填空、修改连句成段、排列句序等题型，对易混淆的连接成分的辨析可采用选词填空、单选题、完成句子、判断正误、修改病句等题型，对标点符号则可以采用改错、标点、修改标点、判断正误等题型，以便全方位多角度地充分透彻地进行练习。分国别的教材应根据学生母语背景，基于汉外对比，设置一定数量的语篇翻译对比练习，让学生重点关注汉韩语篇衔接手段的差异。

三是层次性原则。相关语篇衔接手段知识点的呈现、辨析和练习顺序相匹配，由少到多，由易到难，从而使学习者更快更好地掌握其用法。

4. 改善教师教学

第一，教师应具备语篇衔接手段教学意识和本体知识。

首先，教师要做有心人，对学生在课堂中或课后作业中出现的语篇衔接手段偏误要予以重视，并反思其原因。

其次，教师要具备相应的语篇衔接手段本体知识，要对不同语篇衔接手段的使用条件了然于胸。如果教材中未出现相关知识，教师应查阅相关资料和文献，予以补充讲解。必要时对研究薄弱但教学急需的内容着手进行研究，用教学反思研究，以研究促进教学。

第二，教师应具备必要的汉外语篇衔接手段对比知识。由于当前大部分汉语教材是普适性的，教师应该对一些使用频次较高的语篇衔接手段的汉外对比知识有所了解，特别是英语、韩语等学生人数较多或是学生较为熟悉的语言。

第三，教师课堂教学要注意方法。可采取四步走的策略：

一是"启"，先给出填空练习让学生完成，引发其思考。完成后，检查学生对错。二是"析"，结合学生的偏误分析原因，从而引出对相应知识点的详细讲解。三是"练"。讲解后，给出多种形式的练习，诊断学生存在的问题。四是"固"。针对学生练习暴露出来的问题，有针对性地练习，促进学生全面掌握。

二、创新之处

（一）研究材料新

已有语篇习得研究选取的语料或来自北京语言大学 HSK 动态作文语料库，或来自平时收集的作文。但 HSK 动态作文语料库为中高级阶段作文，相应等级的分级不够清晰、全面；平时收集的作文间隔时间不一，很难形成规模，国别也很难达到平衡。

本书采用的语料来自北京语言大学汉语言本科专业一年级下到三年级下的期末考试作文，其中一年级下、二年级下、三年级下分别代表初级、中级、高级三个汉语水平等级，水平等级明确。间隔时间均为一年，具有较强的等距连续性。同时均为同一个学院同一批本科专业学生的语料，甚至达到了难度最高的追踪式历时语料的要求。因此，语料的自然性、同质性、层次性和系统性都较为理想，研究材料独特。

（二）语料标注方法新

"HSK 动态作文语料库"（北京语言大学）、"留学生汉语中介语语料库"（暨南大学）、"外国学生汉语中介语偏误信息语料库"（南京师范大学）、"汉语中介语语料库"（中山大学）都在一定程度上对语料进行了字、词、句子成分、句子和标点符号等进行了处理，而基于语篇层面上的标注相对较为薄弱。本论文在对国内外汉语语篇指称研究成果进行归纳提炼的基础上，尝试对语篇指称本体研究的相关成果进行了梳理和归纳，列出了 17 类形式，并分为若干小类。同时从七个方面总结提炼了语篇指称使用的制约因素，作为判别中介语语篇指称正误的参考。参考徐赳赳（1990）对小句的界定，采用人工标注的方式逐句对语料中的语篇指进行分类标注，为中介语语篇标注提供了尝试。

我们对中介语语料中语篇指称使用情况从正误两方面进行全面标注的形式，尝试解决了大部分中介语语料库建设的另一个问题："标注只有偏误标注，因而只能进行偏误分析，而无法进行表现分析。"（张宝林，2013）

（三）应用价值新

我们对大规模中介语语料中的语篇衔接手段习得情况进行动态的、纵向的考察，并运用科学多样的统计方法分别得出 3 类语篇衔接手段的习得难度等级，从多个方面分析习得表现的成因，为汉语语篇衔接手段的分级分层教学、教学大纲设计、教材编写、课堂教学及语言测试提供依据。

三、不足之处

（一）所选语料文体的一致性有待加强

本书语料来自汉语言本科专业的韩国学生期末考试作文，而非自命题的作文，初级、中级阶段的语料文体为记叙文，而高级阶段的文体为读完指定文章的读后感，文体为议论文。母语语料多为小说。虽然有学者认为文体差异并不会带来太大影响，但据本书统计，在某些语篇衔接手段上，韩国学生的表现差异跟文体有密切关系。比如初中级阶段的第一/二人称代词使用频次显著高于高级阶段，第三人称代词使用频次低于高级阶段，主要跟作文内容和文体有关。

（二）汉语和韩语的语篇衔接手段的对比有待完善

正如颜明、肖奚强（2017）所说，"中介语语料库是学习者输出的语言的汇集，依据它研究语言现象是再自然不过的，但仅仅依靠它却难以直接探究学习者的认知心理、学习策略以及偏误成因。"许家金（2014）指出，语料库并非无所不能。缺少明确的形式标记（如隐喻、情感态度、言语行为）的语言现象，并非语料库所长。低频的语言现象是语言中"沉默的大多数"，也难以统计分析。我们尝试对某些语篇衔接手段的缺失进行了专门的标注，若能结合问卷调查，考察将更为全面。

（三）对韩国学生语篇衔接手段的使用情况的解释力度有待加强

由于我们研究的内容涵盖语篇指称、语篇连接成分、标点符号三大方面，同时从中介语和汉语母语两个方面描述统计，语料规模接近40万字。中介语语料完全为笔者依据研究需要搜集的第一手资料。语料标注从正误两个方面进行，特别是语篇指称及标点符号的标注为逐句穷尽式标注，工作量巨大。因此收集、转写、整理以及语料分析上花费了大量时间和精力，以至于后续的描写、解释做得不够充分。另外，由于汉语及韩语语篇衔接手段本体研究的成熟尚待时日，汉韩语篇衔接手段对比的研究成果尤为少见，因此，本书在语言本体和语言对比方面的理论基础稍显薄弱，长于描述和统计，但数据分析稍欠火候，对现象的解释力稍显不足。

第二节　展望

研究语料上，不同文体的语料在语篇衔接手段上使用各异，口语和书面语表现各不相同。今后的研究可延伸到不同文体和语体的对比研究。

研究对象上，学习者的母语背景可以拓展，以便对不同母语背景的学习者的习得情况进行对比，发现其共性和差异，并分析其成因，从而使教学建议既具有针对各种母语背景的汉语学习者的普适性，又具有针对某种特定母语背景的学习者的特异性。

　　研究理论上，基于类型学的二语习得研究已成为今后汉语二语习得研究的一个发展方向。王勇、周迎芳（2014）指出，二语习得研究和语言类型学的"交流、结合和互动刚刚开始，……一方面，语言类型学中的很多理论假设有待在二语习得研究中去验证，……这些验证和研究的结果可以反哺类型学研究，为修正和改进语言类型理论假设提供新的证据，使之成为更具有效性的理论。"二语习得受到各个方面因素的影响，包括母语与目的语的异同、学习者因素、教学方面的因素等。对中介语语料和母语语料的分析表明，语言类型学为二语习得研究提供了更有效的理论支撑，有广阔的跨语言视角。中介语语篇指称验证了语言类型学的"可及性"理论及"向心理论"。本书的结论对两种理论进行了修正和改进，使之跨语言的普遍性得以加强。今后随着基于语言类型学的语篇研究理论的发展，语篇习得研究可向该方向倾斜，从而发现语言共性及差异对习得二语的影响。

参考文献

[1] 白水振，金立鑫，白莲花.汉韩语主语省略的类型学分析[J].邵阳学院学报（社会科学版），2014，13（3）：94-102.

[2] 北京语言大学出版社.汉语国际教育用音节汉字词汇等级划分[M].北京：北京语言大学出版社，2010.

[3] 蔡金亭.母语迁移与主题突出结构[J].解放军外语学院学报，1998（6）：15-19.

[4] 曹秀玲.韩国留学生汉语语篇指称现象考察[J].世界汉语教学，2000（4）：77-83.

[5] 陈晨.对留学生篇章偏误的思考[J].海外华文教育，2004（1）：66-72.

[6] 陈晨.对外汉语语篇教学研究——回眸与思考[J].海外华文教育，2008（2）：7-13.

[7] 陈晨.培养成段表达能力的交际任务型初级口语教学模式初探[J].海外华文教育，2007（4）：8-14.

[8] 陈晨.英语国家学生学习汉语在篇章连贯方面的常见偏误[J].四川大学学报（哲学社会科学版），2005（3）：76-83.

[9] 陈晨.英语国家学生中高级汉语篇章衔接考察[J].汉语学习，2005（1）：66-72.

[10] 陈福宝.对外汉语语段写作训练简论[J].汉语学习，1998（6）：47-49.

[11] 陈宏.留学生高级汉语综合课语段教学探析[J].经济与社会发展，2004（9）：151-153.

[12] 陈平.汉语零形回指的话语分析[J].中国语文，1987（5）：363-378.

[13] 陈平.释汉语中与名词性成分相关的四组概念[J].中国语文，1987（2）.

[14] 陈望道.修辞学发凡[M].上海：复旦大学出版社，2008（1932）.

[15] 陈小红.复句中后分句句首指示代词的回指功能[J].汉语学习，2013（4）：41-47.

[16] 陈灼. 桥梁 [M]. 北京：北京语言大学出版社，1996.

[17] 储泽祥，陶伏平. 汉语因果复句的关联标记模式与"联系项居中原则" [J]. 中国语文，2008（5）：410-422、479-480.

[18] 戴浩一，黄河. 时间顺序和汉语的语序 [J]. 国外语言学，1988（1）：10-20

[19] 方清明. 论抽象名词词串的语篇照应功能 [J]. 汉语学习，2016（4）：52-63.

[20] 甘瑞瑗，等. 汉韩学习词典 [M]. 北京：北京大学出版社，2011.

[21] 高宁慧. 留学生的代词偏误与代词在篇章中的使用原则 [J]. 世界汉语教学，1996（2）：61-71.

[22] 高玮. 从语篇角度看先行语中数量结构的偏误及其成因 [J]. 语言教学与研究，2014（3）：11-20.

[23] 高原，刘润清. 具有衔接作用的标点 [J]. 解放军外国语学院学报，2002（4）：1-4.

[24] 谷慧敏. 蒙古国留学生汉语标点符号使用常见错误及对策研究 [D]. 内蒙古师范大学，2014.

[25] 顾金元. 对《标点符号用法》的一些意见 [J]. 中国语文，2003（6）：568-570.

[26] 郭攀. 二十世纪以来汉语标点符号系统的演进 [J]. 中国语文，2006（6）：557-567、576.

[27] 郭颖雯. 对留学生在叙述语篇中时间表达方式的考察 [J]. 海外华文教育，2004（3）：61-68.

[28] 郭颖雯. 篇章语言学与语段、语篇口语教学 [J]. 语言教学与研究，2003（5）：64-69.

[29] 国家对外汉语教学领导小组办公室汉语水平考试部刘英林. 汉语水平等级标准与语法等级大纲 [M]. 北京：高等教育出版社，1996.

[30] 韩国国立国语院. http://www.korean.go.kr/.

[31] 何立荣. 浅析留学生汉语写作中的篇章失误 [J]. 汉语学习，1996（1）：44-47.

[32] 何立荣. 留学生汉语写作进阶 [M]. 北京：北京大学出版社，2003.

[33] 胡建刚，周健. 留学生标点符号书写偏误分析 [J]. 语言文字应用，2003（3）：113-117.

[34] 胡建刚. 初级留学生标点符号的使用特征和偏误分析 [D]. 暨南大学，

2002.

[35] 胡建刚. 留学生使用句号逗号偏误分析 [J]. 西南民族大学学报（人文社会科学版），2005（10）：253-277.

[36] 胡壮麟. 语篇的衔接与连贯 [M]. 上海：上海外语教育出版社，1994.

[37] 黄伯荣，廖序东. 现代汉语（增订二版）[M]. 北京：高等教育出版社，2002.

[38] 黄国文. 语篇分析概要 [M]. 湖南：湖南教育出版社，1988.

[39] 黄莉. 中亚留学生汉语标点符号偏误分析 [J]. 民族教育研究，2013，24（1）：116-122.

[40] 黄南松. 省略和语篇 [J]. 语文研究，1997（1）：10-17.

[41] 黄南松. 现代汉语的指称形式及其在篇章中的运用 [J]. 世界汉语教学，2001（2）：28-37.

[42] 黄南松. 现代汉语叙事体语篇中的成分省略 [J]. 中国人民大学学报，1996（5）：78-83.

[43] 黄秀坤. 基于汉语作为第二语言教学的留学生语篇建构能力研究 [D]. 吉林大学，2015.

[44] 黄玉花. 韩国留学生的篇章篇误分析 [J]. 中央民族大学学报（哲学社会科学版），2005（5）：100-106.

[45] 姜贞爱. 汉韩政论体语篇的省略和指称衔接对比 [D]. 延边大学硕士学位论文，2006.

[46] 蒋春来. 对外汉语标点符号教学顺序研究 [D]. 广西师范大学，2015.

[47] 蒋平. 零形回指的句法和语篇特征研究 [D]. 上海外国语大学，2004.

[48] 蒋平. 汉语零形回指先行语的句法可及性等级序列 [J]. 南昌大学学报（人文社会科学版），2017，48（3）：135-140.

[49] 蒋平. 零形回指现象考察 [J]. 汉语学习，2004（3）：23-28.

[50] 蒋平. 影响先行语可及性的因素 [J]. 外国语（上海外国语大学学报），2003（5）：43-50.

[51] 蒋平. 指向宾语的零形回指 [J]. 南昌大学学报（人文社会科学版），2011，42（5）：122-126.

[52] 焦建亭，张必隐. 汉语动词的隐含因果性对代词加工的影响 [J]. 心理科学，2005（5）：1082-1085、1107.

[53] 金晓艳，柳英绿. 现代汉语时间连接成分研究综述 [J]. 山西师大学报（社会科学版），2009，36（3）：108-111.

[54] 金晓艳，马庆株.汉语时间连接成分的非定位性[J].语言研究，2011，31（3）：61-65.

[55] 金晓艳，马庆株.汉语时间连接成分的位置考察[J].语言科学，2010，9（3）：255-264.

[56] 金晓艳，彭爽.汉语篇章中后时连接成分的隐现[J].世界汉语教学，2005（4）：70-78.

[57] 金晓艳，彭爽.后时连接成分辨析[J].解放军外国语学院学报，2005（4）：32-36.

[58] 金晓艳，彭爽.时间连接成分的本体研究概述[J].济南大学学报（社会科学版），2008（4）：44-46.

[59] 金晓艳.汉语篇章中初时连接成分的隐现[J].东北师大学报（哲学社会科学版），2014，（2）：100-103.

[60] 金晓艳.汉语篇章中前时连接成分的隐现[J].汉语学习，2013（6）：18-25.

[61] 金晓艳.时间连接成分的历时演变和产生方式[J].古籍整理研究学刊，2008（5）：76-79.

[62] 金燕燕.留学生使用标点符号的偏误分析[J].牡丹江大学学报，2010（2）：155-157.

[63] 金允经，金昌吉.现代汉语转折连词组的同异研究[J].汉语学习，2001（2）：34-40.

[64] 金兆梓.国文法之研究[M].北京：中华书局，1922.

[65] 靳洪刚、许德宝.中国之路：中级汉语教程[M].北京：北京大学出版社，2005.

[66] 靳洪刚，许德宝.留学中国：中级汉语教程[M].北京：北京大学出版社，2005.

[67] 井茁.高年级汉语习作中零指代使用的跨语言背景比较[J].世界汉语教学，2011，25（2）：258-267.

[68] 柯润兰.高级阶段综合课语篇能力训练的模式研究[J].湖北社会科学，2013（1）：137-140.

[69] 孔德媛.汉语能愿动词"能""会"与英语情态动词对比分析[D].吉林大学，2013.

[70] 孔庆蓓.修辞结构理论与对外汉语语篇教学[C]// 对外汉语教学习得研究.北京：北京大学出版社，2006.

[71] 孔艳.英语国家留学生汉语语篇衔接手段使用研究[D].中央民族大学，2009.

[72] 孔子学院总部.新汉语水平考试大纲HSK 二级[M].北京：商务印书馆，2009.

[73] 孔子学院总部.新汉语水平考试大纲HSK 六级[M].北京：商务印书馆，2010.

[74] 孔子学院总部.新汉语水平考试大纲HSK 三级[M].北京：商务印书馆，2009.

[75] 孔子学院总部.新汉语水平考试大纲HSK 四级[M].北京：商务印书馆，2009.

[76] 孔子学院总部.新汉语水平考试大纲HSK 五级[M].北京：商务印书馆，2010.

[77] 孔子学院总部.新汉语水平考试大纲HSK 一级[M].北京：商务印书馆，2009.

[78] 李海燕.华裔与非华裔留学生汉语叙述语篇连接手段对比研究[J].语言文字应用，2016，（3）：77-85.

[79] 李甲男（LeeKapnam）.汉韩主语和话题对比研究[D].华中师范大学，2014.

[80] 李榕，Pim MAK，Ted SANDERS.汉语第三人称回指语形式眼动阅读实验[J].中国语文，2016（1）：83-92、127-128.

[81] 李榕.汉语篇章层级对第三人称回指的影响[J].汉语学习，2013（5）：71-77.

[82] 李榕.小句地位对汉语篇章第三人称回指形式的影响[J].时代文学（下半月），2014（9）：131-133.

[83] 李榕.隐含因果动词对第三人称回指的影响[J].汉语学习，2014（6）：28-35.

[84] 李榕.影响代词回指的因素分析[J].当代语言学，2012，14（2）：168-177、220.

[85] 李贤卓.修辞视角下汉语二语者回指使用考察——以英语母语者为例[J].当代修辞学，2015（4）：76-82.

[86] 李小丽.初级阶段口语教学应重视成段表达能力的训练[J].语言文字应用，2001（3）：37-43.

[87] 李晓琪、方霁、刘瑞年.中国剪影：中级汉语教程[M].北京：北京大

学出版社，1999.

[88] 李晓琪．博雅汉语 [M]．北京：北京大学出版社，2005．

[89] 李杨．要以培养成段大段成篇表达能力带动中高级汉语主干课教学 [J]．汉语学习，2004（2）：20-27．

[90] 李忆民．现代汉语常用词用法词典［M］．北京：北京语言大学出版社，1995．

[91] 李英武，等．现代韩中中韩词典 [M]．北京：外语教学与研究出版社，2004．

[92] 李增吉．中级汉语精读 [M]．天津：南开大学出版社，1998．

[93] 梁珊珊，杨峥琳．韩国学生口语多重因果转折语篇使用情况分析 [J]．世界汉语教学，2016，30（3）：356-367．

[94] 廖秋忠．廖秋忠文集 [M]．北京：北京语言学院出版社，1992．

[95] 廖秋忠．现代汉语篇章中回指的表达 [J]．中国语文，1986（2）．

[96] 廖秋忠．现代汉语中动词的支配成分的省略 [J]．中国语文，1984（4）：241-248．

[97] 林御霖．初级汉语水平老挝留学生标点符号功能使用偏误分析 [J]．思茅师范高等专科学校学报，2011，27（5）：79-84．

[98] 林御霖．汉语老挝语标点符号使用功能对比分析 [J]．普洱学院学报，2013，29（1）：116-120．

[99] 刘辰诞．教学篇章语言学 [M]．上海：上海外语教育出版社，1999．

[100] 刘俊玲．留学生作文中的篇章偏误分析 [J]．语言文字应用，2005（4）：36-39．

[101] 刘丽萍．留学生对汉语复句中关联词语的习得研究 [J]．教育理论与实践，2010，30（6）：56-58．

[102] 刘镰力．在短文教学中必须重视语言的实践性 [J]．语言教学与研究，1980（3）：76-84．

[103] 刘贤俊．现代汉语连词联系项的多能性 [J]．世界汉语教学，2005（4）：61-69、3-4．

[104] 刘珣．新实用汉语课本（4）[M]．北京：北京语言大学出版社，2004．

[105] 刘珣．新实用汉语课本（5）[M]．北京：北京语言大学出版社，2005．

[106] 刘雅楠．"后来、以后、之后、然后"辨析及对外汉语教材对该组词相关设置的考察 [D]．河北师范大学，2015．

[107] 刘宇红．前指关系的类型研究 [J]．外语教学，2003（5）：23-26．

[108] 刘育雁.时间连接成分"然后、以后、后来"的篇章功能与习得情况考察 [D].吉林大学，2011.

[109] 刘元满.成段表达的几种强化训练法 [M]// 对外汉语教学法研究，北京：北京大学出版社 .1996.

[110] 刘月华.关于叙述体的篇章教学——怎样教学生把句子连成段落 [J].世界汉语教学，1998（1）：72-78.

[111] 卢智暎.基于语料库的韩国学生汉语连词使用研究 [D].北京语言大学，2009.

[112] 鲁健骥.外国人学汉语的篇章偏误分析——兼谈拓宽中介语的研究领域 [C]// 第六届国际汉语教学讨论会论文选.北京：北京大学出版社，2000：257-267.

[113] 陆俭明.汉语中表示主从关系的连词 [J].北京大学学报（哲学社会科学版），1983（3）：91-97.

[114] 罗青松.对外汉语语篇教学初探 [C]// 芝兰集.北京：人民教育出版社，1999.

[115] 罗青松.汉语写作教程 [M].北京：北京大学出版社，1998.

[116] 吕叔湘，朱德熙.语法修辞讲话 [M].北京：中国青年出版社，1980.

[117] 吕叔湘.现代汉语八百词（增订本）[M].北京：商务印书馆，2015.

[118] 吕文华，鲁健骥.外国人学汉语的语用失误 [J].汉语学习，1993（1）：41-43.

[119] 马国彦.话语标记与口头禅——以"然后"和"但是"为例 [J].语言教学与研究，2010（4）：69-76.

[120] 马明艳.韩国留学生标点符号使用偏误分析 [J].云南师范大学学报（对外汉语教学与研究版），2009（4）：62-67.

[121] 马清华.关联标记的结构控制作用 [J].汉语学习，2006（6）：11-18.

[122] 马清华.关联成分的语法化方式 [J].中央民族大学学报（哲学社会科学版），2011（1）.

[123] 马燕华.中级汉语水平日本留学生汉语语段衔接调查分析 [J].语言文字应用，2001（4）：31-35.

[124] 毛悦.对一次留学生话语能力测试的分析 [J].世界汉语教学，1997（3）：49-56.

[125] 穆子丹（mohammed. osman）.阿拉伯语背景学习者汉语标点符号使用偏误分析 [D].山东师范大学，2015.

[126] 彭静雯. 基于语料库的中高级汉语水平韩国学生标点符号使用偏误分析 [D]. 华东师范大学，2014.

[127] 彭湃. 现代汉语因果关系连接成分研究综述 [J]. 汉语学习，2004（2）：44-48.

[128] 彭爽，金晓艳. 汉语时间标记语的序列性考察 [J]. 汉语学习，2009（3）：34-36.

[129] 彭小川，林奕高. 充当语篇连接成分的"相反"辨疑 [J]. 汉语学习，2006（4）：31-35.

[130] 彭小川. 关于对外汉语语篇教学的新思考 [J]. 汉语学习，2004（2）：49-54.

[131] 彭小川. 论副词"倒"的语篇功能——兼谈对外汉语语篇教学 [J]. 北京大学学报（哲学社会科学版），1999（5）：132-137.

[132] 亓华. 韩国留学生自我介绍文的"中介语篇"分析 [J]. 语言文字应用，2006（S2）：98-101.

[133] 亓文香. 对外汉语教学中的标点符号教学刍议 [J]. 国际汉语学报. 2012（2）. 81-86.

[134] 钱旭菁. 日本留学生汉语趋向补语的习得顺序 [J]. 世界汉语教学，1997（1）：95-102.

[135] 屈承熹. 从句法结构到功能与语篇：对外汉语语法的循序教学 [C]// 对外汉语研究（第二期）. 北京：商务印书馆，2006.

[136] 权恩珠. 汉韩连词比较研究 [D]. 青岛大学，2012.

[137] 邵菁. "认知功能教学法"人称回指教学实验 [J]. 世界汉语教学，2013（4）：537-547.

[138] 沈家煊. 类型学中的标记模式 [J]. 外语教学与研究，1997（1）：4-13.

[139] 沈庶英. 谈约量时间词 [J]. 世界汉语教学，2000（1）：41-45.

[140] 史有为. 汉语连词的功能、界限和位置 [J]. 中央民族学院学报（哲学社会科学版），1986（3）.

[141] 宋安琪. 初级阶段泰国留学生汉语标点符号使用特点分析及教学建议 [J]. 语文建设，2016（3）：11-12.

[142] 宋宏. 语篇回指研究理论综观 [J]. 齐齐哈尔大学学报（哲学社会科学版），2012（6）：7-10.

[143] 宋宏. 转喻理论视域下的语篇间接回指研究 [J]. 沈阳大学学报（社会科学版），2012，14（1）：129-131.

[144] 苏培实.标点符号用法讲话 [M].北京：原子能出版社，1990.

[145] 孙坤，王荣.当代国外标点符号研究 [J].当代语言学，2010，12（2）：148-162、190.

[146] 孙乐飞.外国留学生汉语标点符号使用情况的偏误分和习得研究——基于武汉大学留学生教育学院的调查研究 [D].湖北工业大学，2010.

[147] 田然."对外汉语语篇语法"研究框架的探索 [J].宁夏大学学报（人文社会科学版），2014，36（1）：188-193.

[148] 田然.近二十年汉语语篇研究述评 [J].汉语学习，2005（1）：51-55.

[149] 田然.留学生语篇中 NP 习得顺序与偏误 [J].云南师范大学学报（对外汉语教学与研究版），2005（1）：31-34.

[150] 田然.外国学生在中高级阶段口语语段表达现象分析 [J].汉语学习，1997（6）：35-38.

[151] 田然.现代汉语叙事语篇中 NP 的省略 [J].汉语学习，2003（6）：68-72.

[152] 田然.叙事语篇中 NP 省略的语篇条件与难度级差 [J].语言教学与研究，2004（2）：42-45.

[153] 王采秋.中高级阶段日本留学生汉语标点符号使用偏误分析 [D].华东师范大学，2014.

[154] 王灿龙.人称代词"他"的照应功能研究 [J].中国语文，2000（3）：228-237、287.

[155] 王灿龙.试论"这""那"指称事件的照应功能 [J].语言研究，2006（2）：59-62.

[156] 王国安.标准汉语教程中级 [M].上海：上海教育出版社，2000.

[157] 王弘宇.对外汉语教材的标点符号问题 [J].云南师范大学学报（对外汉语教学与研究版），2016，14（2）：52-58.

[158] 王红斌，李悲神.汉语篇章零形回指习得过程的分析 [J].烟台师范学院学报（哲学社会科学版），1999（2）：61-65.

[159] 王静.语篇与话题链关系初探 [J].世界汉语教学，2006（2）：74-85.

[160] 王倩，梁君英.语篇回指中的期待性与可及性 [J].现代外语，2017，40（6）：753-765、872.

[161] 王绍新.超单句偏误引发的几点思考 [J].语言教学与研究，1996（4）：291-299.

[162] 王世生.中级汉语课的口头成段表达训练 [J].语言教学与研究 1997（2）.

125-131.

[163] 王笑楠. 越南留学生标点符号使用偏误分析 [J]. 鞍山师范学院学报，2010，12（1）：94-96.

[164] 王秀丽. 篇章分析中的概述回指 [J]. 当代语言学，2012，14（3）：301-306、330.

[165] 王勇，周迎芳. 二语习得研究与语言类型学 [J]. 中国外语，2014，11（5）：49-55.

[166] 王中祥. 近三十年来现代汉语连词研究述评 [J]. 汉语学习，2016（6）：69-76.

[167] 王自强. 现代汉语虚词用法小词典 [M]. 上海：上海辞书出版社，1984.

[168] 吴继峰，王亚琼. 第二语言习得顺序研究工具——蕴含量表评介 [J]. 云南师范大学学报（对外汉语教学与研究版），2014，12（1）：40-47.

[169] 吴丽君，等. 日本学生汉语习得偏误研究 [M]. 北京：中国社会科学出版社，2002.

[170] 吴晓露. 论语段表达的系统训练 [J]. 世界汉语教学，1994（1）：52-57.

[171] 吴玥. 对外汉语教学中留学生标点符号使用偏误分析 [D]. 四川师范大学，2014.

[172] 吴中伟. 当代中文·4·课本 [M]. 北京：华语教学出版社，2004.

[173] 夏语曼. 中高级阶段留学生标点符号使用情况研究 [D]. 华东师范大学，2011.

[174] 肖奚强. 外国学生照应偏误分析——偏误分析论丛之三 [J]. 汉语学习，2001（1）：50-54.

[175] 辛平. 对11篇留学生汉语作文中篇误的统计分析及对汉语写作课教学的思考 [J]. 汉语学习，2001（4）：67-71.

[176] 邢福义. 汉语复句研究 [M]. 北京：商务印书馆，2001.

[177] 邢志群. 美国大学生汉语作文省略偏误研究 [J]. 世界汉语教学，2016，30（4）：531-549.

[178] 徐桂梅，牟云峰. 发展汉语 [M]. 北京：北京语言大学出版社，2005.

[179] 徐海玉. 基于语料库的韩国留学生口语语篇时间连接问题研究 [D]. 北京语言大学，2009.

[180] 徐赳赳. 廖秋忠和篇章分析 [J]. 语言研究，1993（3）：82-90.

[181] 徐赳赳. 现代汉语篇章回指研究 [M]. 北京：中国社会科学出版社，2003.

[182] 徐赳赳.叙述文中"他"的话语分析 [J].中国语文,1990（5）.

[183] 徐赳赳.叙述文中名词回指分析 [J].语言教学与研究,1999（4）:92-109.

[184] 徐开妍,肖奚强.外国学生汉语代词照应习得研究 [J].语言文字应用,2008（4）:118-125.

[185] 许余龙.汉语主从句间的回指问题 [J].当代语言学,2003（2）:97-107、189.

[186] 许余龙.话题引入与语篇回指——一项基于民间故事语料的英汉对比研究 [J].外语教学,2007（6）:1-5.

[187] 许余龙.语篇回指实证研究中的数据库建设 [J].外国语（上海外国语大学学报）,2005（2）:23-29.

[188] 闫超.类型学视野下的汉韩语指示词比较研究 [D].复旦大学,2014.

[189] 杨春.英语国家学生初级汉语语篇照应偏误考察 [J].汉语学习,2004（3）:62-66.

[190] 杨春梅,文旭.概述回指的概念整合分析 [J].外国语文,2016,32（5）:50-57.

[191] 杨寄洲.中级汉语教程（登攀）第二册 [M].北京:北京语言大学出版社,2005.

[192] 杨寄洲.中级汉语教程（登攀）第一册 [M].北京:北京语言大学出版社,2005.

[193] 杨寄洲.汉语教程 [M].北京:北京语言大学出版社,2006.

[194] 杨楠,等.成功之路 [M].北京:北京语言大学出版社,2008.

[195] 杨石泉.话语分析与对外汉语教学 [J].语言教学与研究,1984（3）:68-77.

[196] 杨同用,谢淑芬.现代汉语的位序词语与时间表达模型 [J].语文研究,2005（3）:31-34.

[197] 杨万兵,文雁.中级水平东南亚留学生汉语句读意识与标点符号使用的实验研究 [J].语言教学与研究,2015（4）:17-24.

[198] 杨翼.培养成段表达能力的对外汉语教材的结构设计 [J].汉语学习,2000（4）:56-60.

[199] 殷志平.也谈约量时间词 [J].世界汉语教学,2002（4）:10-16、2.

[200] 尹洪山.语言类型学视角下的二语习得顺序研究 [J].山东教育学院学报,2005（5）:63-65.

[201] 应玮. 泰国学生 HSK 写作中的标点符号使用偏误分析 [J]. 语文学刊，2010（14）：45-46.

[202] 应玮. 基于语料库的泰国学生汉语标点使用偏误分析 [D]. 杭州师范大学，2011.

[203] 游素华. 标点符号在对外汉语教学中的应用研究 [D]. 黑龙江大学，2012.

[204] 袁丽. 以英语为母语的留学生汉语语篇中连接成分使用偏误分析 [J]. 暨南大学华文学院学报，2009（4）：27-34.

[205] 曾丽娟. 留学生汉语语篇回指的测试性评价构拟 [J]. 海外华文教育，2011（4）：85-92.

[206] 曾丽娟. 面向汉语国际教育的标点符号研究述评 [J]. 海外华文教育，2017（7）：1000-1008.

[207] 曾丽娟. 中级水平韩国留学生汉语语篇回指偏误分析 [J]. 海外华文教育，2012（4）：367-377.

[208] 张宝林. 汉语水平考试中的语段测试 [J]. 汉语学习，2005（4）：51-57.

[209] 张宝林. 语段教学的回顾与展望 [J]. 语言教学与研究，1998（2）：108-118.

[210] 张斌. 现代汉语虚词词典 [M]. 北京：商务印书馆，2001.

[211] 张博. 外向型易混淆词辨析词典的编纂原则与体例设想 [J]. 汉语学习，2008（1）：85-92.

[212] 张博. 针对性：易混淆词辨析词典的研编要则 [J]. 世界汉语教学，2013，27（2）：214-231.

[213] 张赪. 二语语法习得研究的类型学方法探析 [J]. 烟台大学学报（哲学社会科学版），2016，29（2）：114-120.

[214] 张诗云. 美国留学生汉语标点符号使用偏误分析 [D]. 湖南师范大学，2014.

[215] 张述娟. 外国留学生汉语语篇中逻辑连接的偏误分析 [J]. 海外华文教育，2002（2）：36-41.

[216] 张晓慧. 对外汉语教学的复述训练 [J]. 世界汉语教学，1997（4）：84-89.

[217] 张燕吟. 准确率标准和初现率标准略谈 [J]. 世界汉语教学，2003（3）：52-60、3.

[218] 张谊生. 副词的篇章连接功能 [J]. 语言研究，1996（1）：130-140.

[219] 张谊生. 现代汉语虚词 [M]. 上海：华东师范大学出版社，2000.

[220] 张迎宝. 对外汉语语篇教学的研究现状及存在的问题 [J]. 汉语学习，2011（5）：83-92.

[221] 赵成新. 从中介语语篇偏误看母语对二语习得的影响 [J]. 内蒙古大学学报（人文社会科学版），2006（5）：117-120.

[222] 赵成新. 留学生汉语语篇衔接偏误目的语因素考察 [J]. 周口师范学院学报，2005（4）：74-77.

[223] 赵建华，祝秉耀. 汉语写作教程 [M]. 北京：北京语言大学出版社，2003.

[224] 赵新."因此、于是、从而"的多角度分析 [J]. 语文研究，2003（1）：26-29、34.

[225] 赵新. 中级汉语精读教程Ⅱ [M]. 北京：北京大学出版社，1999.

[226] 赵新. 中级汉语精读教程Ⅰ[M]. 北京：北京大学出版社，1999.

[227] 赵燕皎. 参与：汉语中级教程 [M]. 北京：北京大学出版社，1998.

[228] 郑贵友. 汉语篇章语言学 [M]. 北京：外文出版社，2002.

[229] 中国社会科学院语言研究所词典编辑室. 现代汉语词典（第6版）[M]. 北京：商务印书馆，2012.

[230] 中华人民共和国国家标准 GB/T15834—2011 标点符号用法 [J]. 新疆新闻出版，2013，（1）：82-86.

[231] 周红. 对外汉语语篇教学研究综述 [J]. 海外华文教育，2017（3）：414-423.

[232] 周清艳. 留学生篇章中后时连接成分的使用偏误分析 [J]. 云南师范大学学报（对外汉语教学与研究版），2007（6）：51-56.

[233] 周小兵，梁珊珊. 韩国学生叙述性口语语篇逻辑连接情况调查 [J]. 语言教学与研究，2014，（3）：20-27.

[234] 周小兵，赵新. 中级汉语精读教材的现状与新型教材的编写 [J]. 汉语学习，1999（1）：53-56.

[235] 周小兵. 阶梯汉语 中级精读丛书 [M]. 北京：华语教学出版社，2004.

[236] 周晓芳. 欧美学生叙述语篇中的"回指"习得过程研究 [J]. 世界汉语教学，2011，25（3）：422-432.

[237] 朱堪宇. 汉语零形回指的句法驱动力 [J]. 汉语学习，2002（4）：73-80.

[238] 朱其智. 语篇分析技巧在汉语精读课中的运用 [J]. 汉语学习，2001（4）：72-77.

[239] 朱四美."而且"的语义、语法分析[J]. 湖南医科大学学报（社会科学版），2009，11（2）：233-235.

[240] 朱子仪.《捷径》中级汉语速成课本[M]. 北京：北京语言大学出版社，2002.

[241] Ariel, M. Interpreting Anaphoric Expressions: A Cognitive Versus a Pragmatic Approach[J]. Linguistics，1994（30）:3-42.

[242] Chen,Hsin-His.The Contextual Analysis of Chinese Sentences with Punctuation Marks[J]. Literary and Linguistic Computing 1994,9(4):281-289.

[243] Chen，Ping. A Discourse Analysis of Third Person Zero Anaphora in Chinese[J]. Bloomington: IULC,1984.

[244] Djk,Teun A.Van.Discourse Studies[M].SAGE Publications Ltd,1983.

[245] Eckman,Fred.Markedness and the contrastive analysis hypothesis[J]. Language Learning, 1977（27）:315-330.

[246] Givon. Topic Continuity in Discourse Analysis:A quantitative Cross-linguistics Study Amsterdam[M]. John Benjamins Publishing Company, 1983.

[247] Givón, T.Topic;Continuity in Spoken English[M]. In T.Amsterdam: JohnBenjamins, 1983.

[248] Grosz,BarbaraJ. & C.L.Sidner.Attention,Intentions,and the Structure of Discourse[J]. Computational Linguistics 1986,（12）:175-204.

[249] Gundel,J.K，Hedberg,Nancy & Zacharski,Ron.Cognitive Status and the Form of Referring Expressions in Discourse[J].Language,1993（69）:274-307.

[250] Halliday,M.A.K.& Hasan,R.Language,Context and Text:Aspects of Language in a Social-Semiotic Perspective[M].Victoria:Deakin University Press,1985.

[251] Halliday,M.A.K. & Hasan,R.Cohesion in English[J].London:Edward Arnold,1976.

[252] Hoey,M.On the Surface of Discourse[M].GeorgeAllen & Unwin Ltd.UK,1983.

[253] Huang,Yan. Anaphora:Cross-linguisticApproach[M].Cambridge:Cambridge University Press, 2000: 215,247.

[254] JW Fuller and JK Gudnel. Topic-prominence in Interlanguage[J].Language Learing,1987, 37（1）:1-18.

[255] Keenan E L,Comrie B. Noun Phrase Accessibility and Universal Grammar[J]. Linguistic Inquiry, 1977（8）.

[256] Li,Charles N.and Sandra A.Thompson.Third-person Pronouns and Zero-

anaphora in Chinese Discourse.In T.Givon,ed.,Syntax and Semantics,Vol.12[M].New York:Academic Press,1979.

[257] Matsui,T. Bridging and Relevance[M].Amsterdam/Philadelphia:John Benjamins Publishing Company,2000.

[258] Nunan.D.Introducing Discourse Analysis[M].London Penguin,1993.

[259] Quirk,R.,S.Greenbaum,G.Leech, and J.Svartvik. A Comprehensive Grammar of the English Language[M].London:Longman Company, 1985.

[260] R.Ellis. Understanding Second Language Acquisition[M].USA:Oxford University Press, 1985.

[261] Say,B. and V.Akman. Current Approaches to Punctuation in Computational Linguistics[J]. Computers and the Humanities, 1997, 30（6）：457-469.

[262] Soya Hashimoto（桥本宗哉）.日本学生汉语标点符号偏误分析 [D]. 北京外国语大学，2015.

[263] Van Hoek.Conceptual Reference Points:A Cognitive Grammar Account of Pronominal Anaphora Constraints[J].Language,1995（71）：310-337.

[264] Veby Millian Kesuma（廖婉萍）.中高级印尼学生汉语标点符号使用偏误分析 [D]. 福建师范大学，2014.

[265] Zellig Harris .Discourse Analysis [J].Language 28, No.1.1952:1-30.

[266] 소설 텍스트에서의 주어의 실현 양상박완서의 소설 '그 가을의 사흘 동안' 을 중심으로.（A Study on the Form of Subjects in Korean Written Text）. 김수정，최동주（Kim,Su-Jeong, Choi, Dong-Ju）. 한민족어문학（Hanminjok Emunhak）, 2013, 64（8）：37-69.

[267] 한국어의 1·2인칭 주어 생략 현상에 대한 재고 명시적 주어 표현의 화용적 의미를 중심으로（A Reconsideration of the Omission of First and Second Person Subjects in Modern Spoken Korean – Focusing on the Pragmatic Meanings of the Overt Subject Expressions）. 이나라（Lee, Narah）. 담화와인지（Discourse and Cognition）, 2014, 21（3）：145-163.

[268] 김정남（Kim Jung-nam）.국어의 생략 현상에 대한 한 반성 동사구 내포문에서의 주어 삭제를 중심으로.（A Review of Ellipsis in Korean）.[J]. 국어학（Ournal of Korea Linguistics）, 1998, 32（12）：201-215.

[269] 남기심·고영근, <표준 국어문법론>, 서울：탑출판사 ,1993.

后　记

一

本书主要源自博士论文，论文的选题源于我多年前在汉语教学中的困惑。

2005年北京语言大学读研期间，我在汉语课堂教学中发现留学生的汉语语篇衔接存在诸多问题，而已有研究多集中在学习者的字、词、句方面。后来，这个选题成了我的硕士论文、博士论文，成了书稿的原型。

考博时，按导师唐贤清先生的指示读了一些汉语史的书，我惊讶地发现第一部汉语语法书《华语官话语法》是外国人传教时为了掌握汉语而著。第一部汉语文言文语法著作《马氏文通》是为了语文教育中的语法教育而撰。马建忠认为中国贫穷落后的原因，在于掌握知识的载体——汉语太难，难的原因是汉语中的语法规则没有揭示出来，他把撰写语法著作视为发展民族文化、振国兴邦的良策之一。第一部现代汉语语法著述《新著国语文法》出自黎锦熙，他当时兼任全国小学、中学白话文语法讲习所讲师及全国各地讲习会语法讲师……汉语教学与研究如此紧密相连，让从事对外汉语一线教学多年的我幸福感油然而生。

施春宏（2017）在《语言教学与研究的新空间》一文中所言："一个新的语言学理论，如果不能很好地说明语言习得现象，就多少限制了其理论的张力；一个新的语言习得理论，如果不能在某种程度上转化为教学资源，那终究会有很大的缺憾；同样，一个新的语言教学理论，如果没有深厚的语言理论基础和习得理论基础，其教学效果恐怕也将大大受限。"本书试图整合本体研究、教学研究、习得研究的成果，如果能为汉语语篇本体研究提供一点反思，为语篇习得研究提供一点借鉴，为语篇教学研究提供一点参考，也算不辜负研究的初衷。

二

本书得以成稿，离不开众多师友的指导和帮助。

首先感谢恩师唐贤清先生。当年怀着忐忑的心情向先生说明投奔门下的意向，未料先生平易近人，笑容满面，并热情鼓励我报考。自知才疏学浅，资质愚钝，承蒙先生不弃，收我入门，给我继续学习的机会。刚入学，先生就嘱咐我精读吕叔湘先生的《汉语语法论文集》和经典古籍《孟子》，不仅指导我们怎么做学问，还教导我们怎么做人。如今想来，先生真是用心良苦。选题时我试图追随先生做副词习得，由于副词的主观性较强，留学生习得难度较大，很可能回避使用，先生建议我在硕士论文的基础上继续研究，使得博士论文有了较好的前期准备。论文写作期间，先生不仅给我们提供了良好的学习环境，还召集同门定期举办学术沙龙，给我们提供了宝贵的交流切磋的机会。先生百忙之中坚持参加学术沙龙，并有针对性地予以指导。先生深厚的学术功底、开阔的学术视野、认真严谨的治学态度、一丝不苟的治学精神，每每让我醍醐灌顶、受益匪浅。

生活上，先生和师母也给了我很多关照。读博六年，两次生育。先生待我尤为宽容，两次生产后都嘱咐我以身体为重，从不给我施压，大大缓解了我产后的抑郁和焦虑。论文写作进展缓慢、焦头烂额时，先生劝诫我在得失之间要保持一颗平常心。人生得此良师，我何其有幸！一日为师终身为父，先生的恩情我永远铭记于心！

感谢湖南师范大学文学院李维琦先生、郑贤章先生、陈建初先生、蔡梦麒先生、徐朝红先生、贺福凌先生在论文开题、预答辩和答辩时给我提出的宝贵意见，帮我理清了思路，让我少走了弯路，对书稿的写作和修改大有裨益。

感谢博士论文的五位盲审专家及参加论文答辩的程邦雄先生和谢晓明先生。你们对论文的肯定与包容，给了我很大的鼓舞。感谢你们宝贵的修改意见。

巧妇难为无米之炊。北京语言大学语言科学院院长曹文先生慷慨解囊，无偿提供大规模的自然真实的中介语语料，为书稿提供了坚实的材料基础。上海外国语大学邵菁老师、四川师范大学刘娅莉老师、湖南师范大学莫斐雅老师、韩国延世大学雷婷老师力所能及地给予我帮助。《语言教学与研究》《语言文字应用》《对外汉语研究》《海外华文教育》等刊物的匿名审稿专家对小论文的肯定，让一直潜心汉语教学的我有了研究的兴趣和动力。湖南师范大学文学院对外汉语本科专业的同学冒着严寒集体录入 30 万字左右的中介语语料，国际汉语文化学院研究生杨彬、吴狄潇不畏酷暑统计语料。在此一并谢过！

感谢湖南师范大学国际汉语文化学院唐秀丽院长,博士才毕业,小儿子回归,先生又外调。体恤我一拖二不易,唐院长尽己所能给予关照和帮扶,让我有更多的时间投入科研。感谢原院长杨玲先生。从考博到读博都尽可能给我创造较为宽松的条件。共事十年,她的与人为善、成人之美,是我为人处世的学习楷模。感谢国汉院所有给予鼓励和帮助的同事!

　　感谢唐门这个团结温暖的大家庭。沈敏老师、金鑫老师,既是同事又是同门,倍感亲切。沈敏老师作为国侨办项目"印尼小学华文教材"的主编,委托我参与教材的总体设计,切身体恤我编教材的不易,笑言我的博士论文是两个孩子、教材之后的"第四胎"。他随时关注我的书稿写作情况,不失时机地给予我鼓励和开导,让我倍感温暖。姜礼立师弟、郭笑师妹是论文攻坚的"战友",对书稿的谋篇布局、格式排版等都提供了很多中肯的意见和切实的帮助。唐巧娟师妹跟我同为人师、为人母,对我的处境感同身受,在我情绪最低落的时候为我出谋划策、加油打气。王巧明老师豁达开朗,有求必应,为紧张的书稿写作平添了几分乐趣。吴秉承师弟仗义热情,承担了论文答辩秘书诸多烦琐的工作。杨盼师妹、程诗霞师妹、孔辉师妹为书稿的校对提供了帮助。因为你们,我不是一个人在战斗。因为你们,读博的艰辛中多了温情和欢笑。博士论文的写作是阶段性的,但你们的情谊是我一辈子的宝贵财富。

三

　　身为两个孩子的母亲,在职读博必定离不开家人的鼎力支持。

　　感谢我的爱人范峰先生。从考博开始,他就不遗余力地支持我,陪我去图书馆备考,风雨无阻。临考前还动员婆婆帮我承担所有家务,他不能相伴的夜晚,让婆婆每晚十点准时到师大图书馆接送我。为了免我奔波之苦,扶老携幼举家搬迁到师大。2016年下半年开始,书稿写作进入了攻坚阶段。他在繁重的工作之余默默承担了照顾孩子的重任,并乐在其中、毫无怨言,成了幼儿园妈妈们佩服的"别人家的爸爸"。我相信,夫妻同心,其利断金。

　　感谢我的父母。父亲从小教育我要胆大心细,教导我风物长宜放眼量,鞭策我排除万难早日毕业。当大多数人关注的是你飞得高不高时,母亲关心的是我飞得累不累。痛苦悲伤她怜悯,忧患时她安慰,母亲永远是我疲惫时温暖的避风港。家中琐事繁杂,父母有空几乎随叫随到。养儿方知父母恩,亲恩重如山!

　　感谢我的公公婆婆。家有一老如有一宝。无论是备考期间还是两个孕期,公公婆婆不顾身体不适,确保后方稳定,让我有更多的时间精力投入到学习中。

婆婆是我育儿的得力助手，关键时刻挺身而出，她的乐观、坚韧、冷静让我钦佩。

感谢我的两个孩子。你们是我奋斗的动力，也是我最好的安慰。对你们，除了疼爱，还有深深的愧疚：在你们人生的头几年，妈妈没能给予足够的陪伴。哥哥时常关心我什么时候毕业，给我鼓劲加油，你的懂事、体贴、善良让我自叹弗如。因精力有限，我狠心把10个多月的弟弟送到老家两年多。虽然聚少离多，但你对妈妈的感情并未减少，在哥哥因我不能陪伴哭闹时理性安慰："妈妈要写论文！"你们让我体会了育雏之苦，也享受了舐犊之乐。

书稿写作期间，理论成果的有限，中介语语料的缺乏，书稿写作一度陷入瓶颈，让我山重水复疑无路。工作、编教材、买房装修、两个孩子出生、爱人岗位变迁、老人身体状况频发……因能力有限，家庭、工作和学习难以平衡，对身心是一个极大的考验。焦虑、抑郁、狂躁，我变得不可理喻，家人时常承受我的情绪失控。感谢你们的包容，请接受我深深的歉意！

最后，感谢孔令钢编辑的辛苦付出。疫情期间，各项工作难度加大，孔编辑克服种种困难，为本书的校对、出版倾注了大量心血。病毒无情人有情！

作家汤姆·博德特说过，幸福就是有人可爱，有事可做，有希望可想。读博是痛苦的，也是幸福的。博士生涯告一段落，但"句号放大是零，往前又是起点！"

曾丽娟

2020年3月15日写于岳麓山下